徳島県の教員採用試験過去問シリーズ 9

2025年度版

# 徳島県の家庭科

# 過去問

協同教育研究会 編

協同出版

本書には，徳島県の教員採用試験の過去問題を収録しています。各問題ごとに，以下のように5段階表記で，難易度，頻出度を示しています。

## 難　易　度

非常に難しい　☆☆☆☆☆
やや難しい　☆☆☆☆
普通の難易度　☆☆☆
やや易しい　☆☆
非常に易しい　☆

## 頻　出　度

◎　ほとんど出題されない
◎◎　あまり出題されない
◎◎◎　普通の頻出度
◎◎◎◎　よく出題される
◎◎◎◎◎　非常によく出題される

**※本書の過去問題における資料，法令文等の取り扱いについて**

本書の過去問題で使用されている資料や法令文の表記や基準は，出題された当時の内容に準拠しているため，解答・解説も当時のものを使用しています。ご了承ください。

## はじめに～「過去問」シリーズ利用に際して～

教育を取り巻く環境は変化しつつあり，日本の公教育そのものも，教員免許更新制の廃止やGIGAスクール構想の実現などの改革が進められています。また，現行の学習指導要領では「主体的・対話的で深い学び」を実現するため，指導方法や指導体制の工夫改善により，「個に応じた指導」の充実を図るとともに，コンピュータや情報通信ネットワーク等の情報手段を活用するために必要な環境を整えることが示されています。

一方で，いじめや体罰，不登校，暴力行為など，教育現場の問題もあいかわらず取り沙汰されており，教員に求められるスキルは，今後さらに高いものになっていくことが予想されます。

本書の基本構成としては，出題傾向と対策，過去5年間の出題傾向分析表，過去問題，解答および解説を掲載しています。各自治体や教科によって掲載年数をはじめ，「チェックテスト」や「問題演習」を掲載するなど，内容が異なります。

また原則的には一般受験を対象としております。特別選考等については対応していない場合があります。なお，実際に配布された問題の順番や構成を，編集の都合上，変更している場合があります。あらかじめご了承ください。

最後に，この「過去問」シリーズは，「参考書」シリーズとの併用を前提に編集されております。参考書で要点整理を行い，過去問で実力試しを行う，セットでの活用をおすすめいたします。

みなさまが，この書籍を徹底的に活用し，教員採用試験の合格を勝ち取って，教壇に立っていただければ，それはわたくしたちにとって最上の喜びです。

協同教育研究会

# C O N T E N T S

# 第１部

# 徳島県の
# 家庭科
# 出題傾向分析

# 徳島県の家庭科　傾向と対策

徳島県の家庭科は中学校・高等学校共通問題で，学習指導要領の問題のみ中高別に大問各1問が出題されている。試験時間は90分，2024年度の問題数は大問12問であり，解答形式は記述式で語句や数値を記入するものと短文で説明を求めるものがある。

「子ども・高齢者と家族」分野では，子ども・高齢者に関する問題が必ず出題されている。特に福祉に関する法律・制度は頻出であることから，両者に関わる法令は条文を含めておさえておくとよい。2022年度は，乳幼児の体の発達や乳児の絵，アタッチメントなどについて，2023年度は，原始反射，生理的微笑，授乳や育児用ミルクについて，2024年度は，離乳食，基本的生活習慣，老老介護，フレイルなどについて出題された。

法令について，過去の出題実績を見ると，民法，次世代育成支援対策推進法，高齢社会対策基本法が出題されている。家庭生活の一環としてワーク・ライフバランス憲章，制度についてはファミリー・サポート制度が出題されていることにも注意したい。2022年度は仕組みに関して，地域包括センターを解答させる問題が出題された。2023年度は高齢者に特定した出題はなく，パタニティーハラスメント，リプロダクティブ・ライツ，DV防止法などが出題されている。2024年度は，国勢調査をもとにした問題が出題された。

「食生活」分野では，栄養と健康，調理が例年出題されており，具体的には材料の切り方・加熱調理の名称と特徴，エネルギー量の計算などが出題されている。食生活と環境に関する問題も多く，過去には，ポストハーベストや食品ロス，フードマイレージ，ライフサイクルアセスメント，食生活指針などが出題されているので，基礎的事項から，食をめぐる，社会的な取り組みや新しい加工食品の特徴にも注意を払いたい。2022年度は，調理では錦糸卵，松葉切り，混合だし，合わせ酢を飯に混ぜるときの注意などについて，栄養素ではアミノ酸について出題された。食生活と環境や社会についてはフードドライブ活動，加工食品ではレトルトパウチ食品が出題された。2023年度には，さばの味噌煮について廃棄率を考慮したさばの必要量の計算，煮凝り，落し蓋の効果，針しょうが，かき玉汁のとろみの効果，酢の物の手順とその理由について問われた。栄養素と健康では，健康増進法に基づく食事摂取基準，メタボリックシンドローム，油脂の酸敗，食品添加物のキャリーオーバー，フードファディズム等が出題されている。2024年度は，調理ではビーフシチューとマセドアンサラダについて，栄養素では乳製品の製造過程の問いにあわせて出題された。

「衣生活」分野では，衣服の手入れ，製作は頻出で，衣服の手入れでは公定水分率，洗剤，浴比，サイズ表示，防虫剤などが，製作では半そでシャツの製作について，各部の名称や，ボタンホールの大きさの求め方などが出題されている。また，和服についても出題頻度が高まっているので注意したい。2022年度は，被服気候や体型，洗濯洗剤，ハーフパンツの製作について出題された。過去には浴衣の着装や各部の名称などが出題されている。2023年度は繊維の燃焼特性，三原組織，浴衣のたたみ方，型紙の配置図を見て，民族衣装のポンチョを作るためのものであると判断する問題や，長袖シャツの部分名と背中心のタックの役割，ミシンの針と糸の適切な組み合わせと広範囲に出題された。2024年度は界面活性剤の汚れを落とす仕組み，繊維の加工，製作ではショートパンツの製作にあわせて布目の正し方や型紙の補修などについて出題された。

「住生活」分野では快適性が頻出であり，過去には，気密性のメリット・デメリットを考える問題，平面表示記号，トラッキング，コーポラティブハウス，建築基準法，住生活基本法の出題実績もある。2023年度はコンバージョン，バリアフリー新法，災害対策として食品のローリングストック，2024年度は漆喰，シックハウス症候群，通電火災，環境共生住宅について出題された。

「消費生活と環境」分野では，過去には，リボルビング払いと分割払い，消費者市民社会，消費者信用や利息計算，電子商取引，フェアトレード，エシカル消費などが出題されている。2022年度は，消費者基本法，クーリング・オフ制度など，2023年度は金融商品の特性についての問題と，ESG投資が出題された。2024年度は出題がなかった。

「学習指導要領に関する問題」は，目標，内容を中心とした空欄補充問題が中心である。2024年度は，中学校はB衣食住の生活の食生活の内容から，内容の取扱いのB衣食住の生活の衣生活の項目から出題された。高等学校は，家庭基礎の目標と家庭基礎のC自続可能な消費生活・環境の内容，内容の取扱いのB衣食住の生活の自立と設計から出題された。

対策については，「過去5年間の出題傾向分析」を見てわかるとおり，出題は全分類に及び出題事項も多岐にわたる。しかし，ここ数年の問題数(大問数)で見ると「食生活」と「衣生活」が3題ずつ，その他が1題ずつとなっている。「学習指導要領に関する問題」以外，大問1問あたりの小問数，および配点に大差はないので，まずは「食生活」と「衣生活」を中心に学習するのがよいといえる。「学習指導要領に関する問題」は大問1問だが，解答数は「食生活」や「衣生活」とほぼ同じ。配点も大差ないので「食生活」や「衣生活」と同様，重点的に学習しておきたい。難易度は中学校・高等学校の教科書レベルで解ける問題が多い。試験時間と解答数のバランスを考えると，他の自治体と比較してやや時間に余裕があるため，合格点，平均点が高めと予想される。したがって，ケアレスミス等が合否を分ける可能性が高いため，誤字・脱字に注意する等，丁寧な学習が求められる。また，試験時間内に過去問を解く，模試を活用するといった実践的な学習を行うことも効果的だろう。十分な準備をして，本試験に臨みたい。

# 過去5年間の出題傾向分析

共通＝● 中学＝○ 高校＝◎

| 分類 | 主な出題事項 | 2020年度 | 2021年度 | 2022年度 | 2023年度 | 2024年度 |
|---|---|---|---|---|---|---|
| 子ども・高齢者と家族 | 子どもへの理解 | ● | | ● | ● | ● |
| | 子育て支援の法律・制度・理念 | | ● | ● | ● | |
| | 児童福祉の法律・制度 | ● | ● | | | |
| | 家族と家庭生活 | ● | | ● | | ● |
| | 高齢者の暮らし | ● | ● | ● | | ● |
| | 高齢者への支援 | | ● | | | ● |
| | 福祉と法律・マーク | | ● | | | |
| | その他 | | | | ● | |
| 食生活 | 栄養と健康 | ● | ● | ● | ● | ● |
| | 献立 | | | | | |
| | 食品 | ● | ● | | ● | ● |
| | 食品の表示と安全性 | | | | ● | ● |
| | 調理 | ● | ● | ● | ● | ● |
| | 食生活と環境 | ● | ● | | | ● |
| | 食生活文化の継承 | ● | | | | |
| | その他 | ● | ● | ● | ● | |
| 衣生活 | 衣服の材料 | ● | ● | ● | ● | ● |
| | 衣服の表示 | | ● | ● | | ● |
| | 衣服の手入れ | ● | ● | ● | | ● |
| | 製作 | ● | ● | ● | ● | ● |
| | 和服 | | ● | | ● | |
| | 衣生活と環境 | | ● | ● | | ● |
| | 衣生活文化の継承 | | ● | | | ● |
| | その他 | | ● | | | |
| 住生活 | 住宅政策の歴史・住宅問題 | | | | | |
| | 間取り，平面図の書き方 | ● | | | | |
| | 快適性（衛生と安全） | | ● | | ● | ● |
| | 住まい方（集合住宅など） | | | | | |
| | 地域社会と住環境 | | | | ● | ● |
| | 住生活文化の継承 | | | | | ● |
| | その他 | ● | ● | ● | | |
| 消費生活と環境 | 消費者トラブル | | | | | |
| | 消費者保護の法律 | ● | ● | ● | | |
| | お金の管理，カード，家計 | ● | | | ● | |
| | 循環型社会と3R | | ● | | | |
| | 環境問題と法律 | | ● | | | |
| | 消費生活・環境のマーク | | | | | |
| | その他 | ● | | | | |
| 学習指導要領に関する問題 | | ○◎ | ○◎ | ○◎ | ○◎ | ○◎ |
| 学習指導法に関する問題 | | | | | | |

# 第2部

# 徳島県の
# 教員採用試験
# 実施問題

# 2024年度　実施問題

## 【中高共通】

【１】次の文章を読んで，(1)・(2)の問いに答えなさい。

近年，消費者からのニーズもあり，高性能な被服材料が開発されている。繊維や糸の段階で改質を行うことを(a)原糸原綿改質という。また，布や縫製後に改質を行うことを(b)後加工改質という。

(1)　下線部(a)について，この改質により高性能になった繊維を何というか，書きなさい。

(2)　下線部(b)について，次の(ア)・(イ)の問いに答えなさい。

(ア)　光沢をもたせたり，接触したときの感触をよくするための加工を何というか，書きなさい。

(イ)　静電気が起こるのを防ぐ加工を何というか，書きなさい。

(☆☆☆◎◎◎◎)

【２】次の図は，洗剤のはたらきを図示したものである。以下の(1)～(3)の問いに答えなさい。

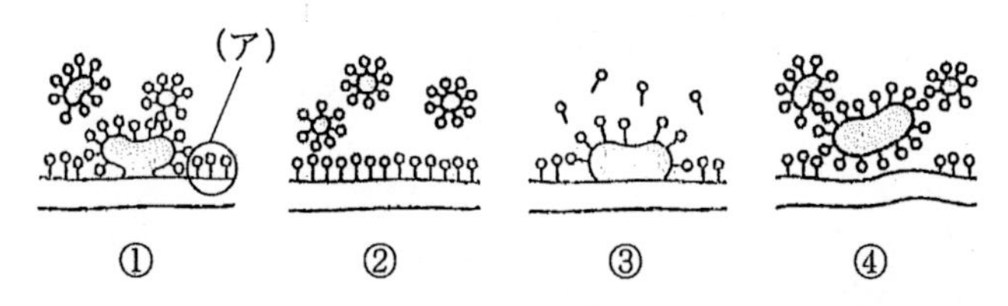


(1)　図中の(ア)は，洗剤の主成分である。名称を書きなさい。

(2)　①～④の図を汚れが落ちていく過程の順に並べ替え，番号で書きなさい。

(3)　②の図の作用名を書きなさい。

(☆☆◎◎◎◎)

【3】次の(1)～(4)の問いに答えなさい。

(1) 任意表示の一つで,「この商品は素材の性質上,着用して摩擦された場合,毛玉が発生しやすい性質がある。」など,購入者にとって不利益な事項を示している表示を何というか,書きなさい。

(2) 着古した布をひも状に裂いて,よこ糸に用いて再生した布を何というか,書きなさい。

(3) ウエスや反毛のように,材料のままで利用するリサイクルの方法を何というか,書きなさい。

(4) 修繕箇所を,糸で織るように補強するとともに装飾にもなるヨーロッパの伝統的な修繕方法を何というか,書きなさい。

(☆☆☆◎◎◎◎)

【4】ショートパンツの製作について,次の(1)～(4)の問いに答えなさい。

(1) 布目の正し方を「たて糸」「よこ糸」という語句を用いて簡潔に書きなさい。

(2) 2枚の布を縫い合わせるときに,ずれないように合わせる位置に付けるしるしのことを何というか,書きなさい。

(3) パンツの幅を広くする場合の型紙の補正の仕方について,簡潔に書きなさい。

(4) ミシンの上糸が切れる場合,原因として考えられることを簡潔に書きなさい。

(☆☆☆◎◎◎◎)

【5】次の文章を読んで,(1)～(6)の問いに答えなさい。

生乳を殺菌処理すると牛乳になる。牛乳は,( a )・脂質・乳糖・①<u>カルシウム・リン</u>・②<u>ビタミン</u>を豊富に含む栄養バランスの優れた食品で,各種成分の性質を利用して,多様な調理に応用されている。③<u>( a )であるカゼインは酸やレンネットによって凝固</u>し,120℃以上で加熱すると,乳糖と反応して褐色になる。④<u>微細なカゼイン粒子や脂肪球は,いろいろなものを吸着する性質がある</u>。

また，牛乳に含まれる(　a　)によって⑤カルシウムの吸収率は上昇する。成長期には骨の合成が分解を上回り，加齢とともに骨の分解が合成を上回る。高齢になったときに，骨量が減少して骨折リスクの高まった状態である(　b　)にならないように，成長期にはカルシウムを十分に摂取することが望ましい。

生乳を遠心分離すると，クリームと無脂肪牛乳ができる。クリームをかくはんして乳脂肪分を固めると(　c　)ができる。(　c　)の主な栄養素は脂質で，摂り過ぎると血中のコレステロールを上昇させる恐れのある(　d　)脂肪酸を多く含んでいる。

(　c　)よりも安価なマーガリンは，植物油に水素を付加して製造するが，その際，(　e　)脂肪酸が生成される。

(1)　(　a　)～(　e　)にあてはまる最も適切な語句を書きなさい。ただし，同じ記号には，同じ語句が入るものとする。

(2)　下線部①について，牛乳中のカルシウムとリンの比率を書きなさい。

(3)　下線部②について，炭水化物，アミノ酸，脂肪酸の代謝に関与して欠乏すると口角炎になるビタミンの名称を書きなさい。

(4)　下線部③の性質を利用した乳製品の名称を書きなさい。

(5)　下線部④の性質を利用してレバーを牛乳に浸したときの効果を簡潔に書きなさい。

(6)　下線部⑤について，カルシウムの吸収を促す効果があり，紫外線にあたることにより，皮膚でも合成される脂溶性ビタミンの名称を書きなさい。

(☆☆☆◎◎◎◎)

【6】「ビーフシチュー，マセドアンサラダ」の調理実習について，次の(1)・(2)の問いに答えなさい。

(1)　ビーフシチューの調理について，次の(a)～(c)の問いに答えなさい。

(a)　肉料理などの調理中に酒類を入れて火を点じ，アルコール分を燃やす調理法を何というか，書きなさい。

(b) 野菜に含まれるグルタミン酸と肉に含まれるイノシン酸を組み合わせるとうま味が増す。このことを何というか，書きなさい。

(c) ブールマニエを加えた際の効果を簡潔に書きなさい。

(2) マセドアンサラダの調理について，次の(a)・(b)の問いに答えなさい。

(a) サラダに使うにんじんやきゅうりの切り方の名称を書きなさい。

(b) きゅうりの板ずりの手順を簡潔に説明しなさい。

(☆☆☆◎◎◎◎)

【7】次の(1)・(2)の問いに答えなさい。

(1) 食料や畜産物を輸入する消費国が，自国でそれらを生産すると仮定したときに必要となる水の量を推定したものを何というか，書きなさい。

(2) 食卓を一緒に囲んでいても，家族それぞれが違うものを食べることを何というか，漢字で書きなさい。

(☆☆◎◎◎◎)

【8】次の文章を読んで，(1)～(4)の問いに答えなさい。

世帯とは，「住居と( a )を共にする人びとの集まり，または一戸を構えて住んでいる( b )者」のことをいう。(ア)<u>親族のみの世帯</u>や，非親族を含む世帯等があるが，こうした世帯の実態把握のため，(イ)<u>5年に1度統計調査が行われている</u>。

(ウ)<u>高度経済成長期以降，世帯人員は，急激に減少してきているが，世帯数は増加している</u>。

(1) ( a )・( b )にあてはまる最も適切な語句を書きなさい。

(2) 下線部(ア)について，核家族世帯を次のア～オからすべて選び，記号で書きなさい。

ア 夫婦と両親　　イ 夫婦のみ　　ウ 親と未婚の子

エ 夫婦とひとり親　　オ 夫婦と子どもと両親

(3)　下線部(イ)について，何という調査か，書きなさい。

(4)　下線部(ウ)について，その理由を説明しなさい。

(☆☆◎◎◎◎)

【9】次の文章を読んで，(1)・(2)の問いに答えなさい。

　乳児は，5～6か月になると，乳汁だけでは栄養が不足するため，( a )食を与える必要がある。1歳半頃になると，スプーンなどを使って自分で食べようとし始める。2歳頃には乳歯もある程度生えそろうので，年齢に応じて歯ごたえのある物を与え，( b )機能を高めるようにする。幼児期は，3回の食事以外に間食によって栄養を補う必要がある。食事をはじめ，睡眠，排泄，着脱衣，清潔などの習慣的な行動のことを( c )習慣という。

(1)　( a )～( c )にあてはまる最も適切な語句を書きなさい。

(2)　下線部について，それはなぜか，理由を説明しなさい。

(☆☆◎◎◎◎)

【10】次の(1)～(3)の問いに答えなさい。

(1)　高齢者夫婦の間や，高齢に達した子が更に高齢の親を介護するなど，高齢者が高齢者を介護することを何というか，書きなさい。

(2)　18歳未満で家族の介護を担う若者のことを何というか，書きなさい。

(3)　加齢に伴い筋力が衰え，疲れやすくなり家にひきこもりがちになるなど，年齢を重ねたことで生じる衰え全般をさし，健康な状態から要介護へ移行する中間の段階のことを何というか，書きなさい。

(☆☆◎◎◎◎)

【11】次の(1)～(5)の問いに答えなさい。

(1)　日本の住まいで昔から使われてきた壁材で，殺菌効果や調湿効果，耐火効果，吸着分解効果があり，その良さが見直され，現代建築に取り入れられているものを何というか，書きなさい。

(2)　新築時やリフォーム工事直後などに起こる，目や喉の痛み，頭痛，吐き気などの不快な症状を引き起こす健康障害の総称を何というか，書きなさい。

(3) 空気中の水蒸気が，窓や壁など低温の場所で水滴になることを何というか，書きなさい。

(4) 大規模な地震などに伴う停電が復旧する際に，破損した電気製品や電気配線の発火が原因となって起こる火災のことを何というか，書きなさい。

(5) エネルギーや資源の有限性，再生可能性に配慮した，周囲の自然と調和する住宅のことを何というか，書きなさい。

(☆☆◎◎◎◎)

## 【中学校】

【1】中学校学習指導要領「第2章　各教科」「第8節　技術・家庭」の内容について，次の(1)・(2)の問いに答えなさい。

(1) 「第2　各分野の目標及び内容」〔家庭分野〕「2　内容」の一部について，(　a　)～(　e　)にあてはまる語句を書きなさい。ただし，同じ記号には，同じ語句が入るものとする。

> B　衣食住の生活
>
> (1) 食事の(　a　)と中学生の栄養の特徴
>
> ア　次のような知識を身に付けること。
>
> (ｱ) 生活の中で食事が果たす(　a　)について理解すること。
>
> (ｲ) 中学生に必要な栄養の特徴が分かり，健康によい(　b　)について理解すること。
>
> イ　健康によい(　b　)について考え，工夫すること。
>
> (2) 中学生に必要な栄養を満たす食事
>
> ア　次のような知識を身に付けること。
>
> (ｱ) 栄養素の種類と(　c　)が分かり，食品の栄養的な特質について理解すること。

(ｲ)　中学生の(　d　)に必要な食品の種類と(　e　)が分かり，(　d　)分の献立作成の方法について理解すること。
イ　中学生の(　d　)分の献立について考え，工夫すること。

(2)　「第2　各分野の目標及び内容」〔家庭分野〕「3　内容の取扱い」の一部について，(　a　)～(　e　)にあてはまる語句を書きなさい。

(3)　内容の「B衣食住の生活」については，次のとおり取り扱うものとする。
カ　(4)のアの(ｱ)については，日本の(　a　)な衣服である和服について触れること。また，和服の基本的な(　b　)を扱うこともできること。さらに，既製服の(　c　)と選択に当たっての留意事項を扱うこと。(ｲ)については，日常着の(　d　)は主として洗濯と(　e　)を扱うこと。

(☆☆◎◎◎◎◎)

## 【高等学校】

【1】高等学校学習指導要領「第2章　第9節　家庭」の内容について，次の(1)～(3)の問いに答えなさい。

(1)　「第2款　各科目　第1　家庭基礎　1　目標」の一部について，次の(　a　)～(　d　)にあてはまる語句を書きなさい。

(2)　家庭や地域及び(　a　)における生活の中から問題を見いだして課題を(　b　)し，解決策を構想し，(　c　)を評価・改善し，考察したことを根拠に基づいて(　d　)に表現するなど，生涯を見通して課題を解決する力を養う。

(2)　「第2款　各科目　第1　家庭基礎　2　内容」の一部について，次の(　a　)～(　d　)にあてはまる語句を書きなさい。

C　持続可能な消費生活・環境
(2)　消費行動と意思決定
ア　消費者の権利と責任を(　a　)して行動できるよう消費生活の現状と課題，消費行動における(　b　)や契約の重要性，消費者保護の(　c　)について理解するとともに，生活情報を適切に(　d　)できること。

(3)　「第2款　各科目　第1　家庭基礎　3　内容の取扱い」の一部について，次の(　a　)・(　b　)にあてはまる語句を書きなさい。

(1)　内容の取扱いに当たっては，次の事項に配慮するものとする。
エ　内容のB[衣食住の生活の自立と設計]については，(　a　)を中心とした指導を行うこと。なお，(1)[食生活と健康]については，栄養，食品，調理及び食品衛生との関連を図って扱うようにすること。また，調理実習については(　b　)にも配慮すること。

(☆☆◎◎◎◎◎)

# 解答・解説

## 【中高共通】

【1】(1)　高機能繊維　　(2)　(ア)　シルケット加工　　(イ)　帯電防止加工

〈解説〉(1)　高機能繊維には，紫外線遮蔽素材，蓄熱保温素材，吸水・吸汗素材，はっ水素材，防水素材，ストレッチ素材，軽量素材，難燃・防炎素材，静電気帯電防止素材，抗菌防臭素材，防ダニ素材，消臭素材などがある。　(2)　他にも，形態安定加工，防しわ加工，撥水加工など確認しておくこと。

【２】(1)　界面活性剤　　(2)　③→①→④→②　　(3)　再汚染防止作用
〈解説〉(1)　界面活性剤の汚れを落とす仕組みについての問題は頻出である。界面活性剤は，１つの分子の中に，水になじみやすい「親水性」と，油になじみやすい「親油性」の２つの部分を持っており，この構造が，本来，水と油のように混じり合わないものを，混ぜ合わせるのに作用する。　(2)　③表面張力を低下させ衣類に水がしみ込みやすくなる→①汚れを水中に引き出す→④汚れを取り囲み水中に分散させる。　(3)　②以外の作用は，①乳化作用，③浸透作用，④分散作用である。

【３】(1)　デメリット表示　　(2)　裂織　　(3)　マテリアルリサイクル　(4)　ダーニング
〈解説〉(1)　耐光，摩擦，耐洗濯，水滴下などの注意を表示したものである。組成表示についての問題は頻出である。表示方法について詳細に学習しておくこと。　(2)　古い布の再利用ができる点で，環境保全にもつながる。青森県の南部裂織は伝統工芸としてよく知られている。(3)　他に，廃棄物を焼却する際に発生する熱エネルギーを回収して利用するサーマルリサイクルと，化学合成により他の物質に変えて新たな製品を作るケミカルリサイクルがある。　(4)　縫い目がわからないように修繕する「かけはぎ」，「つぎあて」や「刺し子」についても確認しておきたい。

【４】(1)　織物の「たて糸」と「よこ糸」が直角に交わるように引っ張る。　(2)　合いじるし　　(3)　型紙のわき線を切り，紙を足す。　(4)　糸かけの順序がまちがっている。
〈解説〉(1)　布の端をよこ地方向に裂くか，横糸を抜いてその線に合わせてハサミで布を切り，どちらの方向に曲がっているか直角定規などを当てて確かめるとよい。また，地直しのやり方についても覚えてお

くこと。 (2) ノッチともいう。切り込みをいれておくことが多い。 (3) 補正については，ウエストを大きくする，ヒップを大きくする，股上を長くするなど，さまざまなパターンについて方法を理解しておくこと。 (4) ミシンの不具合の対処法についての問題は頻出である。不具合や縫い目の状態にあった対処法を理解しておくこと。

【5】(1) a たんぱく質 b 骨粗鬆症 c バター d 飽和 e トランス (2) 1：1 (3) ビタミン$B_2$ (4) チーズ (5) 臭みを消す (6) ビタミンD

〈解説〉(1) 牛乳の主な栄養成分は覚えておきたい。加工についての問いも頻出である。低温殺菌(パスチャライズド)，高温殺菌，超高温殺菌について確認しておくこと。またノンホモジナイズ製法についても理解しておきたい。 (2) カルシウムとリンの比率は1：1〜1：2のときに吸収が高まる。リンが多すぎるとカルシウムが体外に排泄されてしまう。 (3) ビタミンの特徴と欠乏症状は整理して覚えておくこと。 (4) 牛乳に乳酸菌やレンネットを入れるとたんぱく質が固まる。これをカットして乳清(ホエイ)を出す。熟成しないタイプのチーズはこれでできる。塩をつけたり微生物を加えたりして熟成させる。 (5) 粒子の表面積がとても大きく，表面に物質を吸着しやすい性質を持っている。 (6) カルシウムとビタミンDは小腸でカルシウムとリンの吸収を促進させ，血中カルシウム濃度を一定にする役割がある。

【6】(1) (a) フランベ (b) 相乗効果 (c) とろみをつける (2) (a) さいの目切り (b) きゅうりに塩をまぶし，まな板の上で前後に転がす。

〈解説〉(1) (a) フランベすることで一気にアルコール分をとばすことができる。 (b) 味の相互作用について学習し覚えておくこと。相乗効果は和風だしの取り方と合わせて問われることが多い。 (c) バターと薄力粉を1：1で混ぜたもので，薄力粉だけでとろみをつけるよりダマになりにくい。 (2) (a) マゼドアンはフランス語でさいの目切りを意味する。　(b)　板ずりは細かな産毛のあるオクラにも行う。塩のついたまま茹でると色鮮やかに仕上がる。

【7】(1)　バーチャルウォーター　　(2)　個食
〈解説〉(1)　日本は食料自給率が低く，海外からの輸入に頼っているのでバーチャルウォーター量は非常に高い。　(2)　1人で食事する「孤食」，子どもだけで食事をする「子食」，少量しか食べない「小食」，パンやパスタ，ピザなど，粉を使う高カロリーの主食を好んで食べる「粉食」，決まったもの，好きなものしか食べない「固食」，加工食品や外食などで濃い味付けのもの，塩分・糖分過多なものを食べる「濃食」も覚えておきたい。

【8】(1)　a　生計　　b　単身　　(2)　イ，ウ　　(3)　国勢調査
(4)　若者や高齢者の単独世帯数が増加しているから。
〈解説〉(1)　世帯の定義と種類を学習しておくこと。世帯の状況についての調査，グラフは数多く確認しておきたい。　(2)　この他に，ひとり親と未婚の子のみの世帯も当てはまる。　(3)　国勢調査をもとにした問題は頻出である。学習し理解を深めておくこと。　(4)　世帯の形態の変遷をグラフで確認しておくこと。

【9】(1)　a　離乳　　b　噛む　　c　基本的生活　　(2)　幼児期は運動量が多く新陳代謝が盛んで，胃の容量が小さいため。
〈解説〉(1)　a　離乳食の開始の目安は首のすわりがしっかりし，支えれば座ることができること。個人差もあるので，無理のないように進めることが大切である。　b　噛む力は虫歯の予防，歯並び，味覚や脳の発達にも影響する。離乳の初期は口の筋肉が発達しておらず，下が前後にしか動かせない。徐々に発達し，中期になると下の上下運動ができるようになり，下と上あごで食べ物を潰して食べられるようになる。さらに後期になると，歯ぐきで押しつぶして食べられるようになり，舌を左右に動かすこともできるようになる。　c　これとは別に，

挨拶，言葉遣い，公共の場所や道具を使うときの態度，安全ルールなど社会的な約束事やマナーを守るなどの社会的生活習慣がある。(2) 幼児は大人に比べて胃の容量が小さく一度に食べられないため，間食が栄養補給のために必要となる。おにぎりや果物，いも類など，うまく組み合わせて栄養やエネルギーを補給する。

【10】(1) 老老介護　(2) ヤングケアラー　(3) フレイル

〈解説〉(1) 介護の状況についてさまざまな調査のグラフを確認し，高齢者の虐待についての調査も含め，現状を理解しておくこと。認認介護も頻出事項である。 (2) ヤングケアラーについての問題は頻出である。調査結果の詳細を確認するとともに，家庭内の状況が見えづらく助けの手を差し伸べることが難しい状況であることについても理解しておくこと。 (3) フレイルの基準には，体重減少，疲れやすい，歩行速度の低下，握力の低下，身体活動量の低下があり，このうち3つ以上該当するとフレイルと判断する。加齢による筋肉量の減少，筋力の低下のことをサルコペニアという。あわせて覚えること。

【11】(1) 漆喰　(2) シックハウス症候群　(3) 結露　(4) 通電火災　(5) 環境共生住宅

〈解説〉(1) 城や，蔵の内壁にも使用されてきた。畳についても学習しておきたい。 (2) シックハウス症候群の対策として，建築基準法で化学物質使用の基準や，換気の基準が定められた。関係条文を確認しておくこと。 (3) 結露を防ぐ方法をいくつか記述できるようにしておくこと。 (4) 通電火災を防ぐには，停電中は電化製品のスイッチを切り，電源プラグをコンセントから抜いておく，避難所へ行くなど自宅をしばらく離れる際はブレーカーを落とすなどがある。 (5) 自然環境の特性を活かし室内を快適にするための設計手法であるパッシブデザインや，機械を効率よく使用したアクティブデザインをうまく組み合わせて効果的に省エネルギーを実現する。

## 【中学校】

【1】(1)　a　役割　　b　食習慣　　c　働き　　d　1日　　e　概量
(2)　a　伝統的　　b　着装　　c　表示　　d　手入れ　　e　補修

〈解説〉(1)　中学校学習指導要領のB衣食住の生活の内容について，語句の穴埋め記述式の問題である。B衣食住の生活は全部で7項目あり，(1)～(3)は食生活，(4)(5)は衣生活，(6)は住生活，(7)は衣食住の生活についての課題と実践について述べられている。ここでは食生活の(1)(2)から出題されたが，他の項目について学習しておくこと。　(2)　内容の取扱いは(1)～(4)まで4つの項目で構成されている。指導する際の具体的な内容が示されているので文言を覚えるだけでなく，理解を深めておくこと。

## 【高等学校】

【1】(1)　a　社会　　b　設定　　c　実践　　d　論理的　　(2)　a　自覚　　b　意思決定　　c　仕組み　　d　収集・整理　　(3)　a　実験・実習　　b　食物アレルギー

〈解説〉(1)　高等学校学習指導要領の家庭基礎の目標より，語句の穴埋め記述式の問題である。家庭科の目標，家庭基礎の目標，家庭総合の目標，それぞれ違いを整理して，文言はすべて覚えること。　(2)　家庭基礎のC持続可能な消費生活・環境の内容からの出題である。ここでは(2)から出題されたが，全部で3項目あるので確認しておくこと。　(3)　家庭基礎の内容の取扱いから出題された。指導についての具体的な内容なので，文言を覚えるだけでなく理解を深めておくこと。家庭総合の同項目についても同様である。

# 2023年度　実施問題

## 【中高共通】

【1】次の(1)・(2)の問いに答えなさい。

(1)　次の表は，繊維の燃焼特性及び特徴をまとめたものである。表の( a )~( c )にあてはまる最も適切な語句を書きなさい。

| 繊維名 | 燃え方 | 燃えかすの状態 | 特徴 |
|---|---|---|---|
| ( a ) | 軟化して炎を上げ，すみやかに燃える | 黒い，不規則な塊で，固い | 弾力性があり，保温性が大きいセーターなどの用途がある |
| ( b ) | じりじりと固まりながらゆっくり燃える | もろくて膨らんだ黒い塊，押すとつぶれる | 表面に( c )があり，それらが不規則に重なっているために，もむと縮む |

(2)　織物の三原組織を，交錯点が多く丈夫な順に左から並べて書きなさい。

(☆☆☆◎◎◎◎)

【2】次の文は，しわにならない浴衣のたたみ方の手順の説明である。( 1 )~( 3 )にあてはまる語句を，以下の図内の語句からそれぞれ1つ選び，書きなさい。(同じ番号には，同じ語句が入るものとする。)

自分から見て( 1 )を左に，すそを右にして広げ，右身ごろのおくみ線でおくみを手前に折る。次に，左身ごろのおくみと( 1 )を，右身ごろのおくみと( 1 )に重ね，左身ごろの( 2 )縫い目を，右身ごろの( 2 )縫い目に重ねる。身ごろのたけを( 1 )下位置で二つに折って全体を向こう側に返し，最後に身ごろを挟むように( 3 )を折り返す。

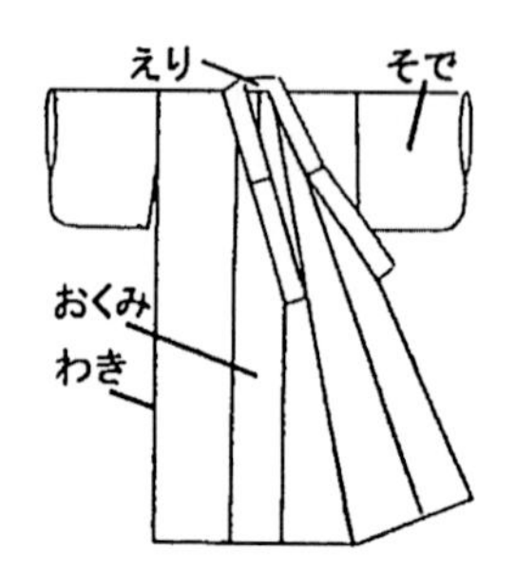


(☆☆☆◎◎◎◎)

【3】次の(1)・(2)の問いに答えなさい。

(1)　次図の型紙を用いて製作することができる，南米で日常よく用いられる民族服の名称を書きなさい。

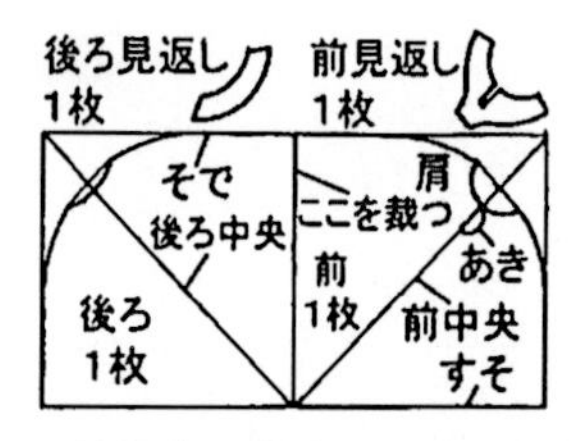


(2)　流行を取り入れつつ低価格に抑えた衣料品を大量生産し，短いサイクルで販売するブランドやその業態のことを何というか書きなさい。

(☆☆◎◎◎◎)

【4】長そでシャツの製作について，次の(1)～(3)の問いに答えなさい。

(1)　次図の(a)～(c)にあてはまるパーツ名を書きなさい。また，背中に(b)を付ける理由を簡潔に書きなさい。

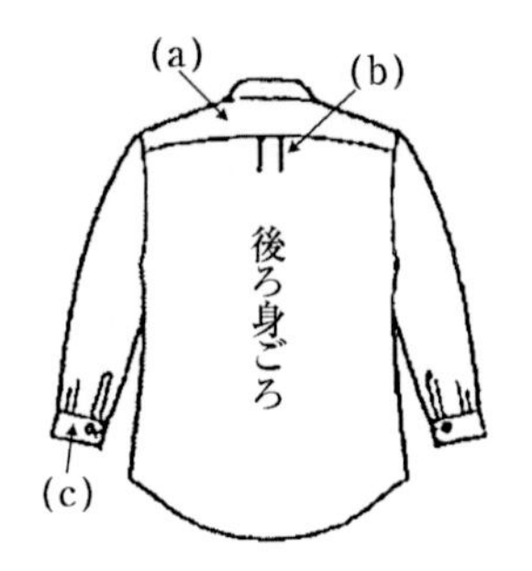


(2) ブロード(厚さ普通)を使用した場合，ミシン糸(ポリエステル糸)とミシン針は何番が適しているか。次のア～キからそれぞれ選び，記号で書きなさい。

ア 100番　イ 80番　ウ 60番　エ 24番　オ 18番

カ 11番　キ 9番

(3) ミシン縫いを行う際の，角の縫い方を説明しなさい。

(☆☆◎◎◎◎)

【5】次の文章を読んで，(1)～(5)の問いに答えなさい。

①厚生労働省は，( a )法に基づき，国民の健康の保持・増進を図る上で摂取することが望ましいエネルギー及び栄養素の量の基準について，( b )，( c )，身体活動レベル別，妊婦・授乳婦別に数値を示している。

( d )には，日本人が日常摂取している食品の成分値が可食部100gあたりで示されており，この値を利用して栄養価計算を行い，摂取量を算出することができる。

近年，家庭内での洋食化が進み，( e )類からの摂取エネルギーが減り，②動物性食品や油脂類からの摂取エネルギーが増加している。日本人の平均寿命は延びたが，③健康寿命が長くなるような④ライフステージにあった栄養の摂取が重要である。

(1) ( a )～( e )にあてはまる最も適切な語句を書きなさい。

(2) 下線部①の基準を何というか，書きなさい。また，それは何年ごとに改訂されるか，書きなさい。

(3) 下線部②について，次の(ア)・(イ)の問いに答えなさい。

(ア) 内蔵脂肪型肥満に加え，高血糖・高血圧・脂質異常のうちいずれか2つ以上をあわせもった状態を何というか，書きなさい。

(イ) 油脂を多く使った食品は，長期間保存すると光，温度，酸素などの影響を受けて酸化し，香りや味の劣化が起こるが，この現象を何というか，書きなさい。

(4) 下線部③の語句の意味を簡潔に書きなさい。

(5) 下線部④について，特に10代の女性に必要とされる栄養素とその理由を書きなさい。

(☆☆☆◎◎◎◎)

【6】「さばのみそ煮，かき玉汁，わかめときゅうりの酢の物」の調理実習について，次の(1)～(3)の問いに答えなさい。

(1) さばのみそ煮の調理について，次の(a)～(d)の問いに答えなさい。

(a) 1尾のさばを使って，1切れ(1人分)80gのみそ煮を4人分作る。1尾何gのさばを準備すればよいか計算しなさい。廃棄率は40%とする。(小数点以下は切り上げ，整数にすること。)

(b) 煮汁を冷やすと固まる理由を簡潔に書きなさい。

(c) 落としぶたをする理由を簡潔に書きなさい。

(d) しょうがをごく細いせん切りにし，水にさらしたものを何というか，書きなさい。

(2) かき玉汁について，片栗粉でとろみをつけた場合の利点を書きなさい。

(3) わかめときゅうりの酢の物の調理について，食べる直前に具材と三杯酢をあえる理由を簡潔に書きなさい。

(☆☆☆◎◎◎◎)

【7】次の(1)・(2)の問いに答えなさい。

(1) マーガリンには，乳化剤などが添加されているが，ビスケットの原料としてマーガリンを使用した時は，乳化剤などの表示は免除される。このように，最終食品に持ちこされた添加物の表示が免除されていることを何というか，書きなさい。

(2) 食べ物や栄養が健康や病気に与える影響を，過大に信じたり評価したりすることを何というか，書きなさい。

(☆☆☆☆◎◎◎)

【8】次の文章を読んで，(1)～(3)の問いに答えなさい。

乳児期のうち，誕生から4週間を特に( a )期という。この時期に，子どもは自らの肺で呼吸し，(ア)乳汁を吸い，排泄や体温調節を行うなど，母体から離れた生活に適応する。また，この頃には，口に触れた物に吸い付く( b )反射や，大きな音などに両腕を広げ抱きつくような動作をする( c )反射などが見られる。これらの( d )反射は，生まれつき持っている刺激に対する反射的な反応である。

(1) ( a )～( d )にあてはまる最も適切な語句を書きなさい。

(2) 下線部(ア)について，次の①・②の問いに答えなさい。

① 乳児に授乳後げっぷをさせるが，これはなぜか。「乳児の胃」という語句を用いて説明しなさい。

② 乳汁には，母乳，調整粉乳の他に液体ミルクなどがある。液体ミルクの利点と欠点を書きなさい。

(3) 生まれて間もない頃の乳児のほほえみを何というか，書きなさい。

(☆☆☆◎◎◎◎)

【9】次の(1)～(3)の問いに答えなさい。

(1) 男性に対して，育児休業や育児時短制度利用などを理由に不利益な扱いをすることを何というか，書きなさい。

(2) 1994年の国際人口開発会議において提唱された，全てのカップルと個人が，子どもを産むかどうか，人数，出産間隔や時期などについて責任をもって自由に決定でき，そのための情報と手段を得ることができる権利のことを何というか，書きなさい。

(3)　配偶者やパートナーからの暴力の防止と，被害者の保護救済のための法律を何というか，書きなさい。

(☆☆☆◎◎◎◎)

【10】次の文章を読んで，(1)～(3)の問いに答えなさい。

財産のうち資産は，長期間にわたる使用を目的に取得される土地家屋などの(　a　)資産と，短期間で現金化できる流動資産に分けられる。流動資産のうち，金融機関が扱う(ア)金融商品は，(　b　)性，流動性，収益性の3つの特性がある。

(1)　(　a　)・(　b　)にあてはまる最も適切な語句を書きなさい。

(2)　下線部(ア)について，収益性重視の金融商品を次のア～カからすべて選び，記号で書きなさい。

ア　定期預金　　イ　株式　　ウ　国債　　エ　投資信託
オ　外貨建て金融商品　　カ　普通預金

(3)　従来の財務情報だけでなく，環境・社会・ガバナンス要素を評価して行う投資のことを何というか，書きなさい。

(☆☆☆◎◎◎◎)

【11】次の(1)～(3)の問いに答えなさい。

(1)　倉庫をカフェにするなど，建て替えることなく，用途変更により新たな利用価値を生み出し，建物の性能を向上させることを何というか，書きなさい。

(2)　不特定多数の人々が利用する建築物や公共交通機関はもとより，その間の経路も含めた多面的なバリアフリー化を進めるために，ハートビル法と，交通バリアフリー法を統合して2006年に施行された法律の名前を書きなさい。

(3)　保存のきく食材を少し多めに買って備蓄し，定期的に消費し，食べた分だけ買い足す方法のことを何というか，書きなさい。

(☆☆☆◎◎◎◎)

## 【中学校】

【1】中学校学習指導要領「第2章　各教科」「第8節　技術・家庭」について，次の(1)・(2)の問いに答えなさい。

(1)　次の文は，「第2　各分野の目標及び内容」〔家庭分野〕「1　目標」の一部である。( a )~( g )にあてはまる語句を書きなさい。

> (1)　家族・家庭の( a )について理解を深め，家族・家庭，( b )，消費や環境などについて，生活の自立に必要な( c )な理解を図るとともに，それらに係る技能を身に付けるようにする。
> (2)　家族・家庭や地域における生活の中から問題を見いだして課題を設定し，解決策を( d )し，実践を評価・改善し，考察したことを論理的に( e )するなど，これからの生活を展望して課題を解決する力を養う。
> (3)　自分と家族，家庭生活と地域との関わりを考え，家族や地域の人々と( f )し，よりよい生活の実現に向けて，生活を工夫し創造しようとする実践的な( g )を養う。

(2)　次の文は，「第2　各分野の目標及び内容」〔家庭分野〕「2　内容」の一部である。( h )~( j )にあてはまる語句を書きなさい。

> C　消費生活・環境
> 　次の(1)から(3)までの項目について，課題をもって，( h )な社会の構築に向けて考え，工夫する活動を通して，次の事項を身に付けることができるよう指導する。
> (1)　金銭の( i )と購入
> (2)　消費者の権利と( j )
> (3)　消費生活・環境についての課題と実践

(☆☆◎◎◎◎◎)

## 【高等学校】

【1】高等学校学習指導要領「第2章　第9節　家庭」の内容について，次の(1)・(2)の問いに答えなさい。

(1) 「第1款　目標」の一部について，( a )～( f )にあてはまる語句を書きなさい。

| (3)　様々な人々と( a )し，よりよい社会の( b )に向けて，( c )に参画しようとするとともに，自分や家庭，( d )の生活を主体的に( e )しようとする( f )な態度を養う。 |
|---|

(2) 「第2款　各科目　第1　家庭基礎　3　内容の取扱い」の一部について，次の( a )～( d )にあてはまる語句を書きなさい。

| (1)　内容の取扱いに当たっては，次の事項に配慮するものとする。<br>イ　内容のAの(1)〔生涯の生活設計〕については，人の一生を( a )の視点で捉え，各( b )の特徴などと関連を図ることができるよう，この科目の学習の( c )として扱うこと。また，AからCまでの内容と関連付けるとともにこの科目の( d )としても扱うこと。 |
|---|

(☆☆◎◎◎◎◎)

# 解答・解説

## 【中高共通】

【1】1　(1)　a　アクリル　　b　毛　　c　鱗片　　(2)　平織→斜文織→朱子織

〈解説〉(1)　aは燃え方の「軟化」，燃えかすの硬い塊，特徴のうちの「弾力性」から合成繊維であることがわかる。bについて，燃える前に軟化はしないのは天然繊維である。天然繊維のうち，動物性繊維(絹・毛)の成分はたんぱく質なので燃えるとき独特の匂いがする。毛の繊維の表面はうろこ状であり，湿るとそれが開いて互いに絡まる。繊維の種類と特徴について，天然繊維(動物性，植物性)，化学繊維(再生繊維，半合成繊維，合成繊維)に整理して覚えること。手入れの方法もあわせて覚えておきたい。繊維の側面図や断面図についての問いも見られるので対策しておきたい。　(2)　織物の三原組織は，図とともに，特徴とあてはまる繊維を必ず覚えること。平織りは縦糸と横糸が1本ずつ交差して形成され，織り糸の交差が多いので丈夫で硬い布になる。

【2】1　えり　　2　わき　　3　そで

〈解説〉和服のたたみ方は実践して理解しておくこと。着付けについても同様である。着物の各部の名称を理解していないと解答できないので，男性物と女性物の違いを理解した上で覚えておくこと。

【3】(1)　ポンチョ　　(2)　ファストファッション

〈解説〉(1)　ポンチョは中南米の民族衣装である。1日の寒暖差の大きい地域で，家畜の毛を用いた手織りの布で作られてきた。着脱が簡単で前後中心が正バイヤスとなり体の動きを妨げない。体格や体形を問わず着られる。裁断，縫製が簡単で布の無駄が出にくいなどの特徴がある。世界の民族衣装について，立体構成と平面構成の分類をした上で，風土との関連も含めて学習しておきたい。　(2)　ファストファッションについての問題は頻出である。授業で取り扱うことも多いと思われるので，SDGsと関連させて，問題点を記述できるようにしておきたい。

【4】(1)　(a)　ヨーク　　(b)　タック　　(c)　カフス　　(理由)　腕を動かすときの背肩幅の伸びや変形に対するゆとり量を加えるため。(2)　(ミシン糸)　ウ　　(ミシン針)　カ　　(3)　(理由)　布に針を刺したままミシンを止めて押さえを上げ，針を軸にして布を回し，押さえを下ろして再び縫う。

〈解説〉(1)　(a)は衣服の主に肩部分に入れる切り替え布のことで，シャツなどで補強のためこの部分を2重にするほか，縫いつなぐ身頃の布にタックやギャザーを入れてゆとりを持たせることができる。(b)は幅の異なる2枚の布を縫いつなぐとき，幅の広い方の布を折りたたみ，同じ幅に整えて縫う手法である。ギャザーやプリーツについても学習しておきたい。(c)はシャツやブラウス，ドレスの袖口布である。(2)　ミシン糸は番号が大きくなるほど細くなり，ミシン針は番号が大きくなるほど太くなる。さまざまな布地に適した糸と針の番手をそれぞれ理解しておきたい。　(3)　ミシンの操作について基本的な問いである。他にも上糸と下糸の調子のバランスについて，糸のかけかた，さまざまなトラブルの対処法を学習しておくこと。

【5】(1)　a　健康増進　　b　性別　　c　年齢別　　d　日本食品標準成分表　　e　穀　　(2)　日本人の食事摂取(基準)　　5(年ごと)　(3)　(ア)　メタボリックシンドローム　　(イ)　酸敗　　(4)　介護を受けたり寝たきりになったりせず日常生活を送れる期間のこと。(5)　(栄養素)　鉄　　(理由)　月経による鉄の損失により，貧血にならないようにするため。

〈解説〉　(1)　健康増進法は2002年，国民の健康増進の総合的な推進を図るための基本方針として制定された法律で，国民の健康維持と現代病予防を目的としている。これに基づき，日本人の食事摂取基準が作成された。　(2)　日本人の食事摂取基準の，中高生の年代の数値は覚えておきたい。　(3)　(ア)　メタボリックシンドロームは，腹囲が男性で85cm，女性で90cmを超え，かつ高血圧，高血糖，脂質異常のうち2つ以上の症状がある場合が該当する。　(イ)　油脂が空気中の酸素による酸化や微生物による分解によって劣化することを言う。酸化が進むと油脂の色・味・香りが変化し，毒性を持つようになる。
(4)　2019年の平均寿命は男性81.41歳、女性87.45歳，健康寿命は男性72.68歳、女性75.38歳である。その差はそれぞれ約9年，約12年である。
(5)　鉄の不足による貧血を防ぐため，15～17歳の鉄の推奨量は，男子は10mgであるのに対し，女子は12mgとなっている。

【6】(1)　(a)　534(g)　(b)　皮や骨に含まれるコラーゲンがゼラチンとなって煮汁に溶け出るため。　(c)　煮崩れを防ぎ，材料に煮汁が行き渡るようにするため。　(d)　針しょうが　(2)　汁が冷めにくい。　(3)　あえてから時間をおくと，浸透圧によって材料から水分が出て水っぽくなるため。
〈解説〉(1)　(a)　総使用量の計算は，純使用量÷可食部率(1－廃棄率)×食数で求められる。80÷(1－0.4)×4＝533.3…であり，切り上げて534gとなる。　(b)　動物の骨や皮には天然のゼラチンの一種であるコラーゲンが含まれている。固まってゼリーのようになったものを煮こごりという。　(c)　他には，少ない煮汁，少ない時間で食材にしっかり味をしみ込ませることができる。落し蓋の代わりにアルミホイルやクッキングペーパーを使ってもよい。　(d)　他にも，ゆずの皮の黄色い部分をせん切りにした「針ゆず」と松葉切りの「松葉ゆず」，山椒の若葉を手のひらに挟んでたたき香りを立たせた「たたき木の芽」なども覚えておきたい。　(2)　他にも，卵を汁に均一に分散させることができる，とろみをつけると汁の舌触りがなめらかになり，飲み込みやすくなるなどもある。水溶き片栗粉の調理法についての問いはよく見られるので理解しておきたい。　(3)　白和え，ごま和えなどについても同様である。調理のポイントと改善するための方法を幅広く知っておきたい。

【7】(1)　キャリーオーバー　　(2)　フードファディズム

〈解説〉(1)　キャリーオーバーとは商品衛生法に基づく食品表示基準により，加工食品や調理済み冷凍食品などの原料に，食品添加物が使われている場合，出来上がった食品の表示には記載されないことを言う。(2)　フードファディズムは，直訳すると「食物への，のめり込み」となる。特定の食品の健康に及ぼす影響を過大に評価し，科学的価値に関わりなく熱狂的に摂取したり嫌ったり，異常な食行動をすることを指す。

【8】(1)　a　新生児　　b　吸てつ　　c　モロー　　d　原始

(2)　①　乳児の胃は入り口が未発達なため，乳を吐いて窒息しないようにするため。　②　(利点)　湯はいらず，そのまま飲める。

③　(欠点)　飲みかけのミルクは菌が繁殖する。　　(3)　生理的微笑

〈解説〉(1)　児童福祉法や母子健康法では，1歳未満を乳児と扱う。幼児は児童福祉法では1歳から小学校就学の始期に達するまでの者としている。原始反射について，他にも，手掌握反射，歩行反射，探索反射など理解しておきたい。　(2)　乳児の胃の特徴は理解しておくこと。授乳後には乳児を保育者の肩に寄りかからせるように縦に抱き，背中を軽くたたいたりし，胃の中の空気を出させる。液体ミルクは災害時の避難生活で役立つ。乳汁について，母乳と人工乳の特徴，長所と短所を理解しておくこと。　(3)　新生児微笑とも言い，生後数日から2か月頃までに見られ，感情を持った笑いとは違うものである。感情を持った笑いは社会的微笑と言い，生後2～3か月頃から，周囲の刺激に対して微笑を見せるようになる。

【9】(1)　パタニティハラスメント　　(2)　リプロダクティブ・ライツ

(3)　DV防止法

〈解説〉(1)　男女雇用機会均等法，育児介護休業法では，事業主による，妊娠・出産，育児休業・介護休業などの申し出や取得などを理由とす

る解雇などの不利益取扱いを禁止している。育休制度についての問題は頻出なので，法律，取り組みについて詳細に学習しておきたい。
(2) 産む・産まない，いつ何人子どもを持つかなど，生殖に関することを自分で決めることができる権利で，そのために必要な情報やサービスを得られる権利も含まれる。1994年にエジプト・カイロで開かれた国際人口開発会議で提唱された。 (3) DV防止法は，2001年に施行され，現在まで何度か改正された。配偶者からの暴力に関わる通報，相談，保護，自立支援などの体制を整備し，配偶者からの暴力の防止，被害者の保護を図ることを目的としている。被害者の多くは女性である。配偶者には事実婚の相手も含む。

【10】(1) a 固定 b 安全 (2) イ，エ，オ (3) ESG(投資)
〈解説〉(1) 財産とは，個人や法人などが所有している社会的に価値のあるものの総称のことで，資産とは財産のうちでお金に換えられる価値のあるものを言い，物だけでなく権利も含まれる。資産のうち固定資産とは，1年を超えて使用したり，投資目的で長時間保有したりする財産を指す。流動資産は，1年以内に現金化できる資産を言う。
(2) 選択肢にあげられている金融商品について，収益性，安全性，流動性の3つの観点から内容を理解しておくこと。 (3) ESGとは環境(Environment)・社会(Social)・ガバナンス(Governance)の頭文字である。投資先を選ぶとき，会社の財務情報だけでなく，環境に配慮した事業展開，従業員の生活や安全と地域社会への貢献，不祥事の回避とリスク管理のための情報開示を考慮することを言う。

【11】(1) コンバージョン (2) バリアフリー新法 (3) ローリングストック
〈解説〉(1) コンバージョンとは，建物の用途を転用することを言う。リノベーション，リフォームについても説明できるように学習しておきたい。 (2) バリアフリー新法は，「高齢者，障害者等の移動等の円滑化の促進に関する法律」の略称で，高齢者や障害者等が負担なく

移動できるように，街や建物のバリアフリー化を目的として2006年に施行された。バリアフリーとユニバーサルデザインの違いを理解しておくこと。　(3)　ローリングストックは，日常食べ慣れた食品のうち，保存がきき，簡単に調理できるものを多めに貯蔵して災害時に備える方法である。この方法は食品を日常的に使い回せるので，廃棄等の無駄が出ない。また，災害時に日頃食べ慣れたものを食べられることはストレスの軽減になる。

## 【中学校】

【１】(1)　a　機能　　b　衣食住　　c　基礎的　　d　構想　　e　表現　　f　協働　　g　態度　　(2)　h　持続可能　　i　管理　　j　責任

〈解説〉(1)　中学校学習指導要領の家庭分野の目標から語句の穴埋め記述式の問題である。目標について文言は必ず覚えること。　(2)　C消費生活・環境の内容から出題された。A家族・家庭生活は4項目，B衣食住の生活は7項目あげられているので確認しておくこと。

## 【高等学校】

【１】(1)　a　協働　　b　構築　　c　地域社会　　d　地域　　e　創造　　f　実践的　　(2)　a　生涯発達　　b　ライフステージ　　c　導入　　d　まとめ

〈解説〉(1)　高等学校学習指導要領の家庭科の目標から，語句の穴埋め記述式の問題である。目標の3つの柱のうち(3)から出題された。他の項目も確認しておくこと。目標について，文言は必ず覚えること。

(2)　家庭基礎の内容の取扱いは，内容の取扱いに当たっての配慮事項がア～カまで6項目，内容の範囲や程度についての配慮事項がア～ウまで3項目示されているので確認しておくこと。いずれも指導に関わる具体的な内容なので，高等学校学習指導要領解説により，詳細に理解しておきたい。

# 2022年度　実施問題

## 【中高共通】

【1】次の(1)～(3)の問いに答えなさい。

(1) 被服を着たときに皮膚と被服の間にでき，外気の気候が変化しても温度・湿度を保つ役割をする空気の層のことを何というか，書きなさい。

(2) 既製服の成人女子用衣料(スーツ)で，9ARと寸法表示されていた。Aは何を表しているか，書きなさい。

(3) JIS L0001で「塩素系及び酸素系漂白剤使用可」を示す表示記号を書きなさい。

(☆☆☆◎◎◎)

【2】次の(1)・(2)の問いに答えなさい。

(1) 次の文章を読んで，( a )～( c )にあてはまる最も適切な語句を書きなさい。(同じ記号には，同じ語句が入るものとする。)

洗濯の方法には，水を使う( a )式洗濯と有機溶剤を使う( b )式洗濯とがある。( a )式洗濯用洗剤の主成分は，( c )である。

(2) 次の図は，酵素配合洗剤と酵素無配合洗剤の水温の違いによる洗浄力について表したものである。酵素配合洗剤は(ア)・(イ)のうちどちらか，記号で書きなさい。また，それを選んだ理由を簡潔に書きなさい。ただし，相対洗浄力は標準条件での洗浄力を100としている。

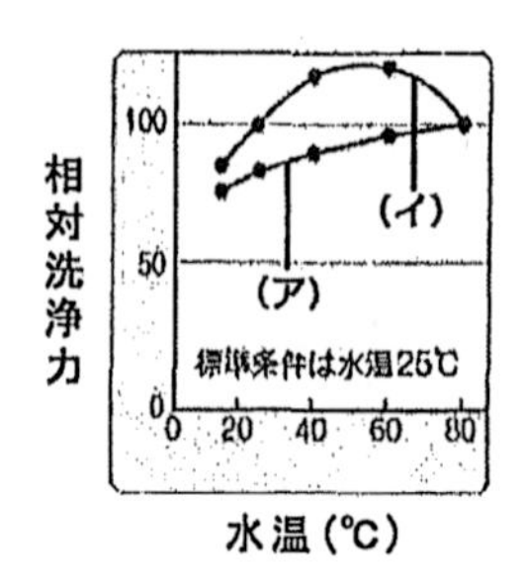


(☆☆☆◎◎◎)

【3】次の(1)～(3)の説明文が表す繊維を，以下のア～カから1つ選び，それぞれ記号で書きなさい。

(1)　涼感があり，はり，こしのある着心地で，水分の吸湿や発散性に優れている。

(2)　熱可塑性があり，絹に似た光沢がある。

(3)　世界で初めて作られた合成繊維で，紫外線で黄変する。

ア　綿　　イ　レーヨン　　ウ　麻

エ　ポリエステル　　オ　ナイロン　　カ　アセテート

(☆☆☆◎◎◎)

【4】ハーフパンツの製作について，次の(1)～(3)の問いに答えなさい。

(1)　大きめの縞・格子柄・ボーダー柄などの布地で服をつくるとき，その柄が美しく続いて見えるように配置することを何というか，書きなさい。

(2)　次の図で，後ろのまた上は(ア)～(エ)のうちどれか，記号で書きなさい。

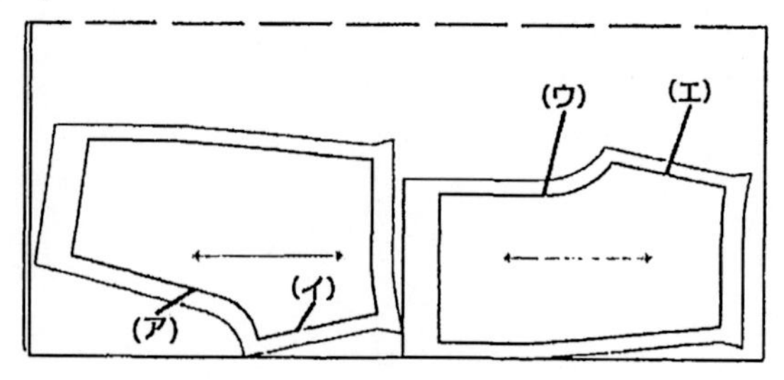

(3) 上の図の(ア)・(ウ)について二度縫いする理由を簡潔に書きなさい。

(☆☆☆◎◎◎)

【5】次の文章を読んで，(1)～(4)の問いに答えなさい。

たんぱく質をつくるアミノ酸は，約20種類ある。そのうち，体内で合成できない9種類を( a )といい，食事で摂取する必要がある。たんぱく質の栄養価は，( a )の含有量を基にした( b )で表される。一般に，植物性食品より，動物性食品のほうがたんぱく質の栄養価は高い。しかし，栄養価の低い植物性たんぱく質でも，不足しているアミノ酸を多く含む別のたんぱく質と組み合わせると，栄養価を高くすることができる。これを( c )という。たんぱく質を多く含む食品には，(ア)魚介類，(イ)食肉類，(ウ)卵，豆・豆製品などがある。大豆のたんぱく質は，リシンが多く，動物性食品のアミノ酸組成と似ている。そのため，大豆は( d )とよばれている。

(1) ( a )～( d )にあてはまる最も適切な語句を書きなさい。(同じ記号には，同じ語句が入るものとする。)

(2) 下線部(ア)について，煮魚をつくるとき，魚を沸騰した煮汁に入れる理由を簡潔に書きなさい。

(3) 下線部(イ)について，食肉は，と殺後一定時間がたつと，自己消化を起こしてやわらかくなり，風味も増す。このことを何というか，書きなさい。

(4) 下線部(ウ)について，メレンゲは，卵のどのような調理性を利用したものか，書きなさい。

(☆☆☆◎◎◎)

【6】「ちらし寿司，すまし汁」の調理実習について，次の(1)・(2)の問いに答えなさい。

(1) ちらし寿司の調理について，次の(a)～(d)の問いに答えなさい。

(a) 寿司飯の場合，米は重量の1.3倍の水で炊く。通常の飯は，米の重量の何倍の水で炊くか，書きなさい。

(b)　合わせ酢を飯に混ぜるときの注意点を簡潔に書きなさい。

(c)　れんこんを白く仕上げたいときは，どのように下処理すればよいか，簡潔に書きなさい。

(d)　薄焼き卵をつくり，冷ました後，はしから巻いてせん切りにしたものを何というか，名称を書きなさい。

(2)　すまし汁の調理について，次の(a)～(c)の問いに答えなさい。

(a)　こんぶとかつおぶしを使った混合だしのとり方を簡潔に書きなさい。

(b)　混合だしのように，うま味を組み合わせることにより，うま味が増強されることを何というか，書きなさい。

(c)　吸い口に，ゆずの皮を使用する。次の図の飾り切りの名称を書きなさい。

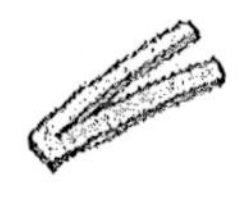

(☆☆☆◎◎◎)

【7】次の(1)・(2)の問いに答えなさい。

(1)　学校や職場，グループ等，様々な機関・団体が拠点となり，一般家庭にある未利用食品を集め，集まった食品をフードバンク団体や福祉施設等に寄付する活動を何というか，書きなさい。

(2)　プラスチックフィルムと金属はくなどを貼り合わせた小袋に，調理した食品を詰めて密封し，加圧殺菌釜で加熱殺菌した加工食品を何というか，書きなさい。

(☆☆☆◎◎◎)

【8】次の文章を読んで，(1)～(3)の問いに答えなさい。

人の一生における年齢に伴う変化を節目ごとに区分してとらえた，それぞれの段階のことを(　a　)といい，乳幼児期，児童期，青年期，壮年期，高齢期というような区分で表される。各(　a　)には，多くの人が直面する課題があり，このような課題を( b )という。( c )期には身体の変化をきっかけとして自分自身を強く意識するようになる。アイデンティティの確立は，( c )期の大きな( b )になる。

また現代の日本では，合計特殊出生率の低下と(ア)平均寿命の延びから少子化・(イ)高齢化が進行している。

(1) ( a )～( c )にあてはまる最も適切な語句を書きなさい。(同じ記号には，同じ語句が入るものとする。)

(2) 下線部(ア)について，平均寿命とは何か，簡潔に書きなさい。

(3) 下線部(イ)に伴う対応として各市町村に設置され，地域住民の保健・福祉・医療の向上，虐待防止，介護予防マネジメントなどを総合的に行う機関を何というか，書きなさい。

(☆☆☆◎◎◎)

【9】次の文章を読んで，(1)～(3)の問いに答えなさい。

消費者問題とは，商品の供給に関してもたらされる消費者側の不利益や被害など，(a)消費者の権利が侵害される諸問題のことである。高齢化の進展に伴い，高齢者を狙った悪質商法が増加している。また，(b)社会経験が少ない若者もターゲットになっている。

(1) 下線部(a)について，消費者の権利の尊重と自立を支援する政策への転換を目指して2004年に制定された法律を何というか，書きなさい。

(2) 下線部(b)について，今後，日本において18歳で成年となり，18歳，19歳の者が未成年者取消権を行使できなくなる最初の年を西暦で書きなさい。

(3) クーリング・オフ制度が適用されないものを次のア～エから1つ選び，記号で書きなさい。

ア 通信販売　　イ 訪問販売　　ウ マルチ商法

エ エステティック契約

(☆☆☆◎◎◎)

【10】次の(1)～(4)の問いに答えなさい。

(1) 子どもと特定の相手との間に形成される，信頼感を基礎にした心のきずなを何というか，書きなさい。

(2) 乳幼児期のからだの発達について，最も早く発達するものを次のア～エから1つ選び，記号で書きなさい。

ア　リンパ系　　イ　生殖器系　　ウ　脳神経系

エ　一般系(身長・体重)

(3) 幼児の絵に描かれる最初の人物像で，頭から直接足が出ているものを何というか，書きなさい。

(4) 保育所を管轄している省庁の名称を書きなさい。

(☆☆☆◎◎◎)

【11】次の(1)・(2)の問いに答えなさい。

(1) 和室の特徴を説明する次の(a)・(b)に該当するものを以下の図のア～カから選び，記号で書きなさい。また，その名称を書きなさい。

(a) 上座側の床を一段高くし，掛け軸や花などを飾る空間。

(b) 木の骨組みに紙や布を貼った部屋の仕切りで，取り外せば大きな空間ができる。

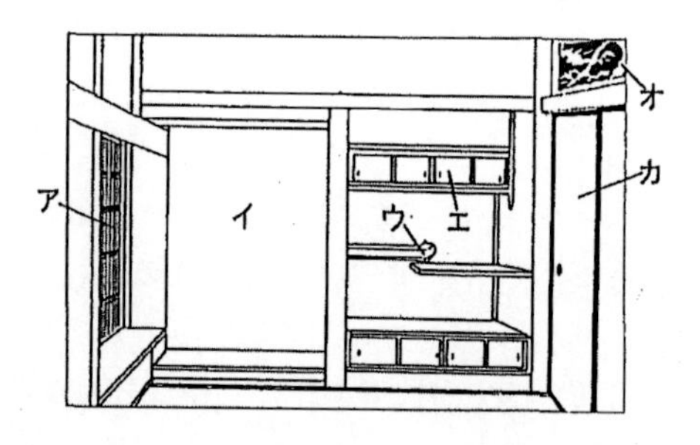


(2) 住宅の窓や出入り口などの上に，突き出す形で設置された，小さな屋根状の部分を何というか，書きなさい。また，その効果について，夏と冬における違いを踏まえて書きなさい。

(☆☆☆◎◎◎)

## 【中学校】

【1】中学校学習指導要領「第2章　各教科」「第8節　技術・家庭」の内容について，次の(1)・(2)の問いに答えなさい。

(1)「第2　各分野の目標及び内容」〔家庭分野〕「2　内容」の一部について，( a )～( g )にあてはまる語句を書きなさい。

> B　衣食住の生活
> (3)　日常食の調理と地域の食文化
> ア　次のような知識及び技能を身に付けること。
> (ア)　日常生活と関連付け，( a )に応じた食品の選択について理解し，適切にできること。
> (イ)　食品や調理用具等の安全と( b )に留意した( c )について理解し，適切にできること。
> (ウ)　材料に適した( d )調理の仕方について理解し，基礎的な日常食の調理が適切にできること。
> (エ)　地域の食文化について理解し，地域の食材を用いた( e )の調理が適切にできること。
> イ　日常の( f )の調理について，食品の選択や調理の仕方，調理計画を考え，( g )すること。

(2)「第3　指導計画の作成と内容の取扱い」の一部について，( a )～( c )にあてはまる語句を書きなさい。

> 2　第2の内容の取扱いについては，次の事項に配慮するものとする。
> (3)　基礎的・基本的な知識及び技能を習得し，基本的な概念などの理解を深めるとともに，仕事の楽しさや( a )を体得させるよう，実践的・( b )的な活動を充実すること。また，生徒の( c )を踏まえて学習内容と将来の職業の選択や生き方との関わりについても扱うこと。

(☆☆☆◎◎◎)

## 【高等学校】

【1】高等学校学習指導要領「第2章　第9節　家庭」の内容について，次の(1)・(2)の問いに答えなさい。

(1)「第1款　目標」の一部について，(　a　)～(　f　)にあてはまる語句を書きなさい。

| (2)　家庭や地域及び社会における(　a　)の中から問題を見いだして(　b　)を設定し，(　c　)を構想し，実践を(　d　)し，考察したことを根拠に基づいて(　e　)に表現するなど，生涯を(　f　)生活の課題を解決する力を養う。 |
|---|

(2)「第2款　各科目　第1　家庭基礎　2　内容」の一部について，次の(　a　)～(　d　)にあてはまる語句を書きなさい。

| A　(　a　)と家族・家庭及び福祉<br>B　(　b　)の生活の自立と設計<br>C　(　c　)消費生活・環境<br>D　(　d　)と学校家庭クラブ活動 |
|---|

(☆☆☆◎◎◎)

# 解答・解説

## 【中高共通】

【1】(1)　被服気候　　(2)　体型

(3)

〈解説〉(1)　被服気候は衣服気候ともいう。人が最も快適に感じる皮膚の表面に近い温度，湿度は，温度が31～33℃，湿度は40～60％だとい

われている。暑い夏には開口部(首回り，袖口，裾など)を多くしたり，開けたりすることで空気の流れを作り涼しさを感じるようにする。寒い季節には，重ね着をしたり，開口部を少なくしたりすることで，体温で暖められた空気を逃がさないようにする。 (2) 洋服に表示されたサイズは洋服そのものの寸法ではなく，一般的には「ヌード寸法」とよばれるもので，その洋服を着用する人間の身体サイズを表示している。JISサイズ表示で最も標準的な体形の成人女性に合う洋服が「9AR」である。「9」はバストを表し，「9」であればバスト83cmである。「A」は体型を表し，日本人の最も多い標準的な体型をさす。「R」は身長を表しregular(普通)の略で平均身長158cmを示している。
(3) 日本産業規格JIS L0001(繊維製品の取扱いに関する表示記号及びその表示方法)で，漂白処理記号の漂白処理は，三角形で表す。

【2】(1) a 湿 b 乾 c 界面活性剤 (2) 記号…(イ)
理由…水温が60℃をこえると，酵素がうまくはたらかなくなり，汚れ落ちが低下するから。
〈解説〉(1) 洗濯の方法には，湿式洗濯(ランドリー)と乾式洗濯があり，繊維や汚れに応じた適切な方法を選ぶ事が重要である。洗剤の主成分は界面活性剤で，界面活性剤の働きで汚れが落ちる。界面活性剤は親油基(油分と結びつきやすい部分)と親水基(水と結びつきやすい部分)からなる。 (2) 洗剤中の酵素には，脂質を分解するリパーゼのほか，たんぱく質を分解するプロテアーゼ，でんぷんを分解するアミラーゼ，繊維を分解するセルラーゼなどの種類がある。ウールやシルクなど動物性繊維の主成分はたんぱく質である。プロテアーゼが配合された酵素洗剤で長時間つけおき洗いをすると，生地にダメージを与えたり風合いを損ねたりする恐れがある。

【3】(1) ウ (2) カ (3) オ
〈解説〉天然繊維には植物繊維(綿や麻)と動物繊維(絹や毛)がある。植物繊維は繊維としての強度は強いが，伸びは小さい。化学繊維には再

生繊維(レーヨンやキュプラ)，半合成繊維(アセテートやトリアセテート)，合成繊維(ナイロン，ビニロン，ポリエステル，アクリル，ポリウレタンなど)がある。半合成繊維は熱で変形を固定することができ，しわになりにくい性質をもつが，引っ張りや摩擦に弱い。合成繊維には生地そのものに熱可塑性がある。

【4】(1)　柄合わせ　　(2)　(ア)　　(3)　破れやすい所なので，丈夫に縫っておく必要があるため。

〈解説〉(1)　柄に方向性のある布の場合，パンツの上下を間違わないようにして，同じ方向で裁断する。　(2)　また上が深いのが後ろパンツである。　(3)　二度縫いは，布端がほつれにくい生地に適するしまつ方法である。印どおりに縫ったあと，その縫い目と平行に，布端をもう一度縫う。縫い目を丈夫にし，縫い込みが開かないようになる。

【5】(1)　a　必須アミノ酸　　b　アミノ酸価　　c　たんぱく質の補足効果　　d　畑の肉　　(2)　表面のたんぱく質をかため，うまみが外に出るのを防ぐため。　　(3)　熟成　　(4)　起泡(性)

〈解説〉(1)　たんぱく質の栄養価は，アミノ酸価(食品中の必須アミノ酸の含有量とアミノ酸評価パターンを比較して求められる)によって表される。食品に含まれる必須アミノ酸9種のそれぞれの評点パターンと比較して，最も少ないアミノ酸の充足率(割合)がその食品のアミノ酸価である。必須アミノ酸が1つでも不足すると，アミノ酸価は低下するが，必須アミノ酸を多く含む大豆や肉類を組み合わせることで，アミノ酸価を高めることができる。　(2)　煮魚の調理で，魚を沸騰した汁の中に入れる理由は，加熱され表面のたんぱく質がすぐに凝固されるので，内部のうまみが溶け出すのを防ぐためである。そして，汁の中に浸されている時間が短いので，中まで身が締まって固くなることを防ぐことができる。魚の生臭みが熱のため，すぐ揮発して，匂いが汁に溶け出ることを防ぐ。一度に入れると煮汁の温度が下がるので，一切れ入れて煮立ててから次を入れること。　(3)　肉はと殺後に一度，組織が硬直する。その後，組織内の酵素の働きで，たんぱく質が分解され，徐々に柔らかくなり，風味が増しておいしくなる。肉の熟成は，肉の自己消化作用によって，たんぱく質がアミノ酸に分解する作用である。 (4) 卵の特性の1つ，起泡性は，卵白たんぱく質は，攪拌すると泡立つというものである。

【6】(1) (a) 1.5(倍) (b) 飯が熱いうちに全体にふりかけ，ねばりがでないよう，切るように混ぜる。 (c) 酢水にさらす。
(d) 錦糸卵 (2) (a) こんぶを水につけてから火にかけ，沸騰直前に取り出す。かつおぶしを入れて沸騰したら上ずみをこす。
(b) 相乗効果 (c) 松葉

〈解説〉(1) (a) 飯を炊く場合，水の量は米の体積の1.2倍，米の重量の1.5倍である。 (b) 冷めると飯のデンプンが固まって酢がしみ込まず，美味しい酢飯にならない。 (c) れんこんやうどなどのあく抜きは，酢水につけておくことである。褐変物質の生成をおさえる。
(d) 鍋やフライパンの表面に油をよくなじませ，鍋底が熱くなってから焼くようにする。 (2) (a) こんぶは，ぬれ布巾で拭く。中火にかけて沸騰直前にこんぶ全体に気泡がついたら鍋から取り出す。かつおぶしは沸騰したら火を消して沈むまで動かさない。 (b) かつおぶしのイノシン酸ナトリウムとこんぶのグルタミン酸ナトリウムが共存すると互いに味が強められる。 (c) 吸い口は，吸い物や煮物に添えるもので，香気と風味を加える役割があり，ゆずや葉山椒がよく使用される。

【7】(1) フードドライブ活動 (2) レトルトパウチ食品

〈解説〉(1) フードドライブとは，各家庭で使い切れない未使用食品を持ち寄り，それらをまとめてフードバンク団体や地域の福祉施設・団体などに寄贈する活動をいう。 (2) レトルトパウチ包装では，食品をパウチ(袋)に充填し，ヒートシールをして密封した後に高温加熱殺菌を行うことで，缶詰と同等の保存効果を得ることができる。

【8】(1)　a　ライフステージ　　b　発達課題　　c　青年
(2)　0歳児の平均余命　　(3)　地域包括支援センター

〈解説〉(1)　ライフステージは，幼年期，児童期，青年期，壮年期，老年期などの発達段階をいう。　(2)　厚生労働省の「簡易生命表(令和2年)」によると，2020年の日本人の平均寿命は男性が81.64歳，女性が87.74歳である。平均寿命は，0歳の人の平均余命をいう。平均余命とは，ある年齢の人が，その後何年間生きることができるかという期待値のこと。また，本文の「合計特殊出生率」だが，日本は，諸外国と比較すると低い水準に留まっている。合計特殊出生率は，15～49歳までの女性の年齢別出生率の合計である。　(3)　地域包括支援センターでは，高齢者の相談窓口として2つの仕事がある。1つは包括的支援事業で，介護予防マネジメント，総合相談支援，権利擁護等があげられる。もう1つは介護予防支援業務である。

【9】(1)　消費者基本法　　(2)　2022年　　(3)　ア

〈解説〉(1)　消費者基本法は，消費者保護基本法を2004年に改正したものである。2009年に，厚生労働省，農林水産省，経済産業省などで個々に行われていた消費者関連の行政や政策が統括され，消費者行政全般を所轄する消費者庁が設置された。　(2)　民法が改正され，成年年齢が2022年4月から，現行の20歳から18歳に引き下げられた。
(3)　クーリング・オフ制度とは，訪問販売などの不意打ち的な取引方法の場合には，熟慮する余裕がないため，消費者がいったん申し込みや契約をした場合でも，契約の内容を明らかにした書面の交付を受けた日から一定期間は，消費者に熟慮期間を与え，頭を冷やして考えた結果，必要がないと考えた場合には，消費者からの一方的な申し込み撤回や契約解除を認める制度である。訪問販売で，3000円未満の商品で現金取り引きしたものは，これに適用されない。

【10】(1)　アタッチメント　　(2)　ウ　　(3)　頭足人　　(4)　厚生労働省

〈解説〉(1)　アタッチメントは，発達心理学における専門用語で，イギリスの精神科医ボウルビィは，子どもの精神的な健康と発達には特定の人(母親)との情緒的な結びつきが重要であることを指摘し，これを愛着関係(アタッチメント)という考え方で強調した。アタッチメントは，新生児期からの親と子の親密なかかわりを通してはぐくまれる。親はアタッチメント行動にこたえて子どもの相手をすることになる。このようなやり取りを親子の相互作用という。　(2)　スキャモンの発育曲線等を参照すると，神経型の発達が乳幼児期では著しく，成人の8，9割まで発達することがわかる。　(3)　頭足人は，頭や顔から直接足が生えた絵のことで，幼児の初期の描画の特徴である。　(4)　保育所の管轄省庁は厚生労働省で，保育所の目的は，児童福祉法第39条第1項に「保育所は，日々保護者の委託を受けて，保育に欠けるその乳児又は幼児を保育することを目的とする施設とする。」と規定されている。幼稚園の管轄省庁は文部科学省で，その根拠は，学校教育法第77条である。

【11】(1)　(a)　記号…イ　　名称…床の間　　(b)　記号…カ　　名称…ふすま　　(2)　名称…ひさし　　効果…太陽の高度が夏は高く冬は低いため，夏の直射日光を避け，冬の日差しを取り入れることができる。
〈解説〉(1)　和室は室町時代に成立した住宅様式である書院造が基になっている。本来，書院は書斎の意味で私空間であったが，やがて接客としての公空間となり，現在は和室の床の間として日本住宅に位置づいている。　(2)　ひさしに似たものに，軒がある。軒は外壁より外に出た屋根の延長部分を指し，夏至の正午は太陽の位置が高く，軒によって室内への日射が遮られるが，冬至の正午の太陽の位置は低く，軒の影響は少なくなり，室内の奥まで日が差し込む。

## 【中学校】

【1】(1)　a　用途　　b　衛生　　c　管理　　d　加熱　　e　和食　　f　1食分　　g　工夫　　(2)　a　完成の喜び　　b　体験　　c　キャ

リア発達

〈解説〉用途に応じた食品の選択については，目的，栄養，価格，調理の能率，環境への影響などの諸条件を考えて選択する。具体的には，鮮度や品質の見分け方について理解し，選択できるようにする。また，原産地などの表示も参考に選択できるようにする。加工食品については，身近なものを取り上げ，その原材料や食品添加物，栄養成分，アレルギー物質，期限，保存方法などの表示を理解して用途に応じた選択ができるようにする。材料に適した加熱調理の仕方では，小学校で学習した，ゆでる，いためるに加え，中学では，煮る，焼く，蒸す等を扱う。地域の食材を用いた和食の調理では，だしと地域や季節の食材を用いた煮物，汁物を取り上げ，適切に調理ができるようにする。地域の実態に応じて，地域の伝統的な行事食や郷土料理も扱う。

## 【高等学校】

【1】(1)　a　生活　b　課題　c　解決策　d　評価・改善　e　論理的　f　見通して　(2)　a　人の一生　b　衣食住　c　持続可能な　d　ホームプロジェクト

〈解説〉(1)　目標の（2）は，習得した「知識及び技能」を活用し，「思考力，判断力，表現力等」を育成することにより，課題を解決する力を養うことを明確にしたものである。　(2)「家庭基礎」の内容構成は、今回の改定で，「A　人の一生と家族・家庭及び福祉」，「B　衣食住の生活の自立と設計」，「C　持続可能な消費生活・環境」に「D　ホームプロジェクトと学校家庭クラブ活動」を加えた四つに整理されている。

# 2021年度　実施問題

## 【中高共通】

【1】次の(1)～(4)の問いに答えなさい。

(1) 被服材料の性質について，水蒸気を通す性質を何というか，書きなさい。

(2) とうもろこしなどを原料とし，微生物の働きで分解されるというすぐれた特徴をもつ繊維を何というか，書きなさい。

(3) 既製服には，布に用いられている繊維の種類と重量の割合を示す表示がついている。これを何というか，書きなさい。

(4) リサイクルの進化版であり，廃棄物や使用しなくなったものなどを，新しい素材やよりよい製品に変換して価値を高めることを何というか，書きなさい。

(☆☆☆◎◎◎)

【2】次の(1)・(2)の問いに答えなさい。

(1) 次の繊維の引っ張り強さについて，強い順に左から並べて書きなさい。

[ 綿　麻　毛 ]

(2) 次の(a)～(c)の説明文が表すものを，下のア～カから選び，それぞれ記号で書きなさい。

(a) デザインに合わせて糸を先染めして模様を織り出す。糸の色数が多く，金糸や銀糸などが使われることもある，豪華絢爛な絹織物。

(b) 先染糸または晒糸を使って，格子または縞柄に織った平織物。

(c) 絞り染めをした点が，鹿の背の白い斑点のように見える文様。

ア　加賀友禅　　イ　鹿子　　ウ　サッカー　　エ　西陣織
オ　ギンガム　　カ　矢絣

(☆☆☆◎◎◎)

【3】はっぴの製作について，次の(1)～(4)の問いに答えなさい。

(1) はっぴのように布を直線的に裁断し，縫い合わせた被服の構成を何というか，書きなさい。

(2) 図1について，(a)～(c)の名称を書きなさい。

図 1

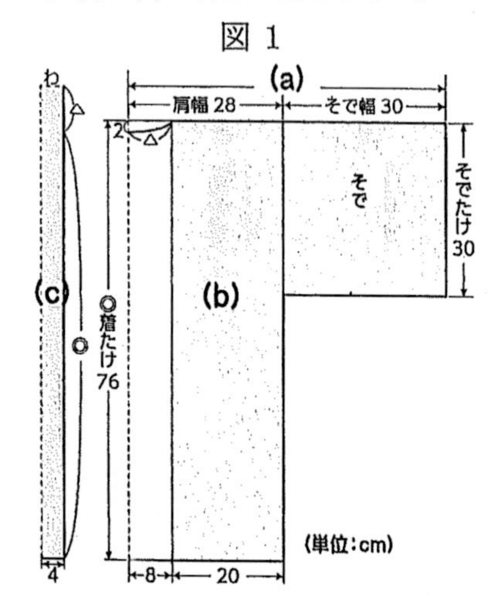


(3) 布の地直しが必要である理由について，簡潔に書きなさい。

(4) すそのしまつを，図2のような方法でする。このしまつの名称を書きなさい。

図 2

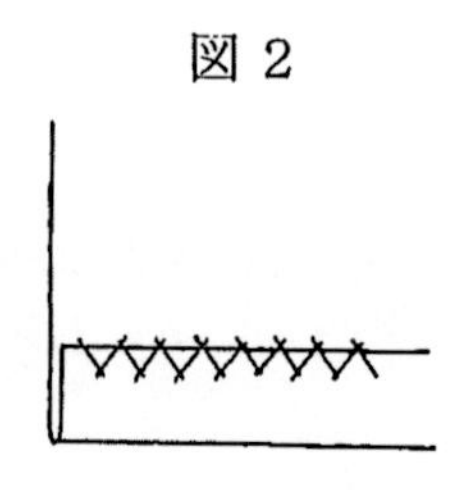

(☆☆☆◎◎◎)

【4】次の文章を読んで，(1)～(4)の問いに答えなさい。

炭水化物は，単糖類，少糖類，多糖類に分類される。単糖類で栄養上重要なのは，六炭糖であり，ぶどう糖，( a )，ガラクトースなどがある。( a )は糖類の中で最も甘い糖である。少糖類の二糖類には麦芽糖，( b )，乳糖などがある。特に( b )は優れた甘味料であり，砂糖として食品の加工，調理に広く利用される。消化される多糖類のでんぷん，( c )はともに，ぶどう糖が多数結合したものであり，自然界におけるぶどう糖の貯蔵形態である。植物がぶどう糖を(d)でんぷんとして貯蔵するのに対し，動物は( c )として貯蔵する。人の消化酵素で分解されない多糖類は，(e)食物繊維といわれ，エネルギー源になりにくいが，腸の調子を整える働きがある。

(1) ( a )～( c )にあてはまる最も適切な語句を書きなさい。(同じ記号には，同じ語句が入るものとする。)

(2) 砂糖と少量の水を約110℃まで煮詰め，火から下ろしてかき混ぜ再結晶化させたものを何というか，書きなさい。

(3) 下線部(d)について，でんぷんを構成する3つの元素を書きなさい。

(4) 下線部(e)について，植物の細胞壁の成分である食物繊維の名称を書きなさい。

(☆☆☆◎◎◎)

【5】「飯，焼売，奶豆腐」の調理について，次の(1)～(3)の問いに答えなさい。

(1) 焼売の調理について，次の(a)・(b)の問いに答えなさい。

(a) 玉ねぎの切り方を書きなさい。

(b) 加熱操作の名称と，その利点を1つ書きなさい。

(2) 奶豆腐で扱う寒天について，次の(a)・(b)の温度を下のア～エからそれぞれ選び，記号で書きなさい。

(a) 溶解温度　　(b) 凝固温度

ア 5～12℃　　イ 25～35℃　　ウ 40～50℃

エ 85～100℃

(3) 次の表は，飯100gあたりの栄養素の量である。飯を150g食べたときの摂取エネルギーについて，小数第一位を四捨五入して，整数で求めなさい。

| | 炭水化物 | たんぱく質 | 脂質 |
|---|---|---|---|
| 飯 | 37.1g | 2.5g | 0.3g |

100gあたりの栄養素の量は『日本食品標準成分表2015年版(七訂)』による

(☆☆☆◎◎◎)

【6】次の(1)～(4)の問いに答えなさい。

(1)　食料の輸送距離と重量をかけ合わせて算出する，食料の輸送によって生じる環境負荷の指標を何というか，書きなさい。

(2)　賞味期限とは何か，簡潔に書きなさい。

(3)　じゃがいもの芽及び緑色部分に含まれる，食中毒の原因物質を書きなさい。

(4)　国が定めた安全性や有効性に関する基準などを満たした，特定の保健効果が期待できる旨の表示がされている食品を何というか，書きなさい。

(☆☆☆◎◎◎)

【7】次の(1)～(3)の問いに答えなさい。

(1)　17歳以下の子どものうち，等価可処分所得の中央値の半分に満たない家庭で暮らす子どもがどのくらいいるかを示したものを何というか，書きなさい。

(2)　子どもを預けたい親と，預かりたい人とが相互に登録する子育て支援の制度を何というか，書きなさい。

(3)　男女が互いの人権を尊重し，責任を分かち合い，個性と能力をじゅうぶんに発揮できる社会のことを何というか，書きなさい。

(☆☆☆◎◎◎)

【8】次の(1)～(3)の問いに答えなさい。

(1) 判断能力が不十分な認知症高齢者などに代わって，法律行為の代理や不利益な契約の取消などをする人のことを何というか，書きなさい。

(2) 角度付きスプーンやソックスエイドなど，身体が不自由な人が日常の動作を自分で行えるよう工夫された，比較的小さな福祉用具のことを何というか，書きなさい。

(3) 次の文章を読んで，( a )～( c )にあてはまる最も適切な語句を書きなさい。(同じ記号には，同じ語句が入るものとする。)

介護保険制度は，年金のようにお金を受け取るのではなく，給付額の範囲内で介護の状態に応じた( a )を利用するものである。( a )を利用するには，地方自治体が行う( b )認定を受けなければならない。( a )の利用については，一般的には，専門の資格を持つ( c )と相談しながらケアプランを作成する。

(☆☆☆◎◎◎)

【9】次の(1)～(4)の問いに答えなさい。

(1) 発展途上国で作られた作物や製品を，適正な価格で継続的に輸入・消費する取組のことを何というか，書きなさい。

(2) 人や社会，環境に配慮した「倫理的に正しい」消費行動のことを何というか，カタカナ4文字で書きなさい。

(3) 企業の努力で削減できない二酸化炭素の排出量を，それに見合う二酸化炭素の削減活動への投資などで埋め合わせることを何というか，書きなさい。

(4) 自立した消費者を育成する消費者教育の推進を目指して，2012年に制定された法律を何というか，書きなさい。

(☆☆☆◎◎◎)

【10】次の文章を読んで，(1)・(2)の問いに答えなさい。

(ア)<u>現代の住宅は，換気不足になりやすく</u>，部屋を閉め切ったまま生活していると，建材や日用品に使用されている化学物質などによって空気が汚れ，人体に悪影響をおよぼすことがある。そこで，(イ)風や温度差によって空気が入れ換わる換気や，(ウ)換気扇などによる換気を行う必要がある。

(1)　下線部(ア)について，次の(a)・(b)の問いに答えなさい。

(a)　なぜ換気不足になりやすいのか，現代の住宅の建築の特性を踏まえて書きなさい。

(b)　また，このことを解消するため，2003年の建築基準法の改正により，住宅に設置が義務化された設備を何というか，書きなさい。

(2)　下線部(イ)・(ウ)について，この換気はそれぞれ何というか，書きなさい。

(☆☆☆◎◎◎)

## 【中学校】

【１】中学校学習指導要領「第2章　各教科」「第8節　技術・家庭」の内容について，次の(1)～(3)の問いに答えなさい。

(1)　「第2　各分野の目標及び内容」[家庭分野]「2　内容」の一部について，(　a　)～(　d　)にあてはまる語句を書きなさい。

> B　衣食住の生活
> (5)　生活を豊かにするための布を用いた製作
> ア　製作する物に適した材料や(　a　)について理解し，(　b　)を安全に取り扱い，製作が適切にできること。
> イ　資源や(　c　)に配慮し，生活を豊かにするために布を用いた物の(　d　)を考え，製作を工夫すること。

(2)　「第2　各分野の目標及び内容」[家庭分野]「3　内容の取扱い」の一部について，(　a　)～(　c　)にあてはまる語句を書きなさい。

> (4) 内容の「C消費生活・環境」については，次のとおり取り扱うものとする。
> ア (1)及び(2)については，内容の「A家族・家庭生活」又は「B衣食住の生活」の学習との関連を図り，( a )に学習できるようにすること。
> イ (1)については，中学生の身近な消費行動と関連を図った物資・サービスや( b )を扱うこと。アの(ア)については，クレジットなどの( c )についても扱うこと。

(3) 「第3 指導計画の作成と内容の取扱い」の一部について，( a )～( c )にあてはまる語句を書きなさい。

> 2 第2の内容の取扱いについては，次の事項に配慮するものとする。
> (1) 指導に当たっては，衣食住やものづくりなどに関する実習等の結果を整理し( a )する学習活動や，生活や社会における課題を解決するために言葉や図表，( b )などを用いて考えたり，( c )したりするなどの学習活動の充実を図ること。

(☆☆☆◎◎◎)

## 【高等学校】

【1】高等学校学習指導要領「第2章 第9節 家庭」の内容について，次の(1)・(2)の問いに答えなさい。

(1) 「第1款 目標」の一部について，( a )～( e )にあてはまる語句を書きなさい。

(1)　人間の生涯にわたる発達と生活の営みを(　a　)に捉え，家族・家庭の意義，家族・家庭と社会との関わりについて理解を深め，(　b　)，衣食住，(　c　)などについて，生活を(　d　)に営むために必要な理解を図るとともに，それらに係る(　e　)を身に付けるようにする。

(2)　「第3款　各科目にわたる指導計画の作成と内容の取扱い」の一部について，次の(　a　)～(　e　)にあてはまる語句を書きなさい。

1　指導計画の作成に当たっては，次の事項に配慮するものとする。

(1)　単元など内容や時間のまとまりを(　a　)，その中で育む(　b　)の育成に向けて，生徒の主体的・対話的で深い学びの実現を図るようにすること。その際，生活の営みに係る見方・考え方を働かせ，知識を相互に(　c　)より深く理解するとともに，家庭や地域及び社会における生活の中から問題を見いだして解決策を構想し，実践を(　d　)して，新たな課題の解決に向かう(　e　)を重視した学習の充実を図ること。

(☆☆☆◎◎◎)

# 解答・解説

## 【中高共通】

【1】(1) 透湿性　(2) ポリ乳酸繊維　(3) 組成表示　(4) アップサイクル

〈解説〉(1) 水蒸気は湿度に関係するので，透湿性が正しい。なお，雨などは通さず，身体の水蒸気を発散できる素材を透湿防水素材といい，レインコートやスポーツウエア等に使用されている。 (2) 乳酸菌による乳酸発酵を行ってできる乳酸を重合して製造する繊維である。ナイロン等に比べて融点が低いので，アイロンがけでは注意を要する。 (3) 組成はすべての繊維製品で表示することが義務付けられている。その他，一般的な服には家庭洗濯等取扱方法が示されており，クリーニング店では上記2つの表示から洗濯方法を判断することが多い。 (4) 具体例としては木の端材・廃材を利用したネクタイピン等のアクセサリー，デパート等で使用された垂れ幕を利用したトートバッグがあげられる。

【2】(1) 麻，綿，毛　(2) (a) エ　(b) オ　(c) イ

〈解説〉(1) 引っ張り強さは乾燥・湿潤の状態でも異なり，湿ると毛は若干弱くなるが，麻や綿は逆に強くなる。 (2) なお，アの加賀友禅は五彩(臙脂・藍・黄土・草・古代紫)を基調とした，写実的な草花模様を中心とした絵画調の柄が多く，仕上げに染色以外の技法をほとんど用いないことも特徴の一つである。ウのサッカーは縮織の一種。張力の違いにより縞状の凹凸を出したもので，綿織物が主流である。カの矢絣は矢羽根を柄にしたものである。

【3】(1) 平面構成　(2) (a) ゆき　(b) 前身ごろ　(c) えり
(3) 布はゆがんでいたり，洗濯によって縮んだりすることがあるため。
(4) 千鳥がけ

〈解説〉(1)　被服の構成は平面構成と立体構成に大別され，和服は平面構成に分類される。　(2)　和服の各部の名称は頻出なので，図で確認しておくこと。　(3)　生地は製造過程や保管方法等によってゆがみが生じることがあるため，地直しをすること多い。生地の状態や製造物の目的などから，地直しが必要かどうかを判断する。　(4)　すそのしまつには他にまつり縫いやバイアステープを使用する等が考えられる。

【4】(1)　a　果糖　　b　ショ糖　　c　グリコーゲン　　(2)　フォンダン　　(3)　炭素，水素，酸素　　(4)　セルロース

〈解説〉(1)　六炭糖とは6つの炭素原子を持つ単糖を指し，主なものとしてグルコース(ぶどう糖)，ガラクトース，フルクトース(果糖)がある。(2)　フォンダンは洋菓子でよく使われる砂糖衣の一つ。和菓子では同様なものを「すりみつ」とよぶ。　(3)　でんぷんには$\alpha$－でんぷん，$\beta$－でんぷんがある。生のでんぷん($\beta$－でんぷん)は比較的規則的な構造をとっているが，加熱されると糊化($\alpha$化)し，消化作用を受けやすく，味もよくなる。　(4)　食物繊維は不溶性と水溶性に大別されるが，セルロースは不溶性に分類される。なお，水溶性の食物繊維の例としてはペクチン，グルコマンナン，イヌリンがあげられる。

【5】(1)　(a)　みじん切り　　(b)　名称…蒸す　　利点…食品の形がくずれにくい　　(2)　(a)　エ　　(b)　イ　　(3)　242kcal

〈解説〉(1)「蒸す」特徴として他に，油を使用しないので比較的低カロリーになる，湿潤状態で調理するので仕上がりがふっくらになる，茹でもののように栄養素の流出が比較的に起きにくい，といったこともあげられる。　(2)　なお，ゼラチンの溶解温度は50～60℃，凝固温度は20℃とされている。それぞれの成分や用途などをまとめておくとよい。　(3)　炭水化物，たんぱく質のエネルギーは4kcal/g，脂質は9kcal/gである。よって，$\{(37.1+2.5)\times4+0.3\times9\}\times150\div100=241.65\fallingdotseq$242〔kcal〕となる。表にある栄養素は100gあたり，求める量は飯150g

であることを忘れないこと。

【6】(1) フードマイレージ (2) 比較的長く保存が可能な食品に表示されている，おいしく食べることができる期限 (3) ソラニン (4) 特定保健用食品

〈解説〉(1) わが国では食料の輸入依存率が高い。また島国であることからフードマイレージが他国と比較して非常に高い。そのため，地産地消が提唱されている。 (2) 賞味期限が記載されている食品の例としてスナック菓子，カップめん，チーズ，ペットボトル飲料があげられる。賞味期限は通常「年月日」が記載されるが，製造から3か月以上もつものは「年月」で示されることもある。 (3) 収穫後のじゃがいもに光を当てるとソラニンなどの毒成分が皮の周辺に蓄積される。よって，じゃがいもを保存する場合は，光を当てないことが重要となる。 (4) 特定保健用食品は特保(トクホ)とも呼ばれている。保健機能食品の一つであるが，特徴として，表示されている効果や安全性については国が審査を行い，食品ごとに消費者庁長官が許可していることがあげられる。

【7】(1) 子どもの貧困率 (2) ファミリー・サポート(制度) (3) 男女共同参画(社会)

〈解説〉(1) 等価可処分所得とは，世帯の可処分所得を世帯員数の平方根で割った値であり，1人あたりの所得より生活実態に近い数値が算出できるとしている。 (2) ファミリー・サポート制度は863市区町村(平成29年度)で行われており，具体的な支援として，保育施設等までの送迎，保育施設の開始前や終了後又は学校の放課後に子どもを預かる等があげられる。 (3) 男女共同参画社会実現のための根拠法として男女共同参画社会基本法があげられる。そこでは「男女人権の尊重」「社会における制度又は慣行についての配慮」「政策等の立案及び決定への共同参画」「家庭生活における活動と他の活動の両立」「国際的協調」を5つの柱として，国や地方公共団体，国民の役割について

示している。本法も出題頻度が高いので，法の趣旨，前文，第1～2条はおさえておきたい。

【8】(1)　成年後見人　(2)　自助具　(3)　a　サービス　b　要介護　c　ケアマネージャー

〈解説〉(1)　成年後見人は，個人間の契約で行うもの(任意後見)と，家庭裁判所が成年後見人を指名するもの(法定後見)に分かれる。　(2)　自助具について，以前は作業療法士などと協同して自身にあったものを作成することが多かったが，ユニバーサル商品の普及などに伴い，店舗等で購入できるものも増えている。　(3)　要介護認定では身体機能や起居動作，認知機能，生活機能などが調査され，要支援1～2，要介護1～5の7段階で認定される。

【9】(1)　フェアトレード　(2)　エシカル(消費)　(3)　カーボン・オフセット　(4)　消費者教育推進法

〈解説〉(1)　フェアトレード活動の背景として，正当な対価が生産者に支払われない，生産性を上げるため必要以上の農薬が使用されることで環境破壊が起こる，または現地の人の健康に害を及ぼす，といったことがあげられる。　(2)　エシカル消費は「持続可能な開発目標(SDGs)」の目標12「つくる責任　つかう責任　持続可能な消費と生産のパターンを確保」につながるものと位置づけられていることもおさえておくとよい。　(3)　近年では，カーボン・オフセットの取組をさらに進め，二酸化炭素排出量の全量をオフセットする「カーボン・ニュートラル」が注目されている。　(4)　正式名称は「消費者教育の推進に関する法律」である。本法の目的の一つとして，消費者と事業者との間の情報の質量並びに交渉力の格差等に起因する消費者被害を防止することがあげられている。アメリカ大統領であったケネディが提唱した消費者の権利に，フォードが追加した「消費者教育を受ける権利」と関連することを踏まえて学習するとよいだろう。

【10】(1) (a) 現代の住宅は，気密性が高いから。 (b) 24時間換気設備 (2) (イ) 自然換気 (ウ) 機械換気

〈解説〉気密性の向上は断熱性の向上，つまり部屋の冷暖房をより少ないエネルギーでできるというメリットがある。一方，空気の汚染や結露などの問題が発生する。空気汚染は化学物質や，高湿によるダニやカビの発生なども原因となる。よって，気密性と同時に換気も重要になる。24時間換気設備とは窓を開けなくても外気の空気を室内に入れ，室内の空気を外に排出する常時換気システムを指し，局所換気であるトイレやキッチンにある換気扇とは異なることに注意しよう。

## 【中学校】

【1】(1) a 縫い方 b 用具 c 環境 d 製作計画 (2) a 実践的 b 消費者被害 c 三者間契約 (3) a 考察 b 概念 c 説明

〈解説〉学習指導要領に関する空欄補充問題では，問題演習を通してキーワードを把握しておくとよい。特に家庭科では製作や制作，調理等の実習や，観察・実験，見学，調査・研究などの実践的・体験的な活動が授業時間の多くを占めることを踏まえて学習すること。

## 【高等学校】

【1】(1) a 総合的 b 家族・家庭 c 消費や環境 d 主体的 e 技能 (2) a 見通して b 資質・能力 c 関連付けて d 評価・改善 e 過程

〈解説〉学習指導要領に関する空欄補充問題では，問題演習を通してキーワードを把握しておくとよい。特に「家庭基礎」「家庭総合」では製作や制作，調理等の実習や，観察・実験，見学，調査・研究などの実践的・体験的な活動が各科目の総授業時数の10分の5以上を占めることを踏まえて学習すること。

# 2020年度　実施問題

## 【中高共通】

【1】次の(1)〜(4)の問いに答えなさい。

(1) 石油などを原料に，高分子化合物から繊維にしたもので，しわになりにくく伸縮性が非常に大きい繊維は何か，名称を書きなさい。

(2) 混用のうち，異なる短繊維を混ぜて糸をつくることを何というか，書きなさい。

(3) 温度20±2℃，湿度65±2%の時の，繊維に含まれる水分の割合を基準として定めたもので，吸湿性のめやすとなるものを何というか，書きなさい。

(4) 繊維を薄いシート状に集め，熱や接着剤を用いたり，繊維同士を絡ませたりなどしてかためた布を何というか，書きなさい。

(☆☆☆◎◎◎)

【2】次の(1)〜(3)の問いに答えなさい。

(1) 洗剤の主成分である界面活性剤の構造は，(ア)油と結びつきやすい部分と(イ)水と結びつきやすい部分からなる。洗剤には洗浄効果を高めたり，仕上がりをよくするために，水軟化剤やアルカリ剤，(ウ)漂白剤や蛍光増白剤，酵素などが配合されている。

洗濯排水による環境負荷を減らすには，洗剤を必要以上に使わないこと，(　エ　)性の高い洗剤を使うこと，必要のない洗濯をなるべく減らすことなどが必要である。

(a) 下線部(ア)・(イ)を何というか，それぞれ書きなさい。

(b) 下線部(ウ)について，それぞれの仕組みを簡潔に書きなさい。

(c) (　エ　)にあてはまる最も適切な語句を漢字3文字で書きなさい。

(2) 洗濯用石けんを使用した場合，繊維が黄ばむことがある。

(a) その原因を書きなさい。

(b) 黄ばみを防止するにはどうしたらよいか、その方法を書きなさい。

(3) 洗濯物の重さと水量の比のことを何というか，書きなさい。

(☆☆☆◎◎◎)

【3】襟なし，半袖シャツの製作について，次の(1)～(4)の問いに答えなさい。

(1) 次の図のように型紙を配置する。(a)・(b)の名称をそれぞれ書きなさい。

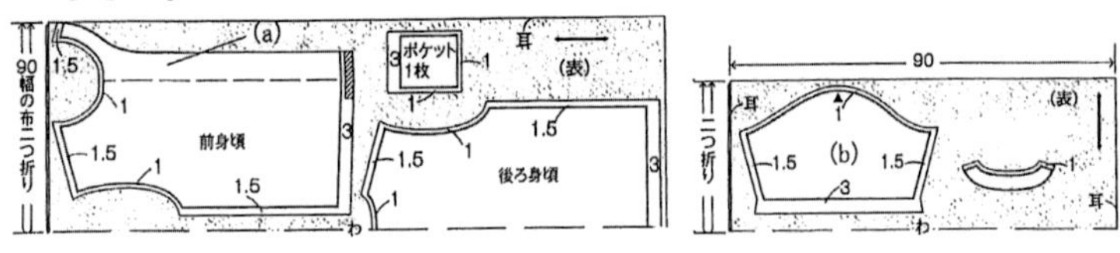


(単位：cm)

(2) 襟ぐりの始末について，縫い代を切りそろえ，カーブの大きいところには切り込みを入れる理由を書きなさい。

(3) 仕上げとして，前身頃にボタンを付ける。4つ穴ボタンで直径1cm，厚み0.2cmのボタンを使用する場合，ボタンホールの大きさは何cmになるか，書きなさい。

(4) ミシン縫いの際に，縫い目がとんだ。原因として考えられることを，1つ書きなさい。

(☆☆☆◎◎◎)

【4】次の(1)～(3)の問いに答えなさい。

(1) 次の(a)～(c)の文は，下のア～カのうち，どの無機質の働きを述べたものか，最も適切なものを選び，記号で書きなさい。

(a) 遺伝子やたんぱく質の合成にかかわる。酵素の材料となる。

(b) 甲状腺ホルモンの材料になる。

(c) 赤血球のヘモグロビンの成分。酸素を全身に運ぶ働きがある。

ア ヨウ素　イ リン　ウ カリウム　エ 鉄

オ　クロム　　カ　亜鉛

(2)　農作物の収穫後に，保存や輸送中のかびなどの繁殖を防止するために使用される農薬のことを何というか，書きなさい。

(3)　次の語句の栄養的な特徴を説明しなさい。

(a)　ペクチン　　(b)　コラーゲン

(☆☆◎◎◎)

【5】次の(1)～(4)の問いに答えなさい。

(1)　次の文章の(　a　)～(　d　)にあてはまる最も適切な語句を書きなさい。(同じ記号には，同じ語句が入るものとする。)

生のでんぷんを水とともに加熱すると，のり状になって味や消化がよくなる。これをでんぷんの(　a　)という。(　a　)したでんぷんを放置すると，生のでんぷんに近い状態に戻る。これをでんぷんの(　b　)という。玄米を精米して(　c　)と(　d　)を除き，精白米にして食べることが多いが，精米するとビタミン$B_1$や$B_2$，食物繊維などが減少する。

(2)　魚について，次の(a)～(c)の問いに答えなさい。

(a)　一尾の場合の鮮度の見分け方を2つ書きなさい。

(b)　調理実習で「いわしのかば焼き」をつくる場合，いわしの手開きの手順を簡潔に書きなさい。

(c)　魚油に多く含まれ，血中コレステロールを減らす働きがある$\alpha$－リノレン酸系の不飽和脂肪酸をアルファベット(大文字)を用いて2つ書きなさい。

(3)　ほうれん草などの緑黄色野菜に含まれる緑色の色素を何というか，書きなさい。

(4)　みそについて，(a)・(b)の問いに答えなさい。

(a)　みそ汁をつくる場合，みその分量が1人13.5gであるとき，4人分のみその量は大さじ何杯になるか，書きなさい。

(b)　大豆が「畑の肉」とよばれる理由を栄養価の面から書きなさい。

(☆☆☆◎◎◎)

【6】次の(1)～(3)の問いに答えなさい。

(1) わが国は，食料自給率が低いにもかかわらず，大量の食品が廃棄されている。そのうち，食べられるのに廃棄されている食品を何というか，書きなさい。

(2) おせちは新しい年を祝うための伝統食で，それぞれの料理には意味が込められている。次の(a)・(b)の意味が込められているものをア～オから1つ選び，それぞれ記号で書きなさい。

(a) 豊作を願う。

(b) 学問の向上や文化の発展を願う。

ア 伊達巻き　イ 昆布巻き　ウ なます　エ 田作り

オ 黒豆

(3) ライフサイクルアセスメント(LCA)とは何か，説明しなさい。

(☆☆☆◎◎◎)

【7】次の文章を読んで，(1)・(2)の問いに答えなさい。

家族・家庭に関する制度は，おもに( a )に規定されている。1898年に施行された( a )は，個人よりも( b )を重視し，( c )が絶対的な権限をもつものであった。

しかし，1946年に日本国憲法が制定され，第24条に示された「家族生活における個人の( d )と両性の( e )」の基本的精神にもとづいて，( a )が改正された。

その後，日本人の意識や社会の変化に伴い，( a )について見直す動きが起こり，<u>1996年に「( a )の一部を改正する法律案要綱」が法制審議会から答申された</u>。

(1) ( a )～( e )にあてはまる最も適切な語句を書きなさい。(同じ記号には，同じ語句が入るものとする。)

(2) 下線部の要綱を受けて，2013年に改正された内容について，次のア～エから正しいものを1つ選び，記号で書きなさい。

ア 女性は，前婚の解消または取り消し後100日を経過しないと再婚できない。

イ　婚内子と婚外子の遺産相続分を原則同じとする。

ウ　夫婦同姓か別姓かを選べる。

エ　親権は，父母の婚姻中は，父母が共同して行う。

(☆☆☆◎◎◎)

【8】次の(1)・(2)の問いに答えなさい。

(1)　住宅の一部を除去し，住宅規模を縮小することを何というか，書きなさい。

(2)　次の(　a　)～(　c　)の平面表示記号の名称を書きなさい。

(☆☆◎◎◎)

【9】次の(1)～(4)の問いに答えなさい。

(1)　15～49歳までの女性の年齢別出生率の合計を何というか，書きなさい。

(2)　出生体重が2,500g未満の新生児のことを何というか，書きなさい。

(3)　現在，わが国では，児童虐待や子どもの貧困などが社会問題となっている。子どもの貧困に関して2014年に施行された法律を何というか，書きなさい。

(4)　単なる物忘れとは異なり，後天的な脳の病気により知的機能が全般的・持続的に低下し，日常生活に支障を生ずる状態になることを何というか，書きなさい。

(☆☆◎◎◎)

【10】次の(1)～(3)の問いに答えなさい。

(1)　リボルビング払いと分割払いについて，それぞれ簡潔に説明しなさい。

(2)　不適切な勧誘で消費者が「誤認」や「困惑」して契約した場合，取消ができることを定めた，2001年に施行された法律を何というか，書きなさい。

(3) 消費者が，公正かつ持続可能な社会の形成に積極的に参画するような社会を何というか，書きなさい。

(☆☆☆◎◎◎)

## 【中学校】

【1】中学校学習指導要領「第2章　各教科」「第8節　技術・家庭」の内容について，次の(1)・(2)の問いに答えなさい。

(1) 「第2　各分野の目標及び内容」〔家庭分野〕「2　内容」の一部について，( a )～( f )にあてはまる語句を書きなさい。

> A　家族・家庭生活
>
> 次の(1)から(4)までの項目について，( a )をもって，家族や地域の人々と協力・( b )し，よりよい家庭生活に向けて考え，工夫する活動を通して，次の事項を身に付けることができるよう指導する。
>
> (1) 自分の( c )と家族・家庭生活
>
> (2) ( d )の生活と家族
>
> (3) 家族・家庭や( e )との関わり
>
> (4) 家族・家庭生活についての課題と( f )

(2) 「第3　指導計画の作成と内容の取扱い」の一部について，次の( a )～( d )にあてはまる語句を書きなさい。

> 1　指導計画の作成に当たっては，次の事項に配慮するものとする。
>
> (1) 題材など内容や時間のまとまりを見通して，その中で育む( a )・能力の育成に向けて，生徒の主体的・対話的で( b )の実現を図るようにすること。その際，生活の( c )に係る見方・考え方や技術の見方・考え方を働かせ，知識を相互に関連付けてより深く理解するとともに，生活や社会の中から( d )を見いだして解決策を構

想し，実践を評価・改善して，新たな課題の解決に向かう過程を重視した学習の充実を図ること。

(☆☆☆◎◎◎)

## 【高等学校】

【１】高等学校学習指導要領「第2章　第9節　家庭」の内容について，次の(1)・(2)の問いに答えなさい。

(1) 「第1款　目標」の一部について，(　a　)～(　f　)にあてはまる語句を書きなさい。

> 生活の営みに係る(　a　)を働かせ，(　b　)な学習活動を通して，様々な人々と(　c　)し，(　d　)に向けて、男女が協力して(　e　)に家庭や地域の生活を創造する(　f　)を次のとおり育成することを目指す。

(2) 「第3款　各科目にわたる指導計画の作成と内容の取扱い」の一部について，次の(　a　)～(　d　)にあてはまる語句を書きなさい。

> 1　指導計画の作成に当たっては，次の事項に配慮するものとする。
> (3) 「家庭基礎」は，原則として，(　a　)で履修させること。
> (4) 「家庭総合」を複数の年次にわたって(　b　)して履修させる場合には，原則として(　c　)する(　d　)において履修させること。

(☆☆☆◎◎◎)

# 解答・解説

## 【中高共通】

【1】(1)　ポリウレタン　(2)　混紡　(3)　公定水分率　(4)　不織布

〈解説〉(1)　合成繊維には，アクリル，ポリエステル，ナイロン，ポリウレタンなどがあるが，伸縮性が非常に大きいという特徴から，ポリウレタンであると言える。　(2)　混紡は，種類の異なる繊維の長所を取り入れて，品質の優れた糸を作ることができる。　(3)　繊維は重量によって取引されるため，含水率を高めて実際よりも多く見せかけるなどの不正が起こりやすい。これを防止するために公定水分率が定められている。　(4)　不織布は，耐久性，通気性，保温性などに優れ，種類が豊富である。原材料や製法によって柔らかさや強度を変えることができるため，衣料用の接着芯の他，紙おむつなどの衛生材料，土木，建築材料，農業資材など幅広く用いられている。

【2】(a)　(ア)　親油基　(イ)　親水基　(b)　漂白剤…繊維についた汚れやしみの色素を分解して無色にする。　蛍光増白剤…染料の一種で，光の中で目に見えない紫外線を吸収して，目に見える青紫の光に変え，黄ばんだ衣類などを見た目に白く感じさせる。　(c)　生分解(性)　(2)　(a)　石けんは硬水，冷水に溶けにくく，残ったかすが黄ばみの原因となるから。　(b)　温水などで十分すすぐ。

(3)　浴比

〈解説〉(1)　(a)　界面活性剤には，混ざり合わないものを混ぜる乳化・分散作用，泡を立てたり，消したりする起泡・消泡作用，汚れを落とす洗浄作用，柔らかくしたり，滑りをよくする柔軟・平滑作用などがある。　(b)　蛍光増白剤入りの洗剤で洗うと生成りや淡色の衣服は白っぽくなることがある。　(c)　生分解性とは，物質が微生物などによって無機物へ分解されることである。　(2)　石けんは，日本のように低温洗濯が一般的なところでは洗濯機用としては使いにくいが，温水などで十分にすすぐことにより，黄変を防ぐことは可能である。

(3) 浴比は，1kgの衣類を洗うのに使用する水の量〔L〕で表す。浴比が低いと，洗濯物に対して水が不足し，洗いムラができたり，洗濯の効果を発揮できず，汚れ落ちが悪くなる。浴比が高いと，大量の水の中で洗濯物が泳ぐような状態になり，汚れ落ちが悪くなる。

【3】(1) (a) 前見返し (b) 袖 (2) つれないようにするため。(3) 1.2(cm) (4) 天びんの糸が抜けている。

〈解説〉(1) 見返しとは，シャツなどの前あわせなどの裏や，身頃のえりぐりやそでぐりなど，直接布の端が表に見えないようにしたり，補強するためのパーツである。 (2) 曲線を縫う際には，布が引っ張られ，そのまま縫うと縫い代が足りなくなるため，切り込みを入れて縫い代が広がるようにする必要がある。カーブがきついところは切り込みを多めに入れ，ゆるやかなところは少なめに入れておくことで，つれを防ぐことができる。 (3) 平らなボタンや足つきの円形ボタンの場合，ボタンホールの大きさは「ボタンの直径＋ボタンの厚み」であるため，1〔cm〕＋0.2〔cm〕＝1.2〔cm〕である。 (4) 縫い目がとぶ原因としては，他に，針を付ける方向が間違っている，針が曲がっている，布に対して使用する針と糸が合っていないなども考えられる。

【4】(1) (a) カ (b) ア (c) エ (2) ポストハーベスト(農薬) (3) (a) 果実に多く含まれる多糖類 (b) 動物の骨や皮に含まれるたんぱく質

〈解説〉(1) イのリンは，歯や骨の形成，細胞膜の形成などの働きをする。ウのカリウムは，血圧を正常に保つ，腎臓の老廃物の排せつ，筋肉の動きを良くする働きをする。オのクロムは，正常な糖代謝，脂質代謝，たんぱく質代謝の維持を行う。 (2) ポストハーベストは，日本では食品衛生法によって残留基準値が設けられている。

(3) (a) ペクチンは，ジャムやゼリーなどの加工食品を作る際のゲル化剤となる。 (b) コラーゲンは，人体のたんぱく質全体の約30%を占める。

【5】(1) a 糊化 b 老化 c ぬか d 胚芽
(2) (a) ・目は澄んでいて透明感があり，外に張り出している。・えらがきれいな赤色をしている。 (b) 1 うろこを取り，頭を落とす。 2 腹に切り込みを入れて内臓を出し，流水で洗う。
3 中骨に親指を当て，中骨に沿って身を開く。 4 中骨を尾から頭に向かって剥がす。 5 包丁で，膜骨をそぎ切る。 (c) IPA，DHA (3) クロロフィル (4) (a) 3(杯) (b) 大豆のたんぱく質にはリシンが多く，動物性食品のアミノ酸組成と似ているから。
〈解説〉(1) 玄米にはカリウムやマグネシウムも多く含まれている。
(2) (a) 切り身の場合は，パックの中に血が流れ出ていないかどうかや表示の加工日などを確認するなどして判断する。 (b) いわしは，手開きをすることで小骨が取れ，食べやすくなるため，かば焼き，天ぷら，つみれなどを作る際には適した方法である。 (c) IPA(イコサペンタエン酸)は，動脈硬化や血栓症の予防に役立つ。DHA(ドコサヘキサエン酸)は，ぶりやまぐろなどに多く含まれる脳組織の老化を防ぐ働きを持つ脂肪酸である。 (3) クロロフィルは水には溶けないが，酸や熱によって褐色になる。緑色を保つには，多量の湯で短時間ゆで，冷水に入れる。 (4) (a) 4人分のみその量は，13.5〔g〕×4＝54〔g〕であり，みそは大さじ1杯18gであることから，54÷18＝3となる。
(b) 大豆たんぱく質には，メチオニンは少ないがリジンが多く含まれ，米や小麦たんぱく質の欠点を補足することができ，アミノ酸価100で栄養的に優れている。

【6】(1) 食品ロス (2) (a) エ (b) ア (3) 原料生産から廃棄までのすべての段階での環境への影響を科学的，定量的，客観的に評価すること。
〈解説〉(1) 日本の食品ロスの半分は一般家庭からである。食品ロスを

減らすには，買いすぎない・使い切る・食べきる・消費期限，賞味期限を理解して購入などに取り組むことである。　(2)　イの昆布巻きは，よろこぶとの語呂合わせで縁起がよいとされる。ウのなますは，人参と大根で紅白のお祝いの水引を模したものであり，一家の平和への願いが込められている。オの黒豆は，家族がまめに働けるようにという意味が込められている。　(3)　ライフサイクルアセスメントは，環境負荷を低減することで環境保護に役立つと同時に，企業にとっても生産過程の合理化やリサイクル性への改良など，経済的な利点もある。

【7】(1)　a　民法　b　家　c　戸主　d　尊厳　e　本質的平等　(2)　イ

〈解説〉(1)　民法についての動向としては，民法の一部を改正する法律が，2018年6月13日に成立し，2022年4月1日に施行される。成年年齢が18歳に引き下げられる他，女性の婚姻開始年齢を18歳に引き上げ，男女の婚姻開始年齢を18歳に統一することとなった。　(2)　2013年の民法改正では，法定相続分を定めた規定のうち非嫡出子の相続分を嫡出子の相続分の2分の1と定めた部分を削除し，嫡出子と非嫡出子の相続分を同等にした。非嫡出子とは，法律上の婚姻関係にない男女の間に生まれた子をいう。

【8】(1)　減築　(2)　a　両開き扉　b　引き違い窓　c　雨戸

〈解説〉(1)　減築とは，住宅の床面積を減らすことである。　(2)　平面表示記号はJISによって定められている。また，平面表示記号は頻出なのでしっかり頭に入れておきたい。

【9】(1)　合計特殊出生率　(2)　低出生体重児　(3)　子どもの貧困対策の推進に関する法律　(4)　認知症

〈解説〉(1)　合計特殊出生率は，第二次ベビーブーム時代の1973年は2.14であったが，その後は減少し続け，少子化が進行している。日本の人口を将来にわたって維持するには2.07の出生率が必要とされている。

(2) 1,500g未満は極低出生体重児，1,000g未満は超低出生体重児と区分されている。 (3) この法律は，子どもの将来が生まれ育った環境によって左右されないように，貧困の状況にある子どもが健やかに育成される環境を整備するとともに，教育の機会均等を図るため，子どもの貧困対策を総合的に推進することを目的としている。 (4) 認知症の原因となる疾患にはアルツハイマー病がある。記憶の障害，時間・場所などがわからなくなる，文字が書けなくなるなどの症状を認知症の中核症状という。

【10】(1) リボルビング払い…毎月定額(定率)を支払う方法
分割払い…支払い回数を決めて返済する方法 (2) 消費者契約法
(3) 消費者市民社会
〈解説〉(1) リボルビング払いは，家計の中で支払いに充てる金額が安定するといった長所がある一方で，高額の買い物をしても返済額の上昇に直結しないため，与信限度上限まで利用してしまいがちになり，多重債務のきっかけになるといった短所もある。 (2) 消費者が事業者と契約をするとき，両者の間にはもっている情報の質・量や交渉力に格差がある。その状況を踏まえて消費者の利益を守るために制定されたのが消費者契約法である。 (3) 2012年に，消費者教育を総合的かつ一体的に推進し，国民の消費生活の安定及び向上に寄与することを目的として消費者教育の推進に関する法律が成立した。この法律の特徴の1つとして，消費者市民社会の考え方を盛り込んだことがある。消費者が個人の欲求のままに消費するのではなく，社会，経済，環境などに与える影響を考えて，最善と思えるものを選択し行動することを推進している。

## 【中学校】

【1】a 課題 b 協働 c 成長 d 幼児 e 地域
f 実践 (2) a 資質 b 深い学び c 営み d 問題
〈解説〉(1) 今回の改訂では，小・中・高等学校の内容の系統性を明確にし，小・中学校の学習が高等学校に円滑に接続できるように，小・中学校においては，「A家族・家庭生活」「B衣食住の生活」「C消費生活・環境」の3つの内容に整理されている。また，新学習指導要領では，時間軸と空間軸の視点から学習対象を明確化しており，空間軸の視点について，中学校では主に家庭と地域としており，時間軸の視点について，中学校では主にこれからの生活を展望した現在の生活としている。　(2)「指導計画の作成と内容の取扱い」については，(1)～(6)までの6項目が示されているが，この問題はそのうちの1つ，(1)の「主体的・対話的で深い学び」の実現に向けた授業改善の項目である。この事項は，技術・家庭科の指導計画の作成に当たり，生徒の主体的・対話的で深い学びの実現を目指した授業改善を進めることとし，技術・家庭科の特質に応じて，効果的な学習が展開できるように配慮すべき内容を示したものである。

## 【高等学校】

【1】(1)　a　見方・考え方　　b　実践的・体験的　　c　協働
d　よりよい社会の構築　　e　主体的　　f　資質・能力
(2)　a　同一年次　　b　分割　　c　連続　　d　2か年

〈解説〉(1)　新学習指導要領(平成30年告示)では，「育成を目指す資質・能力を三つの柱により明確にし，全体に関わる目標を柱書として示すとともに，(1)として「知識及び技能」を，(2)として「思考力，判断力，表現力等」を，(3)として「学びに向かう力，人間性等」の目標を示した」とある。新学習指導要領では，時間軸と空間軸の視点から学習対象を明確化しており，空間軸の視点について，「家庭，地域，社会という空間的な広がり」から，時間軸の視点について，「これまでの生活，現在の生活，これからの生活，生涯を見通した生活という時間的な広がり」から学習対象を捉えて指導内容を整理することが適当とされている。　(2)「家庭基礎」は，「必履修科目としての基本的な性格を踏まえ，基礎的な学習内容で構成される標準単位数2単位の科目であるので，同一年次で2単位履修」させることとなっている。「家庭総合」は，「必履修科目としての基本的な性格を踏まえて構成される標準単位数4単位の科目である。複数の年次にわたって分割して履修させる場合には，例えば，第1学年と第2学年で2単位ずつの分割履修をするなど，連続する年次において履修」させることとなっている。

# 2019年度　実施問題

## 【中高共通】

【1】次の(1)～(3)の問いに答えなさい。

(1)　既製服には，家庭用品品質表示法にもとづいて繊維の組成表示や洗濯などの取り扱い表示などがつけられているが，日本のサイズ表示は，国家規格である何によって決められているか，書きなさい。

(2)　化学繊維の中のレーヨンやキュプラは，何繊維か，書きなさい。

(3)　資源回収に出された被服は，着用できる物は古着として輸出されるが，輸出できない綿製品のうち，機械の油汚れを拭き取るために使用されるものを何というか，書きなさい。

(☆☆☆◎◎◎)

【2】和服について，次の(1)～(3)の問いに答えなさい。

(1)　和服に用いられる，しなやかで優雅な光沢があり，紫外線で黄変・劣化する天然繊維は何か，書きなさい。

(2)　和服の防虫剤としてよく使われ，環境汚染の心配が最も少ないものを次のア～エから1つ選び，記号で書きなさい。

ア　ナフタリン　　　　イ　パラジクロロベンゼン

ウ　ピレスロイド系　　エ　しょうのう

(3)　女性の浴衣の着方について，次のア～カを正しい順番に並び替え，記号で書きなさい。

ア　上前を重ね，腰骨の上で腰ひもを締める。

イ　帯を締める。

ウ　襟元を合わせて，胸の下でひもを締める。

エ　身八つ口から手を入れ，おはしょりを整える。

オ　下前の襟先を左腰骨の位置に合わせる。

カ　襟先をそろえて背中心を体の中心に，裾を足首の高さに合わせる。

(☆☆☆◎◎◎)

【3】ブロードの布地を使ったエプロンの製作について，次の(1)～(6)の問いに答えなさい。

(1) ブロード布地のように，たて糸とよこ糸が1本ずつ，たがい違いに組み合わされる織り方を何織というか，書きなさい。

(2) 布を外表にして，しるしつけをする場合に，必要な用具を2つ書きなさい。

(3) 次の図のように，型紙を配置する。「耳」，「わ」，「⟷(たての布目)」を図にかき込みなさい。「⟷」は，身ごろにかきなさい。

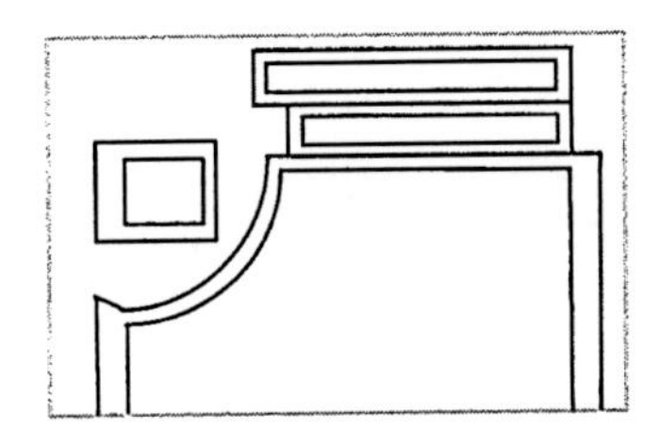

(4) ポケットのつけ方について，ポケット口の縫い方を図にかき込みなさい。

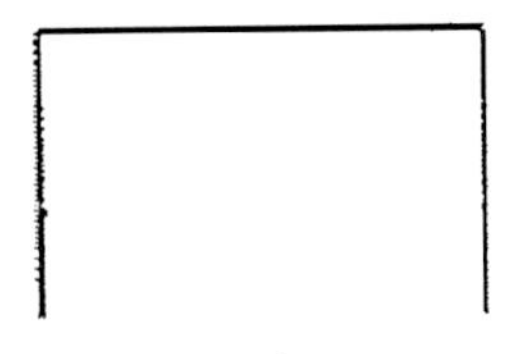

(5) そでぐりのしまつには，バイアステープを用いることがある。バイアステープは，布目に対して何度の角度に布地を裁ってつくったテープか，書きなさい。

(6) ミシンを使い，エプロンのひもの角を縫う際の手順について，簡潔に書きなさい。

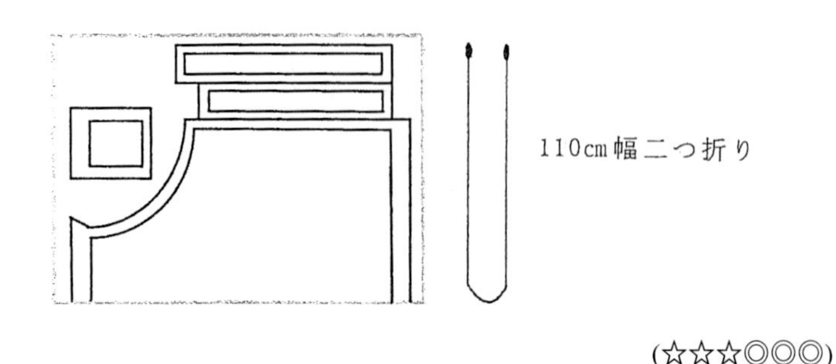


(☆☆☆◎◎◎)

【4】次の文章を読んで，(1)〜(6)の問いに答えなさい。

エネルギーの栄養素比率は，PFCバランスで表される。1980年代の日本では，米を主食に，魚，野菜，乳などの副食からなる(　a　)が提唱され，PFCの適正比率が実現していた。その後，(　b　)の比率が増加する一方，(　c　)の比率が減少する傾向が続き，現在，欧米型のPFCバランスに近づきつつある。その結果，食習慣や(　d　)に起因する(　d　)病の患者が増加している。また，現在の日本では，家庭内での調理が減ってきており，調理を外部に頼る(ア)食の外部化が進んでいる。家族の生活スタイルが多様になり，個々の生活を優先するようになると，家族が一緒に食事をすることが難しくなってくる。各自の都合がよい時間に，ひとりで食事をすることを(　e　)という。また，家族と一緒に食事をしても，それぞれが好きなものを食べることを(　f　)という。このような背景から，健全な食生活を実践し，食文化を継承し，健康を維持するために，食に関する正しい知識を的確に選択する力を習得する取り組みとして，(　g　)が重視されている。

(1)　文中のPFCバランスのP，F，Cはそれぞれ何を表しているか，書きなさい。

(2)　文中の(　a　)〜(　g　)にあてはまる語句を書きなさい。なお，(　e　)と(　f　)は，必ず漢字で書きなさい。(同じ記号には，同じ語句が入るものとする。)

(3)　次の図は，1965年，1985年，2012年の日本のPFCバランスを表したものである。年代の古い順に並べ替え，記号で書きなさい。

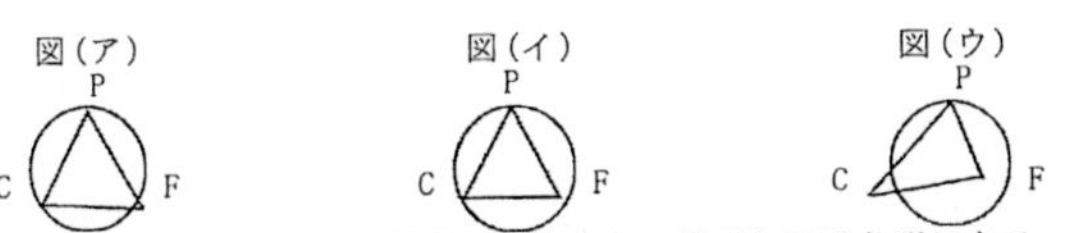


(4)　下線部(ア)について，栄養的な問題点としてどのようなことがあげられるか，書きなさい。

(5)　WHO(世界保健機関)が成人の肥満評価に用いている指標を何というか，アルファベット3文字で書きなさい。

(6)　日常的な食物選択や食べ方などをどのように組み立てていけばよいのかという行動目標となるようなガイドラインで，2016年に一部改正されたものを何というか，書きなさい。

(☆☆☆◎◎◎)

【5】「ピザ，スープジュリエンヌ，ゼリー」の調理について，次の(1)～(3)の問いに答えなさい。

(1)　小麦粉には，強力粉，中力粉，薄力粉がある。ピザ生地には，強力粉が使われることが多いが，薄力粉や中力粉との違いを説明しなさい。

(2)　スープジュリエンヌの具材に使うにんじんやキャベツの切り方名を書きなさい。

(3)　果物とゼラチンを使ってゼリーを作ったが，生のパイナップルのゼリーは固まらなかった。その理由を簡潔に書きなさい。

(☆☆☆◎◎◎)

【6】次の(1)～(3)について，正しい組み合わせを示しているものをア～エから1つ選び，記号で書きなさい。

(1)　加工食品のアレルギー表示について，表示義務のある原材料7品目

ア　卵　　乳　　小麦　　ごま　　くるみ　　えび　　牛肉

イ　卵　乳　小麦　そば　落花生　えび　かに
ウ　卵　乳　大豆　ごま　くるみ　さば　かに
エ　卵　乳　大豆　そば　落花生　さば　いか

(2)　夏が旬の野菜
ア　たけのこ　トマト　ピーマン　はくさい
イ　えだまめ　にんじん　ほうれん草　きゅうり
ウ　たけのこ　れんこん　きゅうり　アスパラガス
エ　えだまめ　トマト　ピーマン　きゅうり

(3)　脂溶性ビタミン
ア　ビタミン$B_2$　ビタミンC　ビタミンD　ビタミンK
イ　ビタミンA　ビタミンD　ビタミンE　ビタミンK
ウ　ビタミン$B_1$　ビタミンC　ビタミンE　ナイアシン
エ　ビタミンA　ビタミン$B_1$　ビタミン$B_2$　ナイアシン

(☆☆☆◎◎◎)

【7】次の(1)～(3)の問いに答えなさい。

(1)　次の文章を読んで，(a)・(b)の問いに答えなさい。

消費者の返済能力を信用して，お金を貸し出す金融サービスを(　ア　)という。(　ア　)は，商品の購入にともない，その代金にあてる金銭を貸し出す(　イ　)と商品の購入とは関係なく，金銭を直接貸し出す(　ウ　)に分けられる。それらは便利なしくみであるが，多くの場合，借りたお金である元本に加え，利息を返済しなければならない。

(a)　(　ア　)～(　ウ　)にあてはまる語句を書きなさい。(同じ記号には，同じ語句が入るものとする。)

(b)　年利15％で20万円借りた場合，単利では，3年後には合計いくら返すことになるか，書きなさい。

(2)　実在する銀行や事業者を装って電子メールを送り，架空のウェブサイトに誘導してカード番号やパスワードなどのカード情報を盗み悪用する詐欺を何というか，書きなさい。

(3)　電子商取引で適正な販売業者であると業界から認定された業者が，ウェブサイト上に表示できるマークを何というか，書きなさい。

(☆☆☆◎◎◎)

【8】次の(1)～(4)の問いに答えなさい。

(1)　次の文章を読んで，(a)・(b)の問いに答えなさい。

新生児の頭蓋は，産道を通るときに頭が細くなるように，また，脳の発育を妨げないように，すき間がある。もっとも大きなすき間である(　ア　)は，(　イ　)歳6か月頃までに自然に閉じる。

乳幼児は，(ウ)胃の入り口の閉鎖が不完全なため，乳や食べた物を吐きやすいので注意が必要である。

(a)　(　ア　)・(　イ　)にあてはまる語句や数字を書きなさい。

(b)　下線部(ウ)について，乳を吐くことによる，窒息を防ぐため，授乳後にどういうことをする必要があるか，書きなさい。

(2)　6か月頃に発する「アーアー」，「バーバー」などの意味をもたない音声の繰り返しを何というか，書きなさい。

(3)　次の4つの遊びの種類を発達の順に並べ替え，記号で書きなさい。

ア　連合遊び　　イ　協同(共同)遊び　　ウ　一人遊び

エ　平行遊び

(4)　次の文章が説明している法律名を書きなさい。

| 次代の社会を担う子どもが健やかに生まれ，育成される環境を整備するために，国，地方公共団体，企業，国民が担う責務を明らかにし，平成17年4月1日から施行されています。この法律は平成26年度末までの時限立法でありましたが，法改正により法律の有効期限が平成37年3月31日まで10年間延長されました。(平成26年4月23日施行) |
|---|

(☆☆☆◎◎◎)

【9】次の(1)～(4)の問いに答えなさい。

(1) 建物の耐震強度を高めるために，柱と柱の間に対角線方向に入れるものを何というか，書きなさい。

(2) 電源プラグの周囲にほこりや湿気が付着することが原因で，差込口から出火する現象を何というか，書きなさい。

(3) 高齢者や障がい者だけでなく，だれにとっても危険が少なく使いやすいデザインの住まいを何というか，書きなさい。

(4) 入居者が組合をつくり，計画段階から参加し，管理も共同で行う方式の集合住宅を何というか，書きなさい。

(☆☆☆◎◎◎)

【10】次の(1)～(4)の問いに答えなさい。

(1) 骨や関節などの運動器の障がいのために，要介護となる危険性の高い状態を何というか，書きなさい。

(2) 高齢者が尊厳ある生活を営めるようにするため，平成7年に施行された法律を何というか，書きなさい。

(3) だれもがやりがいや充実感を感じながら働き，仕事上の責任を果たしながら，家庭や地域でも，多様な生き方が選択できる社会の実現を目標に掲げ，平成19年に策定された憲章を何というか，書きなさい。

(4) 次の文章を読んで，(a)・(b)の問いに答えなさい。

親は，子どもが成人するまでの間，監督・保護し，教育する権利と義務がある。これを(　ア　)という。夫婦共同で行うのが原則である。(イ)親が子どもに対して虐待など不適切な養育を行った場合，子や親族，児童相談所などから家庭裁判所に請求があれば，審判が行われ，(　ア　)の喪失や停止が宣告されることもある。

(a) (　ア　)にあてはまる語句を書きなさい。

(b) 下線部(イ)について，食事を与えない，放置するなどの虐待を何というか，書きなさい。

(☆☆☆☆◎◎◎)

## 【中学校】

【1】中学校学習指導要領「第2章　各教科」「第8節　技術・家庭」「第2　各分野の目標及び内容」〔家庭分野〕「1　目標」について，( a )～( j )にあてはまる語句を書きなさい。

> 生活の営みに係る( a )・考え方を働かせ，( b )などに関する実践的・体験的な活動を通して，よりよい生活の実現に向けて，生活を工夫し創造する( c )・能力を次のとおり育成することを目指す。
> (1) 家族・家庭の機能について理解を深め，家族・家庭，衣食住，消費や環境などについて，生活の( d )に必要な基礎的な理解を図るとともに，それらに係る( e )を身に付けるようにする。
> (2) 家族・家庭や地域における生活の中から問題を見いだして( f )を設定し，解決策を構想し，実践を評価・改善し，( g )したことを論理的に表現するなど，これからの生活を展望して課題を( h )する力を養う。
> (3) 自分と家族，家庭生活と地域との関わりを考え，家族や地域の人々と( i )し，よりよい生活の実現に向けて，生活を工夫し創造しようとする実践的な( j )を養う。

(☆☆☆◎◎◎)

## 【高等学校】

【1】高等学校学習指導要領「第2章　第9節　家庭」の内容について，次の(1)・(2)の問いに答えなさい。

(1) 「第1款　目標」について，( a )～( e )にあてはまる語句を書きなさい。(同じ記号には，同じ語句が入るものとする。)

|  |
|---|
| ( a )にわたる発達と( b )を総合的にとらえ，( c )の意義，( c )と社会とのかかわりについて理解させるとともに，( d )な知識と技術を習得させ，男女が協力して主体的に家庭や地域の生活を( e )と実践的な態度を育てる。 |

(2) 「第2款　各科目　第2　家庭総合　2　内容」の各項目について，( a )~( e )にあてはまる語句を書きなさい。

|  |
|---|
| (1)　( a )と家族・家庭<br>(2)　子どもや高齢者とのかかわりと( b )<br>(3)　生活における( c )の計画と消費<br>(4)　生活の科学と( d )<br>(5)　生涯の( e )<br>(6)　ホームプロジェクトと学校家庭クラブ活動 |

(☆☆☆◎◎◎)

# 解答・解説

## 【中高共通】

【1】(1)　日本工業規格　　(2)　再生(繊維)　　(3)　ウエス

〈解説〉(1)　服のサイズ表示は，国によって異なる。日本では，「日本工業規格(JIS)」によって，「乳児用・少年用・少女用・成人男子用・成人女子用」の用途ごとに定められている。JISサイズは，日本人の平均体格の変化に応じて時々改正が行われ，直近では1996 年に体型区分表示を「A・Y・AB・B」に改めた。外国の服も輸入されるようになり，JIS規格にはない「XL・LL・XS」などのサイズ表記の服も見られるようになった。　(2)　レーヨンは，パルプを一度溶かして再び繊維にしたもの。キュプラは，コットンを一度溶かして再び繊維にしたものである。

ともに，「再生繊維」である。両方とも成分はセルロースなので，綿に近い性質(吸湿性が大きい)をもっている。光沢があり，表面が滑らかである。　(3)　「ウエス」は，工業用ぞうきんのほか，反毛にしたものは断熱材，自動車の内装材，カーペット，ぬいぐるみなどに使用される。

【2】(1)　絹　　(2)　エ　　(3)　カ→オ→ア→エ→ウ→イ

〈解説〉(1)　「しなやか，光沢あり，紫外線での黄変」は，絹の特徴である。　(2)　和服には，金糸･銀糸などが使われていることが多いので，「しょうのう」が適する。なお，「ナフタリン」は効き目がゆっくりで，出し入れの少ない衣類やひな人形などの保管に適する。「パラジクロロベンゼン」は，効き目が早く，虫害の受けやすいウールなどの保管に適する。しかし，服飾ボタン･帯止め･スパンコール･ビーズ･金糸･銀糸･合成皮革などの保管には適しない。「ピレスロイド系」の特徴は，無臭であること，他の防虫剤と併用できることである。　(3)　カの襟先は，男女とも左が前にくる。オの「下前」は，「右前身頃」のこと。下前を入れるときは，先を7～8㎝上げるとよい。アの「上前」は，「左前身頃」のこと。上前の先は，下前より3～4㎝上げるとよい。エのおはしょりを整えたら，襟元をきちんと合わせる。これは「衿合せ」ともいう。このとき「衣紋」を抜く。ウの「襟合わせ」は，交差する中心部分がくぼみ位置で交差するよう整えるとよい。イの浴衣の場合の帯は，「文庫結び」が多い。

【3】(1)　平(織)　　(2)　ルレット　　布用複写紙(両面)

(3)

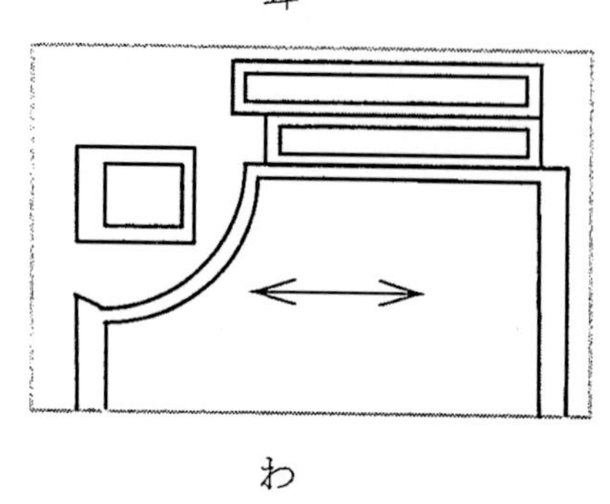


(4)

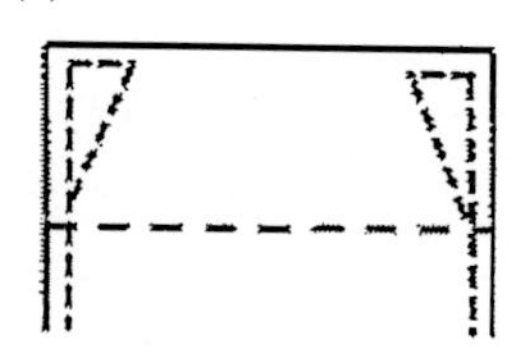

(5)　45(度)　　(6)　1　布に針を刺したままミシンを止め，押さえを上げる。　2　針を軸にして布を回す。　3　押さえを下ろして再び縫う。

〈解説〉(1)「平織り」は，たて糸と横糸の交差点が多いので丈夫である。本問のブロードのほかに，「ギンガム」「サッカー」などがある。「平織り」「斜文織り」「朱子織」の3つを，織物の3原組織という。

(2)　基本的に，印は布の裏側につける。布を外表にした場合は，「布用複写紙」を布の間に挟み，型紙を布にのせて，ルレットを型紙に沿うように転がすと布の裏側に印がつく。　(4)　ポケット口は，三つ折りにして「まつり縫い」，またはミシン縫いにする。残りの三辺は，印の通りに2つ折りする(アイロンで形を整えるとよい)。付け位置にポケットをのせ，ポケット口を三角に縫う。ポケット口に「力布」をあてて補強すれば，さらによい。　(5)　生地の縦地に対し，斜め45度の角度を「正バイアス」といい，一般的なバイアステープは，この「正バイアス」に裁ったテープ状の生地のことをさす。布は斜め方向の伸び方が大きい。この伸びやすさを利用して，曲線部分の縫い代の始末や縁取りに利用する。

【4】(1) P…たんぱく質　F…脂質　C…炭水化物　(2) a 日本型食生活　b 脂質　c 炭水化物　d 生活習慣　e 孤食　f 個食　g 食育　(3) (ウ)→(イ)→(ア)　(4) 野菜不足のため，ビタミンが不足する。　(5) BMI　(6) 食生活指針

〈解説〉(1) PFCバランスのPはProtein(たんぱく質)，FはFat(脂質)，CはCarbohydrate(炭水化物)のこと。 (2) a 1970～1980年代は，バランスのよい日本型食生活が実現できていた時代である。 b 最近は脂質の摂取量が増え，28%強となっている。 c 炭水化物の摂取は減少傾向にあり，58%程度である。 d 生活習慣病は，不規則な食生活や食べすぎ，運動不足などの生活習慣が原因で起きる。 e 孤食が続くと，好きなものばかり食べる傾向になり，栄養が偏りがちとなる。 f 個食は「バラバラ食」ともいう。好きなものだけ食べるので栄養が偏り，好き嫌いを増やすことにもなる。このほか，同じものばかり食べる「固食」なども問題になっている。 g 食育は，2005年に成立した食育基本法において，生きるための基本的な知識であり，知識の教育・道徳教育・体育教育の基礎となるべきものと位置づけられている。 (3) 1965年は，エネルギーの大部分をCの炭水化物(主に米)に依存した食生活であることから，図(ウ)が該当する。1985年はPFCの適正比率が実現した時代であることから，図(イ)が該当する。2012年は，Fの脂質の比率が増加していることから，図(ア)が該当する。(4) 野菜不足は食物繊維の不足，脂質の取り過ぎにつながり，生活習慣病やがんの発病率が高くなる。 (5) BMIは，Body Mass Indexの略で，体重(kg)÷(身長(m))$^2$で算出される。この数値が18.5～25であれば普通，25以上は肥満とされる。 (6) 食生活指針は2000年に策定され，

その後食育基本法，「健康日本 21 (第二次)」などが制定された。また，2016年の改正では，「適度な運動とバランスのよい食事で適正体重の維持を」「食塩は控えめに脂肪は質と量を考えて」「日本の食文化や地域の産物を活かし，郷土の味の継承を」「食料資源を大切に，無駄や廃棄の少ない食生活を」などが盛り込まれた。

【5】(1)　強力粉は，たんぱく質含有量が最も多い。　(2)　せん切り
(3)　ゼラチンの成分はたんぱく質であり，生のパイナップルにはたんぱく質分解酵素が含まれるから。

〈解説〉(1)　強力粉は小麦粉のたんぱく質「グルテン」が11～13%，薄力粉は8%以下である。また，強力粉は強い粘弾性と伸展性がある。
(2)　西洋料理のスープ名には，仕上げに使う「浮き実」の切り方がそのまま料理名になっていることが多い。「スープジュリエンヌ(スープジュリアン)」は，野菜の「細い線切り」が入ったスープのこと。
(3)　ゼラチンは，豚や牛などの骨や皮が原料で，主成分はたんぱく質である。パイナップルは，たんぱく質分解酵素である「ブロメライン」を含んでいるため，固まらない。パイナップルを使用する場合は，あらかじめ加熱するか，缶詰·瓶詰のものを使うと固まる。たんぱく質分解酵素を持つ果物としては，このほかキウイ，イチジク，パパイヤなどがある。

【6】(1)　イ　(2)　エ　(3)　イ

〈解説〉(1)　「大豆・くるみ・さば・牛肉」は，特定原材料7品目ではないが，アレルギー表示推奨食品20品目には入っている。特定原材料7品目に比べ，アレルギー発症数や重篤な症状は少ないが，可能な限り表示するよう推奨されている。　(2)　たけのことアスパラガスは春，レンコンは晩秋～冬，はくさいは冬が旬である。　(3)　脂溶性ビタミンは，ビタミンA，D，E，Kの4種類をいう。ビタミンDは，カルシウムの吸収に大切なビタミン。ビタミンEは，抗酸化作用に強いビタミンで，不飽和脂肪酸の摂取が増えたときに摂取するとよい。ビタミン

Kは，血液凝固と骨の形成に必要なビタミン。腸内菌が少ない新生児には，欠乏症予防のためビタミンKのシロップを飲ませる。

【7】(1) (a) ア 消費者信用 イ 販売信用 ウ 消費者金融 (b) 29万(円) (2) フィッシング(詐欺) (3) オンライン(マーク)

〈解説〉(1) (a) 消費者信用とは，消費者の信用力をベースに貸し付けを行う金融サービスのこと。商品・サービスを後払いで販売する販売信用，金銭を直接貸し付ける消費者金融がある。 (b) 利息分は，20万円×0.15×3＝9万円。元本20万円を加えると，合計29万円返すことになる。 (2) 2005年4月に設立されたフィッシング対策協議会では，フィッシング詐欺に関する事例情報，資料，ニュースなどの収集・提供，注意喚起を行っている。 (3) 日本商工会議所では，消費者保護と電子商取引市場の健全な発展を後押しするため，オンラインマーク制度を実施している。この制度で認証するのは，通信販売事業者の実在と法令順守についてである。審査に合格した事業者には，ホームページ上に貼る認証マークが発行される。ネットショッピングにおいては，購入前のチェックとして，「販売者の所在地や連絡先の情報を確認できるか」「返品，申し込みの解約が可能かどうか」などを必ず行うこと。

【8】(1) (a) ア 大泉門 イ 1 (b) 空気を吐かせる (2) 喃語 (3) ウ→エ→ア→イ (4) 次世代育成支援対策推進法

〈解説〉(1) (a) 大泉門は，頭部の前部分にある。大泉門のほかに，後ろ部分には「小泉門」があり，生後2～3カ月くらいで閉じる。
(b) 新生児は，授乳時に空気も一緒に飲み込むが，飲み込んでしまっても，自力で出すことができない。ゲップをさせると不要に飲み込んだ空気が排出され，息苦しさから解放される。(2) 喃語は，言葉の原型といわれ，これにより声帯の使い方や発声を学習する。喃語の前段階として，「アー」「ウー」「クー」といった声を出す，クーイングがある。言葉は，クーイング→喃語→一語文→二語文→多語文の順序で発達する。 (3) 一人遊びは，一人だけの遊び。平行遊びは，複数で遊んではいるが，平行線のように互いに交わらない遊び。連合遊びは，一緒に遊んでいるという意識は働くが，ただグループになっているだけの遊び。協同遊びは，共通の目標に向けて仲間関係が組織され，役割分担のある遊びである。 (4) 次世代育成支援対策推進法は，厚生労働省が認定した従業員子育て支援事業であり，企業側が仕事と子育てのワーク・ライフ・バランスに取り組むための法である。301名以上の労働者を雇う事業主は，取組内容の具体的内容を厚生労働省に届け出をすることが義務づけられている。厚生労働省に「子育てサポート企業」として認定を受けると，「くるみんのロゴマーク」の使用が認められる。

【9】(1) 筋交い (2) トラッキング(現象) (3) ユニバーサルデザイン(住宅) (4) コーポラティブハウス

〈解説〉(1) 「筋交い」はブレースとも呼ばれ，建築基準法では一定の割合で筋交いを使用することが義務づけられている。 (2) 「トラッキング現象」の起きやすい場所としては，洗濯機・テレビ・冷蔵庫のような大型家電の裏側のコンセント部分，台所・脱衣所・洗面所など湿気の多い場所にあるコンセント部分，水槽・加湿器など水気のある場所のコンセント部分など。 (3) ユニバーサルデザインには，「すべての人にやさしいデザイン」という意味がある。基本コンセプトは，「できるだけ多くの人が利用できるデザインにすること」。誰もが利用しやすい環境を目指しており，バリアフリーの発展型概念ともいえる。 (4) コーポラティブハウスは，一般的なマンションでも戸建てでもない，第3の住まいとして注目されている。計画段階から参加することにより，自分たちが希望する建物全体のデザインや間取りなどが実現でき，予算面でも安価になるといわれている。

【10】(1)　ロコモティブシンドローム　(2)　高齢社会対策基本法
(3)　仕事と生活の調和(憲章)　(4)　(a)　親権　(b)　ネグレクト
〈解説〉(1)　ロコモティブシンドロームとは，運動器症候群のこと。2007年に日本整形外科学会から提唱された概念で，「運動器障害のために移動機能の低下をきたした状態」をいう。なお，要介護になる主な原因としては，「脳血管疾患」「認知症」「高齢による衰弱」「関節疾患」「転倒･骨折」などがある。　(2)　高齢社会対策基本法には，高齢社会対策を総合的に推進するための基本事項が定められている。その主な内容は，「公的年金制度と雇用との連携を図り，適切な給付水準を保つようにすること」。「高齢者の保健・医療・福祉の連携を通して，適切なサービスが受けられるよう体制や整備を図ること」。「ボランティア活動や高齢者社会活動への参加基盤を整備すること」。「高齢者に適した住宅や公共的施設の整備を促進すること。「バリアフリー新法の整備」などが盛り込まれている。　(3)　仕事と生活の調和憲章は，ワーク・ライフ・バランス憲章ともいわれる。仕事と生活の調和と経済成長は，車の両輪である。この憲章では，持続可能な社会の実現に資するため，目指すべき社会の姿が示されている。　(4)　(a)　離婚した場合は，どちらか一方が親権者となる。また，出産前の離婚については，母親が親権を有する。　(b)　ネグレクトは，育児放棄・育児怠慢・監護放棄のことをいう。この他の虐待には，「身体的虐待」「心理的虐待」「性的虐待」がある。

## 【中学校】

【1】a　見方　b　衣食住　c　資質　d　自立　e　技能
f　課題　g　考察　h　解決　i　協働　j　態度
〈解説〉新学習指導要領では，目標とする資質・能力については，実践的・体験的な活動を通して，家族・家庭，衣食住，消費や環境等についての科学的な理解を図り，それらに係る技能を身に付けるとともに，生活の中から問題を見いだして課題を設定しそれを解決する力や，よりよい生活の実現に向けて，生活を工夫し創造しようとする態度等を育成することを基本的な考え方としている。このような基本的な考え方を押さえた上で，キーワードとなる用語をノートに書き出すなどして，理解を深めてほしい。

## 【高等学校】

【1】(1)　a　人間の生涯　　b　生活の営み　　c　家族・家庭　d　生活に必要　　e　創造する能力　　(2)　a　人の一生　b　福祉　　c　経済　　d　環境　　e　生活設計

〈解説〉(1)　新学習指導要領では，生活の営みに係る見方・考え方を働かせ，実践的・体験的な学習活動を通して，様々な人々と協働し，よりよい社会の構築に向けて，男女が協力して主体的に家庭や地域の生活を創造する資質・能力を育成することを目指している。　(2)　人の一生について，自己と他者，社会との関わりから様々な生き方があることを理解するとともに，自立した生活を営むために，生涯を見通して，生活課題に対応し意思決定をしていくことの重要性について理解を深めることが重要である。また，生涯の生活設計については，生活の営みに必要な金銭，生活時間などの生活資源について理解し，情報の収集・整理が適切にできること。生涯を見通した自己の生活について主体的に考え，ライフスタイルと将来の家庭生活及び職業生活について考察するとともに，生活資源を活用して生活設計を工夫することが必要となる。新学習指導要領対策としては，高等学校学習指導要領比較対照表などを活用し，大きく変わった項目をノートに書き出すなどして，理解を深めてほしい。

# 2018年度　実施問題

## 【中高共通】

【1】次の(1)～(3)の問いに答えなさい。

(1)　被服を着ると，被服と皮膚の間に空気の層ができる。この空気の層を何というか，書きなさい。

(2)　たんすなどにしまい込まれ，着られることがない被服を何というか，書きなさい。

(3)　流行を取り入れながら低価格に抑えた衣服を，短いサイクルで大量生産・大量販売することを何というか，書きなさい。

(☆☆☆◎◎◎)

【2】被服の管理について，次の(1)～(3)の問いに答えなさい。

(1)　洗濯には2つの方法がある。それぞれ何というか，書きなさい。

(2)　平成28年12月に，衣類等の繊維製品の取扱い絵表示が変更された。次の(a)～(c)の表示の意味をア～コから1つずつ選び，記号で書きなさい。

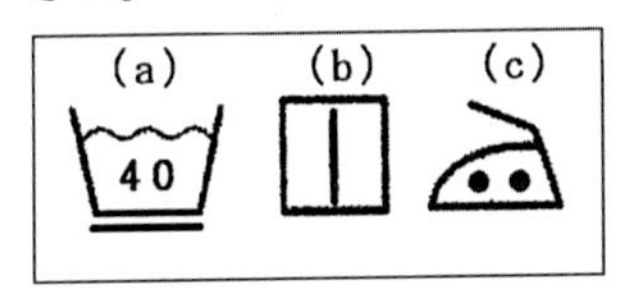


ア　平干しがよい
イ　底面温度150℃を限度としてアイロン仕上げができる
ウ　日陰の平干しがよい
エ　液温は40℃を限度とし，洗濯機で洗濯ができる
オ　タンブル乾燥ができる
カ　石油系溶剤によるドライクリーニングができる
キ　底面温度110℃を限度としてアイロン仕上げができる
ク　つり干しがよい

ケ　液温は40℃を限度とし，洗濯機で弱い洗濯ができる

コ　塩素系及び酸素系の漂白剤を使用して漂白ができる

(3)　次の(a)・(b)の問いに答えなさい。

(a)　汚れの種類について，放置すると凝固して溶けなくなる汚れは何汚れか，書きなさい。

(b)　(a)の汚れなどを落とすために洗剤に配合されているものは何か，書きなさい。

(☆☆☆◎◎◎)

【3】子ども用のじんべいの製作について，次の(1)～(5)の問いに答えなさい。

(1)　布の表と表を内側に合わせることを何というか，書きなさい。

(2)　次の図(a)～(e)は，じんべいの型紙である。後ろパンツはどれか，図(a)～(e)から選び，記号で書きなさい。また，その理由を簡潔に書きなさい。

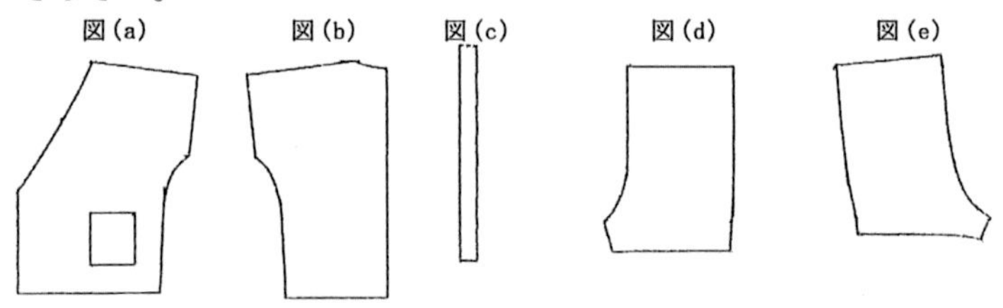


(3)　ポケット口などの破れやすい部分に裏から布を当て，補強するために用いる布を何というか，書きなさい。

(4)　サッカー生地でじんべいを製作する場合のミシン糸とミシン針について，最も適切なものを次のア～クから1つずつ選び，記号で書きなさい。

ミシン糸

ア　カタン糸50番　　　イ　カタン糸60番

ウ　ポリエステル糸90番　　エ　絹ミシン糸50番

ミシン針

オ　11番　　カ　14番　　キ　ニット用9番

ク　ニット用11番

(5)　パンツのウエスト部分を縫う時，前パンツ側のウエストを縫い残すのはなぜか，簡潔に書きなさい。

(☆☆☆◎◎◎)

【4】次の文章を読んで，(1)～(4)の問いに答えなさい。

たんぱく質は，多くの(　a　)が鎖状に結びついてできている。私たちがたんぱく質を食べると，体内で(　a　)に分解された後，吸収され皮膚，髪の毛，筋肉など体を構成する組織となる。また，たんぱく質は，1gあたり約(　b　)kcalのエネルギーを発生する。

肉類には，たんぱく質が約(　c　)%含まれる。食肉は，と畜後，時間とともに筋肉が硬直するが，(ア)<u>酵素の作用により，たんぱく質が次第にやわらかくなり，風味やうま味が増す</u>。

(1)　文中の(　a　)・(　b　)にあてはまる語句や数値を書きなさい。

(2)　(　a　)について，体内で合成できないので食品から摂取しなければならないものを何というか，書きなさい。また，それは何種類あるか，数字で書きなさい。

(3)　文中の(　c　)にあてはまる数値をア～エから1つ選び，記号で書きなさい。

ア　20　　イ　40　　ウ　60　　エ　80

(4)　下線部(ア)を肉の何というか，書きなさい。

(☆☆☆◎◎◎)

【5】「たけのこの炊きこみご飯，茶碗蒸し，みそ汁」の調理について，次の(1)～(5)の問いに答えなさい。

(1)　たけのこの炊きこみご飯の調味料(しょうゆ，塩，酒)は炊く直前に加える方がよい。その理由を書きなさい。

(2)　油揚げの油抜きのしかたを説明しなさい。

(3)　茶碗蒸しは，卵のどのような調理性を利用したものか，2つ書きなさい。

(4)　茶碗蒸しに入れるささみの切り方をア～エから1つ選び，記号で書きなさい。また，その切り方をする理由を書きなさい。

ア　短ざく切り　　イ　いちょう切り　　ウ　そぎ切り

エ　乱切り

(5)　だし汁150ml，みそ10g(塩分濃度12％)を使用した時のみそ汁の塩分濃度を小数第1位まで求めなさい。ただし，だし汁の塩分は考えない。

(☆☆☆◎◎◎)

【6】次の(1)～(5)の問いに答えなさい。

(1)　次の文章を読んで，(a)・(b)の問いに答えなさい。

日本の食文化は，「和食；日本人の伝統的な食文化」として，2013年(　ア　)に登録された。多様で新鮮な食材とその持ち味の尊重，栄養バランスにすぐれた健康的な食生活，自然の美しさや季節の移ろいの表現，(イ)年中行事との密接な関わりを「和食」の4つの特徴としている。

(a)　(　ア　)にあてはまる語句を書きなさい。

(b)　下線部(イ)が行われる際に提供される食事を何というか，書きなさい。

(2)　食事のマナーとして，してはいけない箸の使い方の1つで，箸で器を引き寄せることを何というか，書きなさい。

(3)　食べ物や栄養が健康や病気に与える影響を過大に評価したり，信じこんだりすることを何というか，書きなさい。

(4)　環境に与える影響を考慮し，できるだけ無駄を省いた調理の仕方を何というか，書きなさい。

(5)　食品の表示に関する包括的かつ一元的な制度の創設をめざし，2015年に施行された法律名を書きなさい。

(☆☆☆◎◎◎)

【7】次の(1)～(4)の問いに答えなさい。

(1) 次の文章を読んで，(a)・(b)の問いに答えなさい。

キャッシュレス化が進んでいる現代では，現金による支払いだけでなく，さまざまなカードを利用して支払うことがある。カードの1つである(ア)クレジットカードは，(　イ　)，販売者，クレジットカード会社による(　ウ　)であり，(　イ　)は一括や分割での後払いが利用でき，クレジットカード会社が販売者に立て替え払いを行っている。

(a) 下線部(ア)の短所について，説明しなさい。

(b) (　イ　)・(　ウ　)にあてはまる語句を書きなさい。

(2) 2003年に成立し，2005年から施行した民間事業者の個人情報の取り扱いに関するルールを定めた法律を何というか，書きなさい。

(3) 電話やダイレクトメールなどを使い「抽選に当たりました」などと言って，喫茶店や営業所に呼び出し，強引に契約させる悪質商法を何というか，書きなさい。

(4) 家計の実収入から非消費支出を引いた額を何というか，書きなさい。

(☆☆☆◎◎◎)

【8】次の(1)～(3)の問いに答えなさい。

(1) 次の文章を読んで，(a)～(c)の問いに答えなさい。

(ア)生まれてから最初の4週間は，母体から離れて生活するための適応をしていく時期である。(イ)生後3～4日頃に，体重が出生時に比べて5～10％減少する。生まれつき持っている刺激に対する反射的な反応には，大きな音などに両腕を広げ，抱きつくような動作の(　ウ　)反射や，口に触れた物に吸い付く(　エ　)反射などがある。

(a) 下線部(ア)の発育・発達の区分を何というか，書きなさい。

(b) 下線部(イ)の現象を何というか，書きなさい。

(c) (　ウ　)・(　エ　)にあてはまる語句を書きなさい。

(2) 幼児期の学校教育や保育，地域の子育て支援の量の拡充や質の向上を進めるために，2015年から本格実施されている制度を何というか，書きなさい。

(3) 平成28年に一部改正された児童福祉法について，次の(　a　)～(　c　)にあてはまる語句を書きなさい。

| 第1条<br>全て児童は，(　a　)の精神にのっとり，適切に(　b　)されること，その生活を保障されること，愛され，保護されること，その心身の健やかな成長及び発達並びにその(　c　)が図られることその他の福祉を等しく保障される権利を有する。 |
|---|

(☆☆☆◎◎◎)

【9】次の(1)～(3)の問いに答えなさい。

(1) 介護の必要な高齢者を高齢者が介護することを何というか，書きなさい。

(2) 国民全てに一人一つの番号を付け，社会保障，税，災害対策の分野で利便性の向上，行政の効率化などをめざしている制度を何というか，書きなさい。

(3) 日本国憲法第24条第1項について，(　a　)～(　c　)にあてはまる語句を書きなさい。

| 婚姻は，両性の(　a　)のみに基いて成立し，夫婦が(　b　)を有することを基本として，相互の(　c　)により，維持されなければならない。 |
|---|

(☆☆☆◎◎◎)

【10】次の(1)～(3)の問いに答えなさい。

(1) 建築基準法について，(a)・(b)の問いに答えなさい。

(a) 敷地面積に対する建築面積の割合のことを何というか，書きなさい。

(b) 居室には，採光のための窓その他の開口部を設け，その採光に有効な部分の面積は，その居室の床面積に対して，住宅にあっては何分の1以上と定められているか，書きなさい。

(2) 住居内での室内空気汚染に由来するさまざまな健康障がいの総称を何というか，書きなさい。

(3) 住生活の安定確保と向上促進に関する施策について，基本的理念，国などの責務を明らかにし，住生活基本計画の策定などの事項を定め，国民生活の安定向上と社会福祉の増進を図ることを目的に，2006年に施行された法律を何というか，書きなさい。

(☆☆☆◎◎◎)

## 【中学校】

【1】中学校学習指導要領「第2章　各教科」「第8節　技術・家庭」の内容について，次の(1)～(3)の問いに答えなさい。

(1) 「第2　各分野の目標及び内容」〔家庭分野〕「2　内容」「B　食生活と自立」の一部について，( a )～( c )にあてはまる語句を書きなさい。

> (1) 中学生の食生活と栄養について，次の事項を指導する。
> ア　自分の食生活に( a )をもち，生活の中で食事が果たす役割を理解し，健康によい( b )について考えること。
> イ　( c )の種類と働きを知り，中学生に必要な栄養の特徴について考えること。

(2) 「第2　各分野の目標及び内容」〔家庭分野〕「3　内容の取扱い」の一部について，( a )～( c )にあてはまる語句を書きなさい。

> (1) 内容の「A家族・家庭と子どもの成長」については，次のとおり取り扱うものとする。
> ア　(1)，(2)及び(3)については，相互に関連を図り，実習や( a )，ロールプレイングなどの学習活動を中心とするよう留意すること。
> イ　(2)のアについては，( b )などの地域の人々とのかか

わりについても触れるよう留意すること。
ウ　(3)のアについては，幼児期における周囲との基本的な信頼関係や生活習慣の形成の重要性についても扱うこと。(3)のウについては，幼稚園や保育所等の幼児との(　c　)ができるよう留意すること。

(3) 「第3　指導計画の作成と内容の取扱い」の一部について，(　a　)～(　d　)にあてはまる語句を書きなさい。

2　各分野の内容の取扱いについては，次の事項に配慮するものとする。
(2)　生徒が学習した知識及び技術を生活に(　a　)できるよう，(　b　)的な学習を充実するとともに，家庭や(　c　)との(　d　)を図るようにすること。

(☆☆☆◎◎◎)

## 【高等学校】

【1】高等学校学習指導要領「第2章　第9節　家庭」の内容について，次の(1)・(2)の問いに答えなさい。

(1) 「第2款　各科目　第1　家庭基礎　1　目標」について，(　a　)～(　d　)にあてはまる語句を書きなさい。

人の一生と家族・家庭及び福祉，衣食住，消費生活などに関する(　a　)な知識と技術を習得させ，家庭や地域の生活課題を(　b　)するとともに，(　c　)を図る能力と(　d　)を育てる。

(2) 「第3款　各科目にわたる指導計画の作成と内容の取扱い」の一部について，次の(　a　)～(　f　)にあてはまる語句を書きなさい。

1　指導計画の作成に当たっては，次の事項に配慮するものとする。
(3)「( a )」及び「生活デザイン」を複数の年次にわたって分割して履修させる場合には，原則として( b )において履修させること。
(4) ( c )，公民科，数学科，理科及び保健体育科などとの関連を図るとともに，教科の目標に即した( d )が行われるよう留意すること。
2　内容の取扱いに当たっては，次の事項に配慮するものとする。
(4)　各科目の指導に当たっては，( e )や( f )などの活用を図り，学習の効果を高めるようにすること。

(☆☆☆◎◎◎)

# 解答・解説

## 【中高共通】

【1】(1)　被服気候　　(2)　死蔵被服　　(3)　ファストファッション
〈解説〉(1)「被服気候」について，人間の皮膚と，皮膚に接している最初の服の間の層を「被服最内層」といい，「被服最内層」の被服気候が32±1℃，湿度50±10％のときが快適な着心地である。　(2)　海外からの安価な輸入品の増加や生産コストの低減によって，誰でも衣類を手軽に購入できるようになった。その結果，計画的に生み出された流行服を購入し，流行が終わると着なくなり，死蔵被服を増やすことになる。　(3)　ファストファッションは，「早くて安い」ファストフードになぞらえた造語である。これらは，大量生産・大量販売された後は大量廃棄される運命にあり，環境の観点からも問題になっている。

また，ファストファッションは，人権費の安い後進国の工場で製造されるが，これに対して，人権や環境に配慮して，良識のある生産流通を行う「エシカルファッション」も注目を集め始めている。「エシカル」とは，英語で「道徳，倫理上の」という意味を持ち，原料になる素材の栽培法や縫製技術を後進国の人々に継承して，公正な取引で販売する。

【2】(1)　湿式洗濯，乾式洗濯　(2)　(a)　ケ　(b)　ク　(c)　イ
(3)　(a)　たんぱく質　(b)　酵素

〈解説〉(1)　湿式洗濯は毛，絹の洗濯には不向き。乾式洗濯は有機溶剤を使用する。油性の汚れが溶け出して落ちるが，水溶性の汚れは落ちにくく，汗の成分は残り黄ばみや変色を起こすことになる。
(2)　新しい取扱い表示は，家庭洗濯･漂白･乾燥･アイロン･クリーニングの5つの「基本記号」と「付加記号」や「数字」の組み合わせで構成される。記号は下記の通りである。

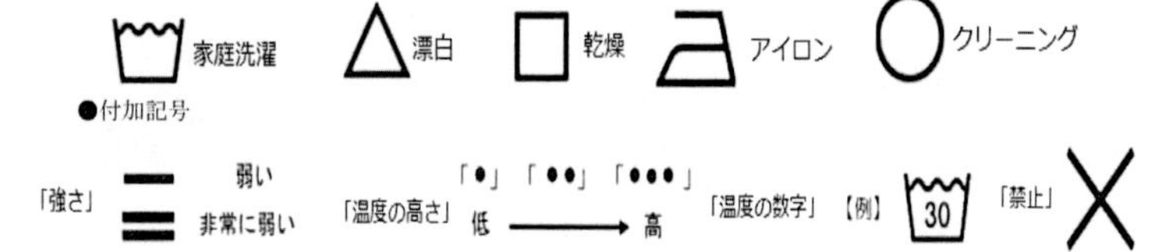


(3)　(a)　汗や身体から出る老廃物には，たんぱく質や脂質が含まれる。汚れの種類では，たんぱく質の汚れが一番多いといわれている。たんぱく質を含んだ汚れが完全に落ちていない状況で，乾燥機に入れたり，アイロンがけしたりするとたんぱく質の熱凝固の性質により，汚れが凝固する。脂質による汚れは，衣類を黄ばませる。　(b)　洗剤の主成分である界面活性剤は，水と油の両方の性質を持っている。本来であれば混じり合わない物質の間にある界面を変化させ，それによって汚れを落とす。しかし，たんぱく質や脂質は，界面活性剤だけでは落としにくいため，たんぱく質を分解する酵素を配合する。酵素には，プロテアーゼ，リパーゼ，アミラーゼ，セルラーゼがある。酵素入りの

洗剤を使うときは30～40℃のぬるま湯を用い，洗剤液に浸してしばらくおき，洗濯すると効果的である。又，たんぱく質はアルカリによって分解することから，固形石鹸などで下洗いするとよい。

【3】(1) 中表　(2) 記号…(e),　理由…臀部の厚みのぶん，くりが深くなっているため。　(3) 力布　(4) ミシン糸…イ　ミシン針…オ　(5) ゴムを通すため。

〈解説〉(1) 縫製する場合は「中表」にした状態で縫うのが一般的である。袋縫いする場合は，最初に「外表」にして縫い，次に「中表」にして縫う。布用複写紙を用いた「しるし付け」の場合は「外表」にする。　(2) ズボンの型紙は図(d)，(e)で，(e)の方が，股上のカーブが大きい(深い)ので，後ろ身頃である。　(3) 「力布」と同じような働きをするものに，生地の厚いコート等のボタンの裏につける「力ボタン」がある。コートのフロント(前)を止めるとボタンの一点に力がかかるが，「力ボタン」を裏側につけることによって，かかる力を面に分散することができる。　(4) サッカー生地は，綿素材で夏用のシャツ，ブラウス，パジャマなどに使われる。カタン糸はミシン用の木綿糸で，普通の厚さの木綿地には60番を使用するのが一般的である。番号が大きくなるほど細くなる。ミシン針は，薄手の布地には細いものを，厚手の布地には太いものを使用する。　(5) 度重なる着用や洗濯によって，ゴムテープが伸びてしまうことや子どもの成長段階に応じてゴムテープの長さを調節する際に，縫い残した部分からゴムテープを引っ張りだすことができる。

【4】(1) a アミノ酸　b 4　(2) 必須アミノ酸，9種類
(3) ア　(4) 熟成

〈解説〉(1) a ペプチド結合するアミノ酸の種類や量，組み合わせによって無数のたんぱく質が作られる。　b たんぱく質と糖質は1gにつき4kcal，脂質は1gにつき9kcalのエネルギーが発生する。　(2) 必須アミノ酸は不可欠アミノ酸ともいう。ロイシン，イソロイシン，リシ

ン，トリプトファン，メチオニン，フェニールアラニン，トレオニン，バリン，ヒスチジンの9種類である。　(3)　たんぱく質の含有量は，肉の種類や部位によって多少異なる。肉100g中のたんぱく質の含有料は，鶏ささみは23.0g，豚ヒレ肉22.8g，鶏胸肉(皮なし)22.3gである。魚にも平均して約20％含まれる。　(4)　熟成に要する時間は肉の種類によって異なる。硬直後，働く酵素はタンパク質分解酵素(プロテアーゼ)で，保水性と旨味が増す。熟成が進んだ肉ほど，アミノ酸は増加する。

【5】(1)　早くから調味料を入れると，米の吸水を妨げるから。
(2)　ザルの下にボウルをおき，油揚げに上から熱湯をかける。
(3)　熱凝固性，希釈性　　(4)　切り方…ウ　　理由…表面積を大きくし，火の通りや味のしみ具合をよくするため。　(5)　0.8％
〈解説〉(1)　調味料のしょうゆに含まれる塩分，塩は吸水を妨げる。
(2)　薄味に仕上げる料理だと，油揚げに残っている「油臭さ」が鼻につく。油特有の「えぐみ」も残る。この油臭さやえぐみを除くために油抜きをする。表面の油膜が取れることで，材料がふっくらとし，調味料が染みこみやすくなる。　(3)　卵の調理性には，解答の他に，温めるとよく泡立つ「起泡性」，卵黄に含まれるレシチンによる「乳化性」がある。卵黄は68℃，卵白は73℃で凝固する。希釈性とは，溶いて液状にした卵を，だしや牛乳等で好みの濃度に希釈できる性質のことを指す。　(4)「乱切り」と迷うかもしれないが，乱切りだと，90℃位で蒸す料理の場合，中心部までの加熱が不十分になる恐れがある。また，ころころした食感が軟らかい茶碗蒸しに合わない。
(5)　みそ10g中に含まれる塩分量は1.2〔g〕。(1.2÷150)×100＝0.8〔％〕となる。

【6】(1)　(a)　ユネスコ世界無形文化遺産　　(b)　行事食　　(2)　寄せ箸　　(3)　フードファディズム　　(4)　エコクッキング　　(5)　食品表示法

〈解説〉(1)　(a)　食に関するユネスコ世界無形文化遺産は，日本の和食以外に，フランスの美食術，スペイン，イタリア，ギリシア，モロッコの地中海料理，とうもろこし，マメ，唐辛子を基本としたメキシコの伝統料理などが登録されている。　(b)　行事食として知られているものには，正月の「おせち料理」，ひな祭りの「ちらし寿司，蛤のお吸い物」，端午の節句の「柏餅」，冬至の「かぼちゃ料理」，大晦日の「年越し蕎麦」などがある。　(2)　してはいけない箸の使い方には，解答の「寄せ箸」の他に，「握り箸」，「迷い箸」，「ねぶり箸」，「刺し箸」などがある。　(3)　マスコミによる「やせる食品」，「○○の成分は万病に効く」など，偏った情報を鵜呑みにすることが典型的な例である。食品や栄養に関する正しい知識を身につけ，科学的根拠のない誤った情報に惑わされないことが大切である。　(4)　具体的には「食材のエコクッキング」，「調理法を工夫したエコクッキング」などがある。「食材のエコクッキング」については，野菜の皮のきんぴら，ふきの葉の佃煮などがある。「調理法を工夫したエコクッキング」については，圧力鍋を利用して加熱時間を短縮したり，余熱で調理したり，一つの鍋で複数の食材を同時にゆでることなどがある。　(5)　「食品表示法」は，従来の「JAS法」「食品衛生法」「健康増進法」の3つの法律を総合したものである。これに伴い加工食品の栄養成分表示が義務づけられ，アレルギー物質を含む食品が個別表示になった。

【7】(1)　(a)　現金を使わないので，買い過ぎになりやすい。
(b)　イ　消費者　　ウ　三者間契約　　(2)　個人情報の保護に関する法律　　(3)　アポイントメントセールス　　(4)　可処分所得

〈解説〉(1)　(a)　解答以外の短所として，衝動買いをしやすく，使った額を把握しにくいこと。紛失・盗難時に悪用されやすいこと。分割払いやリボルビング払い時，手数料がかかること。個人情報が漏洩するリスクがあることなどがある。　(b)　クレジットを日本語に訳すと「信用」である。クレジットカード会社は，入会審査をパスした消費者にカードを発行し，それと同時に，カードが使えるショップ(販売者)を開拓する。ショップはクレジットカード会社に手数料を支払う。クレジットカードを持てば，多くの店で買い物や借入れが可能になるが，使い過ぎによって多重債務に陥る場合もある。 (2) 「個人情報保護法」ともいう。氏名や生年月日，住所など個人を特定できる情報を扱う事業者や自治体に対して，個人情報の適正な管理，利用目的の明確化，不正取得の禁止などが定められている。 (3) 悪質商法には，解答以外にも様々な種類がある。「SF商法」は「睡眠商法」とも言い，会場で無料の商品などを配布して熱狂的な雰囲気をつくり，興奮状態にして高額な商品を購入させるもので，高齢者がターゲットになりやすい。「サイドビジネス商法」は，在宅で簡単に高収入を得られるなどという触れ込みで，契約すれば仕事を紹介すると勧誘しながら，実際は仕事関連の商品を購入させたり，サービスの契約をさせたりする。「デート商法」は，街頭や出会い系サイトやSNSなどで異性に声をかけ，恋愛感情を利用して高価な商品を購入させる手法である。「マルチ商法」は，法律で禁止されている「ねずみ講」と違って，商品を媒介させて適切な組織運営を行っていれば，違法ではない。しかし，「もうかる」など不当な勧誘行為は禁止されており，多量な在庫を抱えたり人間関係が悪化したりするなど，トラブルも多い。 (4) 可処分所得は手取り収入ともいう。非消費支出は，税金(所得税，住民税など)や社会保険料(公的年金保険料，健康保険料，介護保険料など)などである。

【8】(1) (a) 新生児期 (b) 生理的体重減少 (c) ウ モロー反射 (エ) 吸てつ反射 (2) 子ども・子育て支援新制度
(3) a 児童の権利に関する条約 b 養育 c 自立

〈解説〉(1) (a) 生後28日未満を新生児期とすることは，WHOによって定義されている。 (b) 生理的体重減少は，水分や栄養摂取量が排出等を下回るために起こるもので，生後7日目頃には出生時の体重に戻る。 (c) 生まれつきもっている反射は「原始反射」といい，成長するに従って消失する。解答の他に，「把握反射」や「歩行反射」，「バビンスキー反射」,「ギャラン反射(背反反射)」などがある。
(2) 「子ども・子育て支援新制度」とは，2012(平成24)年8月に成立した「子ども・子育て支援法」,「認定こども園法の一部改正」,「子ども・子育て支援法及び認定こども園法の一部改正法の施行に伴う関係法律の整備等に関する法律」の子ども・子育て関連3法に基づく制度のことを指す。 (3) 「児童福祉法」は，児童の心身の健全な成長，生活の保障，愛護を目的とする，子どもの福祉に関する基本法で，昭和22(1947)年に制定された。時代に合わせて改正を重ねている。平成28(2016)年の改正では，深刻化する児童虐待について対策を強化する措置が盛り込まれている。

【9】(1) 老老介護 (2) マイナンバー制度 (3) a 合意
b 同等の権利 c 協力

〈解説〉(1) 厚生労働省による2016(平成28)年の国民生活基礎調査によると，介護が必要な65歳以上の高齢者を65歳以上の人が介護する「老老介護」の世帯の割合が54.7%に達した。どちらも75歳以上の世帯は30.2%で，3割を超えている。 (2) マイナンバー制度は，国民一人一人に与えられる12桁の番号である。2016(平成28)年1月から，社会保障・税金・災害補償の行政手続きで，マイナンバーが必要になっている。 (3) 日本国憲法第24条は，家族生活における個人の尊厳と両性の平等に関する条文である。

【10】(1) (a) 建ぺい率 (b) 7分の1 (2) シックハウス症候群
(3) 住生活基本法

〈解説〉(1) (a) 建ぺい率の対象となる建築面積は「建坪(たてつぼ)」ともいい，建ぺい率の上限は，用途地域に応じて30%～80%の間に定められている。 (b) 居室の採光について，解答の「床面積の7分の1以上」は住宅の場合で，幼稚園や小・中・高等学校の教室は「5分の1以上」となっており，施設によって必要な割合は異なる。 (2) シックハウス症候群は，建具や家具などに含まれるホルムアルデヒド，有機溶剤，有機リン系等が原因の一つとされている。症状は，吐き気，頭痛，湿疹，鼻水，目がチカチカする，のどの乾燥など様々なものがある。2003(平成15)年の建築基準法の改正によって，適切な建材の選択，常時換気システムの設置が義務づけられている。　(3)　住生活基本法は，人口減少や少子高齢化という社会情勢を受けて，国の住宅政策が量の確保から質の向上へ転換したことに伴い，従来の住宅建設計画法に代わるものとして制定された。住生活の基盤である良質な住宅の供給，良好な居住環境の形成，国民の多様な居住ニーズが実現される住宅市場の環境整備，居住の安定の確保などの指針が示されている。

## 【中学校】

【1】(1)　a　関心　　b　食習慣　　c　栄養素　　(2)　a　観察　b　高齢者　　c　触れ合い　　(3)　a　活用　　b　問題解決　c　地域社会　　d　連携

〈解説〉(1)　中学校の家庭分野の内容は「A家族・家庭と子どもの成長」，「B食生活と自立」，「C衣生活・住生活と自立」，「D身近な消費生活と環境」の4つの内容で構成されており，すべての生徒が履修する。出題の「B食生活と自立」のねらいは，学習指導要領解説において「中学生に必要な栄養のとり方や献立の作成，調理や食文化などに関する学習を一層重視し，食生活の自立に向けた基礎的・基本的な知識と技術を習得することとともに，食生活を主体的に営む能力と態度を育てること」とされている。　(2)　学習指導要領解説では，「A家族・家庭と子どもの成長」の学習のねらいを「幼児の成長や家族・家庭に関する学習を進める中で，人間が心身ともに成長し，家族の一員としての役割を果たすことの意義や周囲の人々との人間関係の大切さなどを理解し，よりよい生活を主体的に工夫できる能力と態度を育てること」と示している。　(3)　家庭科では，生徒が実際に手を動かしてものづくりを行う，実践や体験による学習が大きな意味を持つ。そのため，各分野の内容の取扱いでは，配慮事項として「(1)実践的・体験的な学習活動」，「(2)問題解決的な学習の充実」，「(3)家庭や地域社会との連携」，

「(4)学習指導と評価」について示されている。

## 【高等学校】

【1】(1) a 基礎的・基本的 b 主体的に解決 c 生活の充実向上 d 実践的な態度 (2) a 家庭総合 b 連続する2か年 c 中学校技術・家庭科 d 調和のとれた指導 e コンピュータ f 情報通信ネットワーク

〈解説〉学習指導要領解説によれば，共通教科としての家庭科の目標は「人々が互いにかかわり合いながら共に生きる社会の一員としての自覚の下で，男女が協力して家庭生活を築いていく意識と責任をもたせ，生活に必要な知識と技術を身に付けて，主体的に家庭や地域の生活を創造する能力と実践的な態度を育てること」と示されている。共通教科としての家庭科は「家庭総合」「家庭基礎」「生活デザイン」の3科目で構成されている。前述の目標は，家庭科を学ぶ上ですべてに関わるテーマであるため，どの科目が出題されても答えられるように，各科目との関連を意識しながら，理解を深めること。また「指導計画の作成と内容の取扱い」も，頻出する部分であるため，学習指導要領と解説を読み込んで，ポイントをおさえておくことが望ましい。

# 2017年度　実施問題

## 【中高共通】

【1】次の(1)～(3)の問いに答えなさい。

(1)　フリース素材など，表面に毛羽がある衣服に火がつくと炎が一瞬で燃え広がる現象を何というか，書きなさい。

(2)　衣服のリサイクルにおいて，衣料廃棄物を，化学処理などにより原料の状態に戻し，それを原料として新しい製品に作りかえることを何というか，書きなさい。

(3)　国内の衣服の需要のうち，輸入によってまかなわれている割合のことを何というか，書きなさい。

(☆☆☆◎◎◎)

【2】被服の管理について，次の(1)・(2)の問いに答えなさい。

(1)　次の(a)～(c)の下線部の内容が正しい場合は○をつけ，誤りがある場合は訂正しなさい。

(a)　洗剤の濃度は，<u>高いほど汚れ落ちの効果が上がる</u>。

(b)　しみ抜きをするときは，洗剤液などをつけたブラシ等で<u>こすり出す</u>とよい。

(c)　柔軟仕上げ剤を使うと，布を風合いよく，やわらかく仕上げるだけでなく，<u>静電気(帯電)防止効果もある</u>。

(2)　被服の収納・保管では，かびや虫害の対策として除湿剤や防虫剤を使用することがある。そこで衣装箱に防虫剤を入れる場合，効果的な配置場所とその理由を書きなさい。

(☆☆☆◎◎◎◎)

【3】被服製作について，次の(1)～(4)の問いに答えなさい。

(1)　衣服製作の工程(a)～(h)を正しく並べたものを，ア～エから1つ選び，記号で書きなさい。

(a) デザイン・素材の決定　(b) 型紙作成　(c) 仕上げ
(d) 仮縫いと補正　(e) 採寸　(f) 本縫い
(g) 材料・用具の準備　(h) 裁断としるしつけ

ア (a)→(e)→(b)→(g)→(h)→(f)→(d)→(c)→着装
イ (a)→(b)→(e)→(g)→(h)→(d)→(f)→(c)→着装
ウ (a)→(e)→(g)→(b)→(h)→(d)→(f)→(c)→着装
エ (a)→(e)→(b)→(g)→(h)→(d)→(f)→(c)→着装

(2) 着用後の型崩れや洗濯による収縮を防ぐために，布地に水分を与えることやアイロンをかけることで，布目のゆがみを正したり，折りじわを伸ばしたりすることを何というか，書きなさい。

(3) 夏の日常着として使用したいアウターパンツに適する布を(a)～(e)から2つ選び，記号で書きなさい。

(a) ギンガム　(b) ツイード　(c) フラノ
(d) ソフトデニム　(e) ジョーゼット

(4) アウターパンツの裁断としるしつけについて，( a )～( d )の名称あるいは製図記号の意味を書きなさい。

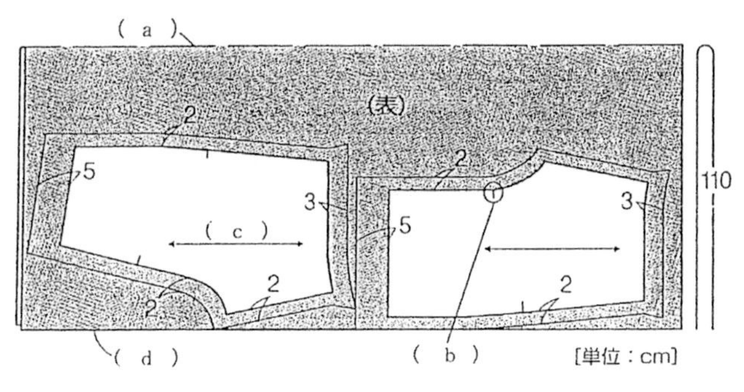


(☆☆☆◎◎◎◎)

【4】次の文章を読んで，(1)～(4)の問いに答えなさい。

脂質には，体内に貯蔵されエネルギー源となる脂肪(中性脂肪)と体の構成成分となるコレステロール，( a )がある。脂質は，現代の食生活ではとり過ぎになりがちだが，生体膜や血液の成分にもなる重要な栄養素である。

食品中の脂質の大部分は中性脂肪であり，中性脂肪は，(　b　)に3つの脂肪酸が結合してできている。脂肪酸は，(　c　)と不飽和脂肪酸に分けられる。

(1)　(　a　)～(　c　)の空欄に適切な語句を入れなさい。

(2)　中性脂肪は，体内に蓄えられ必要に応じてエネルギー源として使われるが，それ以外の働きを書きなさい。

(3)　不飽和脂肪酸のうち，体内では合成されず食べ物から摂る必要があるリノール酸，α－リノレン酸などを何というか，書きなさい。

(4)　常温で固体の加工脂で，小麦粉に練り込むことにより，もろくて砕けやすい性質を与え，さくさくに仕上げることができる食品を書きなさい。

(☆☆☆◎◎◎)

【5】「ちらし寿司とすまし汁」の調理について，次の(1)～(5)の問いに答えなさい。

(1)　炊きあがったご飯を飯台(寿司桶)に移し，合わせ酢を加え，うちわであおぎながら，しゃもじで切るように混ぜるが，うちわであおぎながら混ぜる理由を書きなさい。

(2)　ちらし寿司に斜めに細く切ったさやえんどうをのせる。さやえんどうのゆで方を説明しなさい。

(3)　すまし汁は，かつおぶしでだしをとる。かつおぶしの一番だしのとり方を説明しなさい。

(4)　かつおぶしのうま味の主成分を書きなさい。

(5)　すまし汁に1cm角のさいの目切りにした豆腐を入れる。加熱する際に，気をつけることを書きなさい。

(☆☆☆◎◎◎)

【6】次の(1)～(3)の問いに答えなさい。

(1)　2003年に食品安全基本法が制定され，食品の健康への影響を評価するために内閣府に創設された機関を書きなさい。

(2) 食品の流通過程ごとのさまざまな記録が追跡できるシステムを何というか，書きなさい。

(3) 次の食品添加物は，どのような目的のために使用されているか，関係のあるものをア～エから1つずつ選び，記号で書きなさい。

(a) 亜硫酸ナトリウム　(b) サッカリン
(c) グリセリン脂肪酸エステル　(d) 亜硝酸ナトリウム
ア 水と油を乳化させる　イ 色を鮮やかにする
ウ 食品を漂白する　エ 食品を甘くする

(☆☆☆☆◎◎◎)

【7】次の(1)～(5)の問いに答えなさい。

(1) 2000年から始まり，介護の社会化が制度として形になったもので，40歳以上の国民が保険料を納めている制度を何というか，書きなさい。

(2) 育児・介護休業法において，要介護状態の対象家族が2人以上であれば，年何日の介護休暇を取得できるか，書きなさい。

(3) 2000年に世界保健機関が提唱した健康に関する指標で，日常的に介護を必要とせず，自立した生活ができる生存期間のことを何というか，書きなさい。

(4) 弁護士などを通して債権者と話し合い，返済額や返済方法を決める多重債務の整理方法を何というか，書きなさい。

(5) 商品購入に用いられる代金前払い，商品の後渡し決済方式のカードの総称を何というか，書きなさい。

(☆☆☆☆◎◎◎◎◎)

【8】次の(1)～(3)の問いに答えなさい。

(1) 次の文章を読んで(a)・(b)の問いに答えなさい。

乳児期の栄養摂取には，母乳によるものと(ア)調製粉乳によるものがある。特に，分べん後数日間分泌される(　イ　)は，たんぱく質やミネラルに富み，(　ウ　)を多く含んでいる。しかし，6か月を過ぎると，母乳や調製粉乳だけでは必要な栄養が満たせなくなるので，幼児食へ移行する(　エ　)を開始する。

(a)　下線部(ア)だけでなく，母乳と併用する場合を何というか，書きなさい。

(b)　(　イ　)～(　エ　)にあてはまる適切な語句を書きなさい。

(2)　認定こども園法の改正により創設された，学校及び児童福祉施設としての法的位置付けを持つ単一の施設を何というか，書きなさい。

(3)　1965年に公布された母子保健法について，次の(　a　)～(　c　)にあてはまる語句を書きなさい。

> 第2条
> (　a　)は，すべての児童がすこやかに生まれ，かつ，育てられる(　b　)であることにかんがみ，尊重され，かつ，(　c　)されなければならない。

(☆☆☆☆◎◎◎)

【9】次の(1)～(4)の問いに答えなさい。

(1)　女性の職業生活において，その個性と能力が十分発揮されることを目的として平成27年8月に成立した法律を何というか，書きなさい。

(2)　労働者の家族的責任に配慮した，仕事と家庭の両立を支援する体制が整っている企業を何というか，書きなさい。

(3)　次の文の(　a　)・(　b　)にあてはまる語句を書きなさい。

民法第877条では，「(　a　)及び(　b　)は，互いに扶養をする義務がある」と定めている。

(4)　厚生労働省から発表された2015年における合計特殊出生率について，適切なものを次のア～エから選び，記号で書きなさい。

ア　1.39　　イ　1.41　　ウ　1.43　　エ　1.46

(☆☆☆☆◎◎◎◎)

【10】次の(1)～(3)の問いに答えなさい。

(1) 次の(a)～(c)の下線部(ア)～(ウ)の内容が正しい場合は○をつけ，誤りがある場合は訂正しなさい。

(a) 環境基本法では，住宅地における昼間の騒音環境基準は，(ア)45dB(デシベル)以下である。

(b) 住生活基本計画によると，単身者世帯の最低居住面積水準は，(イ)25m²である。

(c) 2004年の消防法改正により，新築・改築に着工する住宅は，原則として，寝室と(ウ)居間に火災報知器の設置が義務づけられた。

(2) 安全な住まいを実現するために，住まいの性能を10分野の評価項目ごとに専門機関が点検して数値であらわす制度を何というか，書きなさい。

(3) 近代住宅形式である「中廊下型住宅」の特徴について説明しなさい。

(☆☆☆☆◎◎◎)

## 【中学校】

【1】中学校学習指導要領「技術・家庭」の内容について，次の( a )～( j )にあてはまる語句を答えなさい。

第2 各分野の目標及び内容〔家庭分野〕

2 内容

B 食生活と自立

(3) 日常食の調理と地域の食文化について，次の事項を指導する。

ア ( a )な日常食の調理ができること。また，( b )に留意し，食品や調理用具等の適切な( c )ができること。

イ ( d )を生かすなどの調理を通して，地域の( e )について理解すること。

> ウ　食生活に関心をもち，課題をもって日常食又は地域の食材を生かした調理などの活動について(　f　)し，計画を立てて実践できること。
>
> 第3　指導計画の作成と内容の取扱い
>
> 1　指導計画の作成に当たっては，次の事項に配慮するものとする。
>
> (3)　各項目及び各項目に示す事項については，相互に有機的な関連を図り，総合的に展開されるよう適切な(　g　)を設定して計画を作成すること。その際，(　h　)における学習を踏まえ，他教科等との(　i　)を明確にして，(　j　)に指導ができるよう配慮すること。

(☆☆☆◎◎◎◎)

## 【高等学校】

【1】高等学校学習指導要領「第2章　第9節　家庭」の内容について，次の(1)・(2)の問いに答えなさい。

(1)「第2款　各科目　第1　家庭基礎　2　内容」の一部について，(　a　)~(　d　)にあてはまる語句を書きなさい。

> (1)　人の一生と(　a　)・家庭及び(　b　)
>
> (2)　(　c　)及び消費と環境
>
> (3)　(　d　)と学校家庭クラブ活動

(2)「第3款　各科目にわたる指導計画の作成と内容の取扱い」の一部について，次の(　a　)~(　f　)にあてはまる語句を書きなさい。

> 1　指導計画の作成に当たっては，次の事項に配慮するものとする。
>
> (1)「家庭基礎」，「家庭総合」及び「生活デザイン」の各科目に配当する(　a　)のうち，原則として(　b　)以上を

(　c　)に配当すること。
2　内容の取扱いに当たっては，次の事項に配慮するものとする。
(3)　(　d　)に関する指導については，(　e　)を生かして，(　f　)を図ること。

(☆☆☆◎◎◎◎)

# 解答・解説

## 【中高共通】

【1】(1)　表面フラッシュ現象　(2)　ケミカルリサイクル　(3)　輸入浸透度

〈解説〉(1)　着衣着火の一種。米国などでは，子ども用パジャマなどの寝具を対象に防災規制が実施されている。日本においては，一般家庭における製品の防止性能義務付けは行われていない。もし引火した場合には，すばやく衣服を脱げるときは脱ぐ，身近にある水をかぶる，水がない場合は地面に火を押し付けて消すなどの方法をとる。
(2)　リサイクルの種類として他に，マテリアルリサイクル，サーマルリサイクルなどがある。日本の衣料品のリサイクル率は10%台と低い。
(3)　日本は衣服の輸入浸透度が高く，数量ベースで見ると2015年では97.2%である。

【2】(1)　(a)　高すぎても効果は変わらない。　(b)　たたき出す　(c)　○　(2)　場所…衣類の上の方に置く。　理由…防虫剤は空気よりも重いため。

〈解説〉(1)　(a)　めやす以上の洗剤を使っても汚れが特に落ちるわけでもない。洗剤の使いすぎはすすぎに多くの水を使うことになり，加えて水環境を悪くする。　(b)　しみぬきは，まずしみの種類を判別する。油性のしみはベンジンや洗剤液で，水性のしみは水で溶かし，他の布に移しとる。下にタオルなどを置き，こすらないようにたたき出すのである。こするとしみは逆に広がってしまう。　(c)　柔軟剤の主成分は陽イオン界面活性剤である。水の中で，マイナスの電気を帯びた繊維の表面にプラスの電気を帯びた界面活性剤の親水基がつくと，親油基が繊維の外を向いて並ぶ。この親油基が繊維同士の摩擦を弱めすべりがよく柔らかい手触りとなる。洗剤と一緒に使用すると洗浄力が落ちるので，すすぎ時に使用する。また，使用量を超えて使用すると衣類の吸水性が悪くなる。　(2)　2種類の防虫剤を一緒に入れると液化してしみになるので注意が必要だが，ピレスロイド系であれば，匂いもほとんどなく他の防虫剤と併用できる。

【3】(1)　エ　(2)　地直し　(3)　a，d　(4)　a　わ　b　合い印　c　たての布目　d　耳

〈解説〉(1)　デザインとは，ものを作る計画をすることである。採寸とは，身体寸法をはかることである。型紙とは洋服の製作では，平面である布を体の形に合わせる時のパターンのことである。裁断とは，型紙を材料(布)の上に置き周囲に縫いしろをとり，はさみで切ることである。型紙の大きさがわかるように，印をつけることをしるしつけという。これは，チャコペン，チャコペーパー(ルレットやへらを使用)，糸印などの方法がある。仮縫いとは，しつけ糸で縫うことで，試着し，体に合うように直すことを補正という。それにより型紙を直し，布の印もつけ直す。本縫いとは，出来上がる線に沿ってミシンなどで縫い仕上げることである。　(2)　地直しの前にできるだけ手で織り目を正しておくことも大切である。天地の織り糸を抜き，横糸に沿ってたて糸をカットしたり，布目が正しい状態になるまで引っ張ったりする。(3)　夏の日常着としてのアウターパンツは，吸湿性もあり洗濯にも耐える木綿がふさわしい。(b)と(c)は毛，(e)は絹織物である。　(4)　「わ」は，図の右側の折りたたんだ様子でわかる。「合い印」とは，2枚ある

いはそれ以上の布を重ねたり，縫い合わせたりする場合に，布がくい違わないようにつける印のことである。「たての布目」は布目線ともいい，「耳」(織り幅の両端)と平行である。

【4】(1)　a　リン脂質　　b　グリセリン　　c　飽和脂肪酸
(2)　体温を保持する。　　(3)　必須脂肪酸　　(4)　ショートニング

〈解説〉(1)　a　脂質は，単純脂質(中性脂肪，ろう)，複合脂質(リン脂質，糖脂質)，誘導脂質(脂肪酸，ステロール)に分類できる。　b　リン脂質も構造にグリセリンを含む。　c　飽和脂肪酸は分子構造の中に二重結合を持たない脂肪酸である。摂り過ぎは血液中のコレステロールを上昇させる作用がある。　(2)　皮下脂肪として体温を保持する。
(3)　必須脂肪酸は不可欠脂肪酸ともいう。　(4)　ショートニングはマーガリンと違い水分を含まず，脂肪100％で菓子，パンなど用途別のものがある。

【5】(1)　余分な水分がとび，飯につやがでるから　　(2)　湯をわかし，塩を少量入れ，へたを取ったさやえんどうをふたをせずさっとゆで冷水にとる。　　(3)　湯をわかし，沸騰直前にかつおぶしを入れ，再び沸騰したら火を消す。かつおぶしが沈んだら上澄みを取る。
(4)　イノシン酸　　(5)　加熱しすぎると「す」ができて，かたくなるので気をつける。

〈解説〉(1)　飯をしゃもじで切るように混ぜるのは，粘り気を出さないためである。　(2)　さやえんどうのような緑色の野菜にはクロロフィルが含まれるが，これは加熱や酸に弱い。野菜をゆでると野菜に含まれる酸が湯の中に溶け出すので，ゆっくりとゆでたり蓋をしてゆでると酸が蒸発せず，色が悪くなってしまう。湯に少量の塩を入れるのは，クロロフィルの緑色を安定させる働きがあるためである。また，野菜はゆですぎるとビタミンなどの栄養も湯に溶け出してしまうので，短時間でゆでる。　(3)　だしの種類として，かつおぶしの他，昆布だし，昆布とかつおぶしの混合だし，煮干しだしなどが和風だしとして一般

的である。その方法を習得しておくこと。また，かつおぶしで一度だしを取った後，もう一度水を加えとっただしを二番だしという。

(4)　イノシン酸はかつおぶしなどのふし物や煮干しのうま味成分である。　(5)　豆腐の凝固剤は，強く加熱すると固まったたんぱく質がさらに強くなって「す」ができ，口当たりも悪くなる。

【6】(1)　食品安全委員会　(2)　トレーサビリティシステム

(3)　(a)　ウ　(b)　エ　(c)　ア　(d)　イ

〈解説〉(1)　食品安全基本法は，BSE(牛海綿状脳症)の発生や輸入野菜の残留農薬問題などを受けて制定され，食品の中立公正なリスク評価を行う機関として食品安全委員会が設けられた。　(2)　トレーサビリティとは，トレース(追跡)とアビリティ(可能)を合わせた造語である。特に国産牛肉については，2003年施行の牛肉トレーサビリティ法により流通過程が記録・保存されている。　(3)　(a)はかんぴょうやこんにゃくに，(b)は清涼飲料水や菓子などに，(c)はマーガリン，パン，アイスクリームなど用途は広い。(d)はハムやソーセージなどに使用されている。

【7】(1)　介護保険制度　(2)　10日　(3)　健康寿命　(4)　任意整理　(5)　プリペイドカード

〈解説〉(1)　介護保険制度は何度か法改正があり，2005年の改正では介護予防給付が追加され，地域包括支援センターが創設された。2014年の改正は，地域包括ケアシステムの構築と介護保険制度の持続可能性を確保する視点からのものである。　(2)　1991年に育児休業法としてスタートし，1996年に介護休業を追加して一本化された。家族1人に付き要介護状態になるごとに，のべ93日の介護休業ができる。また要介護状態の家族が1人であれば年5日の介護休暇を取得できる。

(3)　世界保健機関が公表している日本の平均寿命は83.7歳，健康寿命は74.9歳でいずれも世界第1位である。この両者の差も日本は小さい。人生においてできるだけ自立した生活ができるという観点で差が小さくなることが大切である。　(4)　多重債務の整理方法として，任意整理，特定調停，個人再生手続き，自己破産の4つがある。基本的にはこの順番が個人の努力の順番にもなる。　(5)　支払いの方法とカードの種類を分類すると，代金を支払うカード(プリペイドカード，デビットカード(即時払い)，クレジットカード(後払い))と，現金を引き出すカード(キャッシュカード(自分のお金を引き出す)，ローンカード(他人のお金を借りる))に大別される。

【8】(1)　a　混合栄養　　b　イ　初乳　　ウ　免疫物質
エ　離乳　　(2)　幼保連携型認定こども園　　(3)　a　母性
b　基盤　　c　保護

〈解説〉(1)　母乳は消化しやすい，エネルギーに変換されやすい，免疫物質を含むなどの利点がある。調製粉乳は栄養面・消化吸収面で母乳の成分に近くなるように調整されている。　(2)　認定こども園法は2006年に開始された。幼保連携型，幼稚園型，保育所型，地方裁量型とあったが，2012年の改正により，従来の幼保連携型でなく，「幼保連携型認定こども園」となった。なお，認定こども園法を含む子ども・子育て関連3法に基づく「子ども・子育て支援新制度」が平成28年4月から始まった。地域の実情に応じた認定こども園の普及の取り組みとともに，地域型保育(家庭的保育，小規模保育，事業所内保育，居宅訪問型保育)が創設されたので，内容を確認しておくこと。
(3)　母体の健康に関する法律で，市町村に妊娠の届出を行った者に母子健康手帳を交付することなどが定められている。

【9】(1)　女性の職業生活における活躍の推進に関する法律　　(2)　ファミリー・フレンドリー企業　　(3)　a　直系血族　　b　兄弟姉妹
(4)　エ

〈解説〉(1)　この法律に基づき，国・地方公共団体，301人以上の大企業は，自社の女性の活躍に関する状況把握，その課題を解決するのにふさわしい数値目標と取り込んだ行動計画の策定・届出・周知・公表，自社の女性の活躍に関する情報の公表を行わなければならないと定めている。 (2) 厚生労働省では「ファミリー・フレンドリー企業」の普及活動の一環として，1999年から表彰も実施した。 (3) 民法第877条は，扶養の義務者を規定する条文である。 (4) 合計特殊出生率とは，1人の女性が一生の間に生む子どもの平均数で，その年次の15～49歳までの女性の年齢別出生率を合計したものである。2005年に過去最低の1.26となったが，それ以降は上向いてきている。

【10】(1) (a) (ア) 55　(b) (イ) ○　(c) (ウ) 階段　(2) 住宅性能表示制度　(3) 部屋をとおり抜けしなくても移動できる。

〈解説〉(1) (a) 環境基本法に基づいて定められた「騒音に係る環境基準について」では，昼間は午前6時から午後10時まで，夜間は午後10時から翌日の午前6時までを指す。昼間の騒音環境基準について，「療養施設，社会福祉施設等が集合して設置される地域など特に静穏を要する地域」は50デシベル以下，「専ら住宅の用に供される地域」および「主として住宅の用に供される地域」は55デシベル以下，「相当数の住居と併せて商業，工業等の用に供される地域」は60デシベル以下と規定している。 (b) 「住生活基本計画(全国計画)」(平成28年3月18日閣議決定)によると，最低居住面積水準は「世帯人数に応じて，健康で文化的な住生活を営む基礎として必要不可欠な住宅の面積に関する水準」のことである。また，この他に誘導居住面積水準(豊かな住生活の実現の前提として多様なライフスタイルに対応するために必要と考えられる住宅の面積に関する水準)も定められているので，確認しておくこと。 (c) 火災報知器は，各市町村の火災予防条例で定められた場所に取り付ける。ただし，全国共通で，寝室と階段が定められている。 (2) 住宅性能表示制度は2000年に施行された。新築住宅の場合，全10分野のうち，従来必須項目となっていた9分野について，平成27年4月より4分野(構造の安定に関すること，劣化の軽減に関すること，維持管理・更新への配慮に関すること，温熱環境に関すること(温熱環境・消費量エネルギーに関すること))となった。 (3) 「中廊下型住宅」

は，大正から昭和初期において登場した。

## 【中学校】

【1】a 基礎的　b 安全と衛生　c 管理　d 地域の食材　e 食文化　f 工夫　g 題材　h 小学校　i 関連　j 系統的・発展的

〈解説〉家庭分野の学習内容は他に，「A家族・家庭と子どもの成長」「C衣生活・住生活と自立」「D身近な消費生活と環境」がある。具体的内容を把握しておくこと。また，現行の学習指導要領においては小学校，中学校，高等学校の学習内容の連続性，系統性を重視しており，それは技術・家庭科においても同様である。受験校種以外の学習指導要領にも目を通し，内容の連続性を踏まえた指導を行えるようにしたい。

## 【高等学校】

【1】(1) a 家族　b 福祉　c 生活の自立　d ホームプロジェクト　(2) a 総授業時数　b 10分の5　c 実験・実習　d 食　e 家庭科の特質　f 食育の充実

〈解説〉(1) 共通教科「家庭」の3科目の学習内容の違いを理解すること。出題の「家庭基礎」は3項目の学習内容であるが，「家庭総合」および「生活デザイン」は各6項目の学習内容である。3科目に共通する「ホームプロジェクトと学校家庭クラブ活動」については出題頻度も高いので，重点的に学習しておくとよい。　(2) 高等学校学習指導要領解説家庭編(平成22年1月，文部科学省)では実験・実習に含まれる学習活動として「調査・研究，観察・見学，就業体験，乳幼児や高齢者との触れ合いや交流活動など」をあげている。共通教科「家庭」の各科目の性格や学習内容として適切な実験・実習を取り入れること。また，食育については，2005年の食育基本法制定後初めての学習指導要領改訂となった現行の各校種学習指導要領において新たに盛りこまれた内容となる。

# 2016年度　実施問題

## 【中高共通】

【１】次の(1)～(3)の問いに答えなさい。

(1)　不足すると，味を感じなくなるなどの味覚障害を起こす無機質(ミネラル)名を何というか，書きなさい。

(2)　次の味の相互作用を何というか，書きなさい。

(a)　しるこやあんに塩を少々加えると，甘味が強くなる効果。

(b)　かつお節と昆布を使って出汁を取ると，うま味が強くなる効果。

(c)　コーヒーに砂糖を加えると，苦味が弱くなる効果。

(3)　次の説明にあてはまる食品を何というか，書きなさい。

(a)　平成27年4月より，事業者の責任において表示できるようになり，安全性及び科学的根拠に基づき機能性が確認された食品。

(b)　国が定めた表現によって機能性が表示され，一日に不足しがちな栄養成分の補給・補完のために利用できる食品。

(c)　国が審査を行い，健康の維持増進に役立つことが科学的根拠に基づいて認められた食品。

(☆☆☆◎◎◎)

【２】次の(1)～(3)の問いに答えなさい。

(1)　1尾のさばを使って1切れ(1人分)80gの煮付けを4人分作る。1尾何gのさばを準備すればよいか計算しなさい。廃棄率は40％とする。(小数点以下は切り上げ，整数にすること。)

(2)　煮魚を作るとき，魚を沸騰した煮汁に入れる理由を説明しなさい。

(3)　煮魚を作るとき，魚の臭みを消すための調理方法を書きなさい。

(☆☆☆◎◎◎)

【3】次の(1)～(4)の問いに答えなさい。

(1) 織物は，たて糸とよこ糸を交錯させてつくる。糸の交わらせ方の基本である三原組織の図(a)～(c)の名前を書きなさい。

図(a)

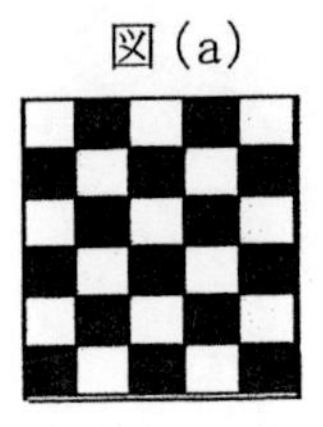

図(b)

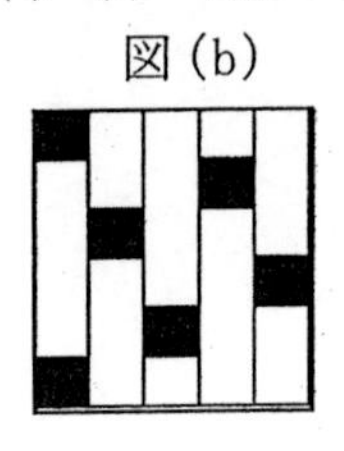

図(c)

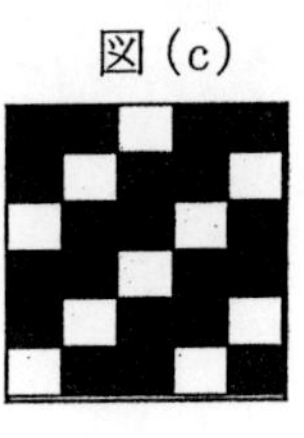

(2) (1)の図(a)～(c)の交錯の仕方によってつくられた布を，次のア～カから2つずつ選び，記号で書きなさい。

ア デニム　イ ギャバジン　ウ ドスキン　エ ギンガム
オ サテン　カ ブロード

(3) 次のア～オの繊維の中で公定水分率が最も高いものを選び，記号で書きなさい。

ア ナイロン　イ 絹　ウ ポリエステル　エ 毛
オ 綿

(4) 衣服に付いている次のような表示のうちで，使用されている繊維名を表す表示を何というか，書きなさい。

品質表示
綿　100%
(株)　○○○○

(☆☆☆◎◎◎)

【4】次の(1)～(3)の問いに答えなさい。

(1) 次の図は，洗剤の主成分である界面活性剤が汚れを落とすしくみを示したものである。次の図(a)～(c)の作用名を書きなさい。

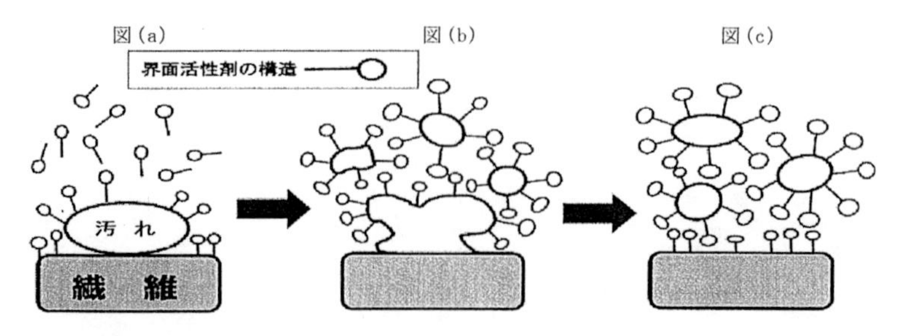


(2)　洗濯物の量と水の重量比のことを何というか，書きなさい。

(3)　農薬や化学肥料を使わないで生産された有機栽培綿のことを何というか，書きなさい。

(☆☆☆◎◎◎)

【5】シャツの製作について，図1を参考にして，下の(1)～(4)の問いに答えなさい。

図1

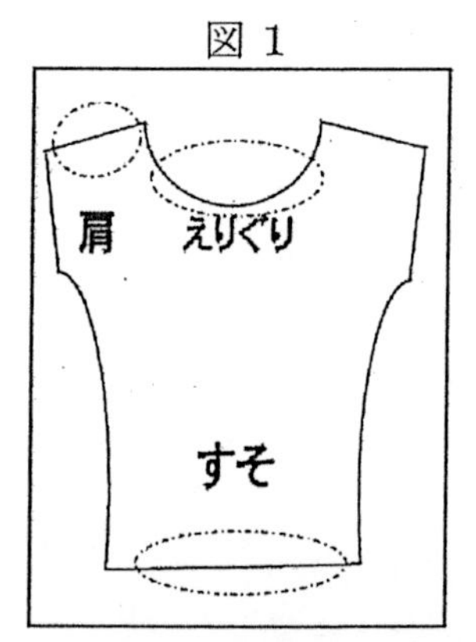


(1)　肩を縫うときは，前身頃と後ろ身頃を中表に合わせて縫う。まち針を3本打つとすると，どのように打つとよいか，まち針を図示しなさい。

(2)　えりぐりは，できあがりのカーブに沿ってバイアステープで仕上げる。カーブをきれいに仕上げるための方法を簡潔に説明しなさい。

(3)　すそのしまつを，図2のような方法でする。この縫いしろのしまつの名称を書きなさい。

図 2

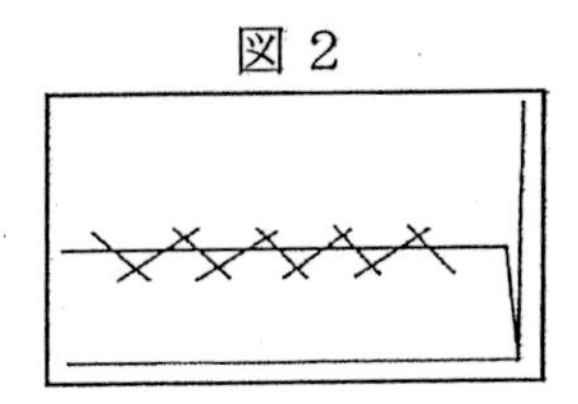

(4) このシャツは，綿とポリエステルの混紡シャツである。シャツの完成後，アイロンをかけるときの温度について注意点を書きなさい。

(☆☆☆◎◎◎)

【6】次の(1)～(4)の問いに答えなさい。

(1) 建物を地震に強い構造にするため，柱と柱の間に対角線方向に入れる部材を何というか，書きなさい。

(2) エネルギー，資源，廃棄物などが環境に配慮され，周辺の自然環境と調和した住宅のことを何というか，書きなさい。

(3) 専用の独立した住空間の他に，団らん室，食事室など，暮らしの一部を共同化した空間をもつ集合住宅のことを何というか，書きなさい。

(4) 次の平面表示記号は何を表しているか，書きなさい。

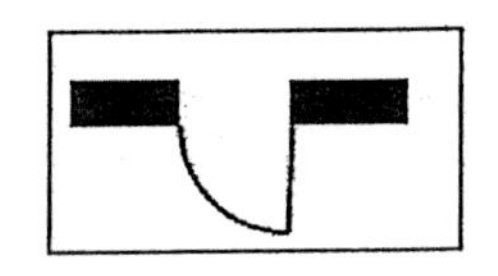

(☆☆☆◎◎◎)

## 【中学校】

【1】次は，炭水化物について説明した文である。あとの(1)～(5)の問いに答えなさい。

炭水化物は自然界に多く存在している栄養素で，(a)<u>3つの元素から構成</u>されている。食物中の炭水化物は，(　ア　)と(　イ　)に分けられ，

(b)( ア )はエネルギー源として，( イ )は消化されずエネルギー源にはなりにくいが，(c)からだの機能を調節する重要な栄養素である。
炭水化物の基本単位は単糖類であり，単糖の数によって単糖類，少糖類，( ウ )に分類される。

(1) ( ア )～( ウ )に適切な語句を入れなさい。

(2) 下線部(a)の3つの元素名を書きなさい。

(3) 下線部(b)の1gあたりの発生エネルギー量を書きなさい。(単位も書くこと)

(4) 下線部(c)とはどのような役割か，具体的に説明しなさい。

(5) 次の炭水化物の名称(構成する糖)を答えなさい。

① 果物やはちみつに多く含まれている単糖類で，体内で脂肪に変わりやすい。

② ぶどう糖とぶどう糖が結合した二糖類で，でんぷんが分解するときに生じる中間物質である。

(☆☆☆◎◎◎)

【2】次の(1)～(5)の問いに答えなさい。

(1) 次の文を読んで(a)・(b)の問いに答えなさい。

誰もが安心して暮らせる環境を保全し，持続可能な社会を実現するには，(ア)身近な生活が環境に与える影響を考え，行動や商品選択などをすることが大切である。

持続可能な社会を目指す取組は，1997年の地球温暖化防止会議で( イ )が採択されたのをきっかけに活性化し，日本においては，2009年に開催された国連気候変動サミットで，温室効果ガス排出量を2020年までに1990年比で( ウ )%削減することを表明するなど，温室効果ガスの排出削減を目指す社会の構築が求められている。

(a) 下線部(ア)のように環境に配慮した消費生活を実行することができる消費者を何というか書きなさい。

(b) ( イ )・( ウ )にあてはまる最も適切な語句や数字を書きなさい。

(2) 消費者の8つの権利を示し，消費者利益のために様々な活動を行っている国際的な消費者団体を何というか，書きなさい。

(3) 電子商取引における消費者の救済として2001年に制定された法律を一般的に何というか，書きなさい。

(4) 悪質商法の1つで，会場に人を集め，景品などを無料で配ったり，巧みな話で雰囲気を盛り上げたりして，冷静な判断を失わせて高額商品を買わせる商法を何というか，書きなさい。

(5) 次の文の(a)～(d)にあてはまる数字を書きなさい。

クーリング・オフができる期間は，訪問販売は(　a　)日以内，マルチ商法は(　b　)日以内であるが，代金額の特例として，(　c　)円未満の現金取引は除外されている。

必ず書面により手続きを行い，その書面の保管期間は(　d　)年間である。

(☆☆☆◎◎◎)

【3】次の(1)～(3)の問いに答えなさい。

(1) 高齢化の推移について，厚生労働省から発表された，2013年日本人男性の平均寿命について，適切なものを次のア～エから選び，記号で書きなさい。

ア　80.21　　イ　79.59　　ウ　79.29　　エ　78.56

(2) 働く意欲のある会員の高齢者に就労の機会を提供し，高齢者が配分金を受け取ることができるとともに，技能研修などをおこなっている組織を何というか，書きなさい。

(3) 介護の必要な高齢者が通所介護施設に通い，入浴，食事の提供，機能訓練を受けることができる介護サービスを何というか，書きなさい。

(☆☆☆◎◎◎)

【4】次の(1)～(5)の問いに答えなさい。

(1)　運動機能の発達の方向には，2つの方向性がある。次の(　a　)・(　b　)にあてはまる適切な語句を書きなさい。

「(　a　)部から尾部(臀部(でんぶ))へ」　　「(　b　)部から末端部(末梢)へ」

(2)　次の手の動きを発達順に並べ，記号で書きなさい。

ア　クレヨンでなぐり描きをする

イ　手のひらに触れたものを握りしめる

ウ　ひもを結ぶ

エ　はさみや箸を上手に使う

オ　指で物をつまむ

(3)　乳児期前半にみられる「アー」「ブー」といった未分化な発声を何というか，書きなさい。

(4)　幼児の絵に描かれる最初の人物像は，頭から直接足が出ていて，顔とみられる円の中に胴体を包み込んでいる。この絵を何というか，書きなさい。

(5)　幼児のものごとのとらえ方にみられる「アニミズム」について説明しなさい。

(☆☆☆◎◎◎)

【5】中学校学習指導要領「技術・家庭」の内容について，次の(　a　)～(　j　)にあてはまる語句を答えなさい。

第2　各分野の目標及び内容　〔家庭分野〕

2　内容

A　家族・家庭と子どもの成長

(3)　幼児の生活と家族について，次の事項を指導する。

ア　幼児の発達と生活の特徴を知り，子どもが育つ環境としての(　a　)について理解すること。

イ　幼児の観察や(　b　)の製作などの活動を通して，幼児の遊びの意義について理解すること。

ウ　幼児と(　c　)などの活動を通して，幼児への関心を深め，かかわり方を( d )こと。

エ 家族又は幼児の生活に関心をもち，( e )をもって家族関係又は幼児の生活について工夫し，計画を立てて( f )できること。

第3 指導計画の作成と内容の取扱い

4 各分野の指導については，衣食住や( g )などに関する実習等の結果を整理し( h )する学習活動や，生活における課題を解決するために( i )，概念などを用いて考えたり，説明したりするなどの( j )するよう配慮するものとする。

(☆☆☆◎◎◎)

## 【高等学校】

【1】次は，炭水化物について書いた文である。下の(1)～(3)の問いに答えなさい。

食物中の炭水化物は，糖質と( ア )に分けられ，<u>(a)糖質はエネルギー源</u>となり，( ア )は消化されずエネルギー源にはなりにくいが，<u>(b)からだの機能を調節する</u>重要な栄養素である。体内に摂取された炭水化物は消化酵素の働きで単糖類にまで分解され，小腸壁から血液中に入る。その後( イ )を経て肝臓に運ばれ，( ウ )として貯蔵されたり，そのまま血液中に入り，各組織に運ばれる。体内でエネルギーが生成されるには，ぶどう糖が各組織で解糖系と呼ばれる経路に入り，まずピルビン酸に分解される。ピルビン酸は通常アセチルCoAとなり，( エ )と呼ばれる代謝経路に入り，エネルギーを発生するとともに，水と( オ )になり体外に排出される。

(1) ( ア )～( オ )の空欄に適切な語句を入れなさい。

(2) 下線部(a)の1gあたりの発生エネルギー量を書きなさい。(単位も書くこと)

(3) 下線部(b)とはどのような役割か，具体的に説明しなさい。

(☆☆☆◎◎◎)

【２】次の(1)～(3)の問いに答えなさい。

(1)　次の文章を読んで(a)～(c)の問いに答えなさい。

誰もが安心して暮らせる環境を保全し，持続可能な社会を実現するには，(ア)身近な生活が環境に与える影響を考え，行動や商品選択などをすることが大切である。

持続可能な社会を目指す取組は，1997年の地球温暖化防止会議で(　イ　)が採択されたのをきっかけに活性化し，日本においては，2009年に開催された国連気候変動サミットで，温室効果ガス排出量を2020年までに1990年比で(　ウ　)％削減することを表明するなど，(エ)温室効果ガスの排出削減を目指す社会の構築が求められている。

(a)　下線部(ア)のように環境に配慮した消費生活を実行することができる消費者を何というか書きなさい。

(b)　(　イ　)・(　ウ　)に適切な語句を書きなさい。

(c)　下線部(エ)のような社会を何というか，書きなさい。

(2)　人間1人が今のままの生活を維持するのに必要な陸・海の面積のことを何というか，書きなさい。

(3)　ライフサイクルアセスメント(LCA)について，説明しなさい。

(☆☆☆☆◎◎◎)

【３】次の(1)～(4)の問いに答えなさい。

(1)　消費者の8つの権利を示し，消費者利益のために様々な活動を行っている国際的な消費者団体を何というか，書きなさい。

(2)　電子商取引における消費者の救済として2001年に制定された法律を一般的に何というか，書きなさい。

(3)　振り込め詐欺の一種で，郵便やインターネット，メール等を利用し，不特定の者に対して料金を請求する文書等を送付するなどして，現金を口座に振り込ませる詐欺を何というか，書きなさい。

(4)　次の文の(　a　)～(　d　)にあてはまる数字を書きなさい。

クーリング・オフができる期間は，訪問販売は(　a　)日以内，マルチ商法は(　b　)日以内であるが，代金額の特例として，(　c　)円未満の現金取引は除外されている。

必ず書面により手続きを行い，その書面の保管期間は，( d )年間である。

(☆☆☆◎◎◎)

【4】次の(1)～(5)の問いに答えなさい。

(1) 高齢化の推移について，厚生労働省から発表された，2013年日本人男性の平均寿命について，適切なものを次のア～エから選び，記号で書きなさい。

ア 80.21　　イ 79.59　　ウ 79.29　　エ 78.56

(2) 働く意欲のある会員の高齢者に就労の機会を提供し，高齢者が配分金を受け取ることができるとともに，技能研修などをおこなっている組織を何というか，書きなさい。

(3) 乳児期前半にみられる「アー」「ブー」といった未分化な発声を何というか，書きなさい。

(4) 次の手の動きを発達順に並べなさい。

ア クレヨンでなぐり描きをする

イ 手のひらに触れたものを握りしめる

ウ ひもを結ぶ

エ はさみや箸を上手に使う

オ 指で物をつまむ

(5) 幼児のものごとのとらえ方にみられる「アニミズム」について説明しなさい。

(☆☆☆◎◎◎)

【5】高等学校学習指導要領「第2章 第9節 家庭」の内容について，次の(1)・(2)の問いに答えなさい。

(1)「第2款 各科目 第2 家庭総合」の目標について，( a )～( e )にあてはまる語句を書きなさい。

人の一生と( a )，子どもや高齢者とのかかわりと福祉，( b )，衣食住などに関する知識と技術を(　c　)に習得させ，家庭や地域の(　d　)を主体的に解決するとともに，生活の(　e　)を図る能力と実践的な態度を育てる。

(2)「第3款　各科目にわたる指導計画の作成と内容の取扱い」の一部について，次の(　a　)～(　e　)にあてはまる語句を書きなさい。

1　指導計画の作成に当たっては，次の事項に配慮するものとする。

(2)　「家庭基礎」は，原則として，(　a　)させること。

3　実験・実習を行うに当たっては，(　b　)等に従い，施設・設備の(　c　)に配慮し，学習環境を整備するとともに，(　d　)などの取扱いに注意して(　e　)を徹底し，安全と衛生に十分留意するものとする。

(☆☆☆◎◎◎)

# 解答・解説

## 【中高共通】

【1】(1)　亜鉛　(2)　(a)　対比効果　(b)　相乗効果　(c)　抑制効果　(3)　(a)　機能性表示食品　(b)　栄養機能食品　(c)　特定保健用食品

〈解説〉(1)　亜鉛は，成人では体内に2gほど含まれ，血液や皮膚に多く存在している。味を感じとるのは，舌の表面などにある味蕾と呼ばれる部分である。亜鉛が不足すると味蕾の新陳代謝が悪くなり，味覚が低下する。亜鉛を多く含む食品は，肉類，魚介類，チーズ，豆など。

(2)　味の相互作用とは，異なる味物質が一緒に存在する場合，一方の味が他方の味を強めたり，弱めたりする現象のことである。

(3)　国が定めた安全性や有効性に関する基準を満たしたものに保健機能食品がある。これは，特定保健用食品(トクホ)と栄養機能食品に大別できる。トクホは，特別用途食品(乳児，高齢者，病者等特別な状態にある人の利用を目的とする)としても位置づけられている。トクホと機能性表示食品の違いを理解すること。

【2】(1) 534(g)　(2) 表面のたんぱく質をかため，うま味が外にでるのを防ぐため。　(3) しょうがを加える。煮汁に酒や酢を加える。

〈解説〉(1) 求める計算式は，可食部÷(100－廃棄率)×100である。従って80×4÷(100－40)×100≒534 gとなる。　(2) うま味分を外に出さない料理法(煮魚，ハンバーグ等)とうま味分を外に出す料理法(ビーフシチュー，たら汁等)がある。　(3) 魚の臭み取りは，他にみりん，梅酒，レモン汁等を使用する方法もある。

【3】(1) (a) 平(織)　(b) 朱子(織)　(c) 斜文(織)(綾(織))
(2) (a) エ，カ　(b) ウ，オ　(c) ア，イ　(3) エ
(4) 組成表示

〈解説〉(1)(2) 平織は糸の交わりが多いので丈夫である(ブラウス，シャツ等)。朱子織は表面がなめらかで光沢がある(ドレス等)。斜文織は平織よりなめらかでやわらかい(スカート，ジャケット等)。　(3) 公定水分率とは，繊維の吸湿性を表すもので，天然繊維の方が高い。毛が15.0%，絹が11.0%，綿が8.5%である。　(4) 被服の表示で組成表示，性能表示，表示者表示，取扱い絵表示は家庭用品品質表示法に基づく。ウールマーク等の表示は任意である。原産国表示は不当景品類及び不当表示防止法に基づく。

【4】(1) (a) 浸透(作用)　(b) 乳化・分散(作用)　(c) 再付着防止(作用)　(2) 浴比　(3) オーガニックコットン

〈解説〉(1) 界面活性剤の記号のうち○が親水基で，―が親油基である。浸透作用は，親油基が汚れの表面に向けて集まり，繊維と汚れの間に浸透すること。乳化・分散作用は，界面活性剤の作用により汚れが細かくなり，少しずつ取り除くこと。再付着防止作用は，汚れを取り囲み，水中に分散させて再付着させないこと。　(2) 浴比は，洗濯物

1kgを水30ℓで洗う場合，1：30となる。浴比が小さいと布の動きが妨げられ，浴比が大きいと布同士の摩擦が減少し，洗浄力が低下する。
(3)　オーガニックコットンを使うと皮膚にも優しく，農薬や化学肥料など化学物質の汚染から栽培地の土壌を守ることができる。なお，基準に合格した物には認証マークが付けられる。

【5】(1)

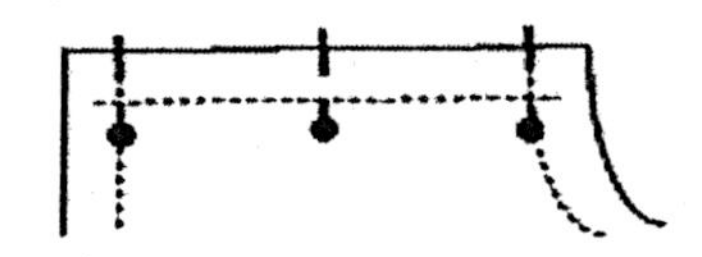

(2)　縫いしろに切り込みを入れる。　(3)　ちどりがけ(千鳥がけ)
(4)　中温でかける。

〈解説〉(1)　待ち針を打つときは，印に直角に打つ。両端を抑え，最後に中心に打つとよい。　(2)　バイアステープとは，織物の布目に対して斜めに裁った布のことである。　(3)　すその始末は，このシャツの場合は端ミシンでもよい。千鳥がけはズボン等にも使う。また，ジャケット等にはまつりぐけ，奥まつりという方法もある。　(4)　中温とは，140～160℃である。綿とポリエステルの混紡の場合は，低い方の適温でかける。

【6】(1)　筋交い　(2)　環境共生住宅　(3)　コレクティブ住宅(コレクティブハウス)　(4)　片開き戸

〈解説〉(1)　木造の建築工法には，在来工法とプレハブ工法などがある。在来工法では，「筋交い」の他に，土台や梁等の構造材が直行する部分に取り付けて補強し，ゆがみを少なくする「火打ち」もある。
(2)　環境共生住宅のモデルとしては，太陽光発電，屋上緑化，コンポスト，透水性舗装，雨水貯留槽，合併浄化槽等がある。　(3)　様々な暮らし方として，コレクティブハウスの他に，コーポラティブハウス，シェアハウス等がある。　(4)　平面表示記号は日本工業規格(JIS)で定められている。他の記号も確認しておく。

## 【中学校】

【1】(1)　ア　糖質　　イ　食物繊維　　ウ　多糖類　　(2)　炭素，水素，酸素　　(3)　4kcal　　(4)　腸の働きを良くし，便通を整える。血中コレステロールを低下させる。　(5)　①　果糖　　②　麦芽糖

〈解説〉(1)　食物繊維は多糖類で，水溶性(ペクチン，グルコマンナン等)と不溶性(セルロース，キチン等)に分けることができる。多糖類はでんぷんやグリコーゲンである。　(2)　エネルギー源になる栄養素は，炭水化物の他に脂質とたんぱく質がある。脂質も炭素，水素，酸素で構成されているが，たんぱく質はこの他に窒素を含む。　(3)　たんぱく質も1gにつき4kcalである。脂質は9kcalである。　(4)　他に血中コレステロール濃度の上昇抑制，血糖値上昇の抑制，大腸がんの予防などの働きもある。　(5)　炭水化物のうち単糖類は，最も簡単な構造をしている。炭素の数が6個の六炭糖(ぶどう糖，果糖，ガラクトース)や五炭糖がある。二糖類は麦芽糖の他にしょ糖(ぶどう糖＋果糖)や乳糖(ぶどう糖＋ガラクトース)がある。

【2】(1)　(a)　グリーンコンシューマー　　(b)　イ　京都議定書
ウ　25　　(2)　国際消費者機構(CI)　　(3)　電子消費者契約法
(4)　催眠商法　　(5)　a　8　　b　20　　c　3,000　　d　5

〈解説〉(1)　環境に配慮した購入をグリーン購入といい，平成13(2001)年にはグリーン購入法が施行された。　(2)　国際消費者機構は，昭和35(1960)年に先進諸国の消費者団体が中心となって設立された国際消費者団体である。「消費者の8つの権利」は昭和57(1982)年に提唱された。　(3)　電子商取引とは，インターネット等のコンピューターネットワーク上で行う取引のことで，近年急速に普及し，これに関連する問題に対応するために電子消費者契約法が定められた。　(4)　悪徳商法は，睡眠商法の他にアポイントメントセールス，キャッチセールス，デート商法，資格商法，ネガティブオプション等があるので内容を理

解しておく。　(5)　クーリング・オフは訪問販売やマルチ商法等の悪徳商法から消費者を守るためのものである。通信販売などには適用されない。未成年者は，法的に契約が成立しないので，クーリング・オフに頼らなくとも契約が解除できる。書面による手続きとして，内容証明書等を利用する。

【3】(1)　ア　　(2)　シルバー人材センター　　(3)　デイサービス

〈解説〉(1)　平成25(2013)年の男性の平均寿命は初めて80歳を超えて，主要50か国・地域では4位である。女性は86.61歳で2年連続1位である。(2)　シルバー人材センターとは，高齢者が生きがいを得るとともに地域社会の活性化に貢献する組織である。センターは，原則として市(区)町村単位に置かれており，基本的に都道府県知事の許可を受けた社団法人でそれぞれが独立した運営をしている。　(3)　主な介護サービスは，居宅サービス(訪問介護，訪問入浴介護，デイサービス，ショートステイ，福祉用具貸与)，施設サービス(介護老人福祉施設，介護老人保健施設)，地域密着型介護サービスがある。

【4】(1)　a　頭(部)　　b　中心(部)　　(2)　イ→オ→ア→エ→ウ
(3)　喃語　　(4)　頭足人　　(5)　(正答例)　生物と無生物を区別せず，存在するものはすべて生きているという考え方。

〈解説〉(1)「頭部から臀部」は，粗大運動(全身を使った移動やからだの均衡を保つための運動)の発達過程の方向性を表す。「中心部から末端部」は，微細運動(手指の運動)の発達過程である。粗大運動から微細運動へと発達していく。　(2)　イは7か月頃，オは9か月頃，アは1歳前後，エは3歳頃，ウは5歳過ぎであるが，発達には個人差があることを認識しておく。　(3)　喃語は最初に出す話し言葉のもとになる声である。1歳頃になると，「ママ」「パパ」等の意味のある言葉を発する。これを始語という。　(4)　頭足人は，世界中の子供が発達の過程で描くものである。子どもは，手，足，頭は意識するがそれらをつなぐ胴体は意識しない。　(5)　幼児期の思考の一特徴で，物活論とも呼ばれ，

J.ピアジェによって提唱された。

【5】a　家族の役割　b　遊び道具　c　触れ合う　d　工夫できる　e　課題　f　実践　g　ものづくり　h　考察　i　言葉や図表　j　学習活動が充実

〈解説〉学習指導要領の全体構成をきちんと把握し，習得しておくこと。「A　家族・家庭と子どもの成長」の(1)(2)についても併せて理解する。「第3　指導計画の作成と内容の取扱い」の1～3についても同様。

## 【高等学校】

【1】(1)　ア　食物繊維　イ　門脈　ウ　グリコーゲン　エ　TCAサイクル　オ　二酸化炭素　(2)　4kcal　(3)　腸の働きを良くし，便通を整える。

〈解説〉(1)　炭水化物は，単糖類(ぶどう糖，果糖，ガラクトース等)，二糖類(しょ糖，麦芽糖，乳糖等)，多糖類(でんぷん，グリコーゲン等)に分類できる。食物繊維には，不溶性(セルロース，キチン，等)と水溶性(グルコマンナン，ペクチン等)がある。ピルビン酸は，酸素のない状態(たとえば激しい運動時)では乳糖になる。　(2)　たんぱく質も1gにつき4kcalである。脂質は9kcalである。

(3)　他に血中コレステロール濃度の上昇抑制，血糖値上昇の抑制，大腸がんの予防の働きもある。

【2】(1)　(a)　グリーンコンシューマー　(b)　イ　京都議定書　ウ　25　(c)　低炭素社会　(2)　エコロジカル・フットプリント

(3)　原料の生産から商品の生産，販売，廃棄までのすべての段階で，環境に与える影響を評価し，事業者も消費者も環境負荷の低減を目指す考え方。

〈解説〉(1)　環境に配慮した購入をグリーン購入といい，平成13(2001)年にはグリーン購入法が施行された。　(2)　エコロジカル・フットプリント(gha/人)の平成20(2008)年のデータでは日本は4.2で，世界平均の

2.7に比べていかに高いかが分かる。　(3)　ライフサイクルアセスメント(LCA)を評価する環境マネジメントシステムとして，国際標準化機構が定めるISO14001がある。

【3】(1)　国際消費者機構(CI)　(2)　電子消費者契約法　(3)　架空請求詐欺　(4)　a　8　b　20　c　3,000　d　5

〈解説〉(1)　国際消費者機構は，昭和35(1960)年に先進諸国の消費者団体が中心となって設立された国際消費者団体である。「消費者の8つの権利」は昭和57(1982)年に提唱された。　(2)　電子商取引とは，インターネット等のコンピューターネットワーク上で行う取引のことで，近年急速に普及し，これに関連する問題に対応するために電子消費者契約法が定められた。　(3)　架空請求詐欺については，地方自治体の振り込め詐欺防止条例に定義されており，対応としては原則として無視することが挙げられている。　(4)　クーリング・オフは訪問販売やマルチ商法等の悪徳商法から消費者を守るためのものである。通信販売などには適用されない。未成年者は，法的に契約が成立しないので，クーリング・オフに頼らなくとも契約が解除できる。書面による手続きとして，内容証明書等を利用する。

【4】(1)　ア　(2)　シルバー人材センター　(3)　喃語
(4)　イ→オ→ア→エ→ウ　(5)　生物と無生物を区別せず，存在するものはすべて生きているという考え方。

〈解説〉(1)　平成25(2013)年の男性の平均寿命は初めて80歳を超えて，主要50か国・地域では4位である。女性は86.61歳で2年連続1位である。
(2)　シルバー人材センターとは，高齢者が生きがいを得るとともに地域社会の活性化に貢献する組織である。センターは，原則として市(区)町村単位に置かれており，基本的に都道府県知事の許可を受けた社団法人でそれぞれが独立した運営をしている。　(3)　喃語は最初に出す話し言葉のもとになる声である。1歳頃になると，「ママ」「パパ」等の意味のある言葉を発する。これを始語という。　(4)　イは7か月頃，オは9か月頃，アは1歳前後，エは3歳頃，ウは5歳過ぎであるが，発達には個人差があることを認識しておく。 (5) 幼児期の思考の一特徴で，物活論とも呼ばれ，J.ピアジェによって提唱された。

【5】(1) (a) 家族・家庭 (b) 消費生活 (c) 総合的
(d) 生活課題 (e) 充実向上 (2) (a) 同一年次で履修
(b) 関連する法規 (c) 安全管理 (d) 火気，用具，材料
(e) 事故防止の指導

〈解説〉(1)「家庭総合」の他に,「家庭基礎」「生活デザイン」があるので，それぞれ違いを確認しておくこと。また，高等学校では，共通教科の「家庭」と専門教科の「家庭」があるので，これらの違いもしっかり確認したい。

# 2015年度　実施問題

## 【中高共通】

【１】次の(1)～(6)の問いに答えなさい。

(1) 2002年からアレルギーを起こしやすい物質の加工品には，「特定原材料」の表示が義務化された。「卵，乳，小麦，落花生，えび，かに」以外に義務化された食品名を1つ書きなさい。

(2) 液体の油に水素を添加し作った加工脂に含まれ，摂りすぎると動脈硬化の原因となり，心疾患のリスクが高まると指摘されている脂肪酸の名称を書きなさい。

(3) ほうれん草に含まれるカルシウムの吸収を阻害する物質の名称を書きなさい。

(4) 次のア～カのビタミンを性質により，水溶性，脂溶性に分類し，記号で答えなさい。

ア　ビタミンA　　イ　ビタミン$B_1$　　ウ　ビタミンD
エ　ビタミンK　　オ　葉酸　　カ　ナイアシン

(5) 鶏肉や飲料水が感染源となることが多く，腹痛や激しい下痢などの食中毒症状を起こす，近年増加傾向にある細菌を，次のア～オから選び，記号で答えなさい。

ア　テトロドトキシン　　イ　ノロウイルス
ウ　カンピロバクター　　エ　黄色ブドウ球菌
オ　ソラニン

(6) 都道府県から地域の特産品に認定された食品に付けられるマークを何というか書きなさい。

(☆☆☆◎◎◎)

【2】じゃがいもを使った煮物の調理について，(1)～(3)の問いに答えなさい。

(1) じゃがいもの特性について，次の(a)・(b)の問いに答えなさい。

(a) じゃがいもの皮をむいたり切ったりしたまま放置すると変色することを何というか書きなさい。

(b) じゃがいもに含まれるビタミンCは加熱による損失が比較的少ない。その理由を説明しなさい。

(2) 煮汁が少ない煮物を作る場合，「落としぶた」を使用する。「落としぶた」の役割を2つ書きなさい。

(3) じゃがいもを切る際に，切り口の角を丸く落とした。このことを何というか書きなさい。

(☆☆☆◎◎◎)

【3】被服の繊維について，次の(1)～(4)の問いに答えなさい。

(1) 被服に用いられている繊維は大きく2つに分類される。それぞれの名称を書きなさい。

(2) 次の(a)・(b)は，繊維の特徴について説明したものである。該当する繊維の名称を何というか書きなさい。

(a) ゴムのような伸縮性をもち，しわになりにくい。

(b) 吸湿性や涼感があるが，しわになりやすく水にぬれるとちぢむ。

(3) 次の図はある繊維の顕微鏡写真の断面図である。丸みをおびた三角形の形をしている繊維名を，下のア～エから選び，記号で答えなさい。

ア　毛　　イ　ナイロン　　ウ　絹　　エ　アセテート

(4) 布の性能改善の方法として，異なる繊維の糸を用いて，織物にすることを何というか書きなさい。

(☆☆☆◎◎◎)

【4】被服の製作について，次の(1)～(4)の問いに答えなさい。

(1)　布を立体化する縫製技法として，布の一部をつまんで三角形に縫い合わせる技法がある。この技法を何というか書きなさい。

(2)　ミシン縫いの際に，縫い目がとぶという不調がみられた。考えられる不調の原因を1つ書きなさい。

(3)　次の図(a)・(b)は，肩や脇の縫いしろをミシンで始末したものである。それぞれの縫いしろの始末を何というか書きなさい。

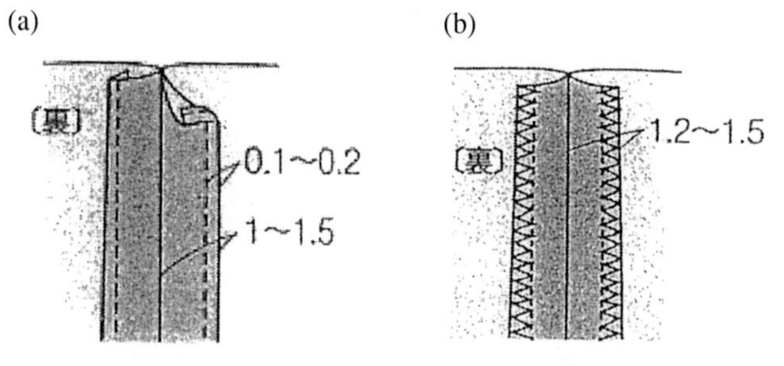


(4)　着物の畳み方について，次の(a)～(f)を正しい順番に並べ替えなさい。

(a)　身頃を挟むように袖を折り返す。

(b)　襟を左，裾を右にして広げる。

(c)　向こうと手前の脇の縫い目を重ね，背縫い線を折る。

(d)　手前の身頃をおくみ線で折り返し，向こう側のおくみと襟を，手前のおくみと襟に重ねる。

(e)　両袖を重ね合わせる。

(f)　襟下から丈を二つに折る。

(☆☆☆◎◎◎)

【5】次の(1)～(3)の問いに答えなさい。

(1) 家計と暮らしについて，次の文章を読んで(a)～(c)の問いに答えなさい。

家計は，社会における経済活動の基礎単位であり，企業・国(地方公共団体)とともに国民経済を構成している。安定した経済活動を営むためには，家計の(ア)収入と(イ)支出のバランスをとることが大切である。家計の財産を増やす方法として，(ウ)金融機関が販売する株式，投資信託，保険をじょうずに活用することもあげられる。

(a) 下線部(ア)の収入のうち，いわゆる税込み収入で，世帯員全員の現金収入を合計した収入を何というか書きなさい。

(b) 下線部(イ)の支出のうち，税金や社会保険料への支出を何というか書きなさい。

(c) 下線部(ウ)のことを何商品というか書きなさい。

(2) 3万円の商品を元金定額リボルビング払いで購入した。毎月1万円の定額払い，手数料を月利1%とすると支払総額はいくらになるか書きなさい。

(3) 2000年に制定された消費者取引の包括的な法律であり，事業者の不適切な行為による消費者被害の防止・救済を目的とした法律名を，次のア～エの中から選び，記号で答えなさい。

ア 消費者基本法　　イ 特定商取引法　　ウ 消費者契約法

エ 個人情報保護法

(☆☆☆☆◎◎◎)

【6】次の(1)～(6)の問いに答えなさい。

(1) 子供のいる共働き夫婦のことを，英語で表現したときの頭文字を取って何というか書きなさい。

(2) 仕事と育児・介護とが両立できるようなさまざまな制度を持ち，多様でかつ柔軟な働き方を労働者が選択できるような取組を行っている企業を何というか書きなさい。

(3) 判断能力が不十分な認知症の高齢者などを保護・支援する国の制

度で，被害防止の観点から，本人の代理人が契約などの法律行為をしたり，不利益な契約の取消などをしたりすることができる制度を何というか書きなさい。

(4)　下の図は，総務省「平成22年国勢調査」による「一般世帯の家族類型別割合の推移　全国(平成7年～22年)」を表したものである。図の(a)～(d)はどの世帯になるか，次のア～エの中から選び，それぞれ記号で答えなさい。

ア　夫婦と子供から成る世帯　　　イ　ひとり親と子供から成る世帯
ウ　単独世帯　　　　　　　　　　エ　夫婦のみの世帯

図

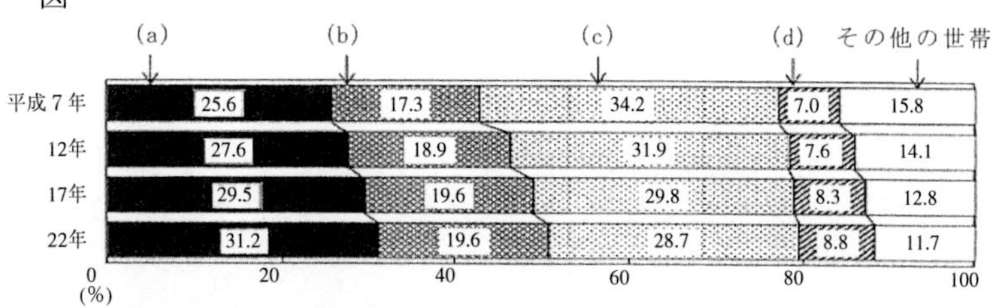


(注)　平成7年から17年までの数値は，新分類区分による遡及集計結果による。

(5)　建築基準法第52条に示されている，敷地面積に対する建築物の延べ床面積の割合を何というか書きなさい。

(6)　シックハウス症候群について，下の(a)・(b)の問いに答えなさい。

近年，住宅の高(　ア　)化・高断熱化などが進み，建材等から発生する(イ)<u>化学物質</u>による室内空気汚染が起こりやすくなっているほか，湿度が高いと細菌，カビ，ダニが繁殖しやすくなる。それだけでなく，一般的な石油ストーブやガスストーブからも一酸化炭素，(　ウ　)，窒素酸化物などの汚染物質が放出されており，シックハウス症候群は，それらが原因で起こる症状である。

(a)　(　ア　)・(　ウ　)に最も適切な語句を書き入れなさい。

(b)　下線部(イ)の化学物質のうち，建築基準法により対策が示されているものは2つある。2つの中で建材等の接着剤や防かび剤に含まれることの多い化学物質は何か書きなさい。

(☆☆☆☆◎◎◎)

【7】次の(1)～(4)の問いに答えなさい。

(1) 出生後3～4日すると，新生児の皮膚は黄色みを帯びてくる。このことを何というか書きなさい。

(2) 乳幼児の骨は軟骨であるが，成長するにつれてカルシウムが沈着して硬い骨になる。このことを何というか書きなさい。

(3) 新生児の頭がい骨にはすき間が2か所あるが，額の上部のすき間を何というか名称を書きなさい。また，すき間がある理由についても説明しなさい。

(4) 子供の権利と福祉に関する次の文の( a )～( d )にあてはまる語句を書きなさい。

1951年5月5日に制定・宣言された( a )では，「児童は，( b )として尊ばれる。児童は，( c )として重んぜられる。児童は，( d )の中で育てられる。」という理念が示された。

(☆☆☆◎◎◎)

## 【中学校】

【1】中学校学習指導要領「技術・家庭」の内容について，次の( a )～( j )にあてはまる語句を書き入れなさい。

第2 各分野の目標及び内容〔家庭分野〕

1 目標

衣食住などに関する( a )な学習活動を通して，( b )に必要な基礎的・基本的な知識及び技術を習得するとともに，( c )について理解を深め，これからの( d )して，( e )生活をよりよくしようとする能力と態度を育てる。

3 内容の取扱い

(3) 内容の「C衣生活・住生活と自立」については，次のとおり取り扱うものとする。

ア (1)のアについては，( f )の基本的な着装を扱うこともできること。(1)のイについては，( g )の表示と選択に当たっての留意事項を扱うこと。(1)のウについては，日常着の手入れは主として(　h　)を扱うこと。

イ　(2)のアについては，簡単な図などによる(　i　)を扱うこと。

ウ　(3)のアについては，(1)のウとの関連を図り，主として(　j　)を生かしてできる製作品を扱うこと。

(☆☆☆◎◎◎)

## 【高等学校】

【1】高等学校学習指導要領「家庭」の内容について，次の(1)・(2)の問いに答えなさい。

(1)「第2章　第9節　家庭　第1款　目標」について，(　a　)～(　e　)にあてはまる語句を書き入れなさい。

人間の生涯にわたる発達と生活の営みを(　a　)にとらえ，家族・家庭の意義，家族・家庭と(　b　)について理解させるとともに，生活に必要な(　c　)を習得させ，男女が協力して(　d　)に家庭や地域の生活を創造する能力と(　e　)を育てる。

(2)「第2章　第9節　家庭　第3款　各科目にわたる指導計画の作成と内容の取扱い」について，次の(　a　)～(　e　)にあてはまる語句を書き入れなさい。

2　内容の取扱いに当たっては，次の事項に配慮するものとする。

(1)　生徒が自分の生活に結び付けて学習できるよう，(　a　)を充実すること。

(2)　(　b　)など様々な人々と触れ合い，他者と(　c　)を高める活動，衣食住などの生活における様々な事象を(　d　)などを用いて考察する活動，判断が必要な場面を設けて理由や根拠を論述したり適切な(　e　)したりする活動などを充実すること。

(☆☆☆◎◎◎)

# 解答・解説

## 【中高共通】

【1】(1) そば　(2) トランス脂肪酸　(3) シュウ酸　(4) 水溶性…イ，オ，カ　脂溶性…ア，ウ，エ　(5) ウ　(6) Eマーク

〈解説〉(1) 食物アレルギーとは，ある特定の食物を食べると，身体がアレルギー反応を起こし，皮膚のかゆみやじんましんなどの反応が出る症状をいう。アレルギー表示は，食品衛生法で義務づけられている7品目の他に，あわび，いか，いくらなど20品目を可能な限り表示することとしている。　(2) 加工脂とは具体的にはマーガリンやショートニング等のことで，コレステロールがほとんどないといわれ，近年はバターよりも消費が増えていた。しかし，健康障害の指摘もあり，欧米では製造が規制されている国もある。　(3) シュウ酸を多量に摂取すると，結石や骨粗鬆症の原因になるともいわれる。シュウ酸はほうれん草のあくの成分であり，ゆでることにより70～80%減る。また，新鮮なほうれん草ほどシュウ酸の含有量は少ない。　(4) 油に溶けやすい脂溶性ビタミンは，油脂と一緒に摂取すると消化吸収されやすい。たとえば，ビタミンAを多く含むほうれん草などは油で炒めたソテー等がよいということになる。水に溶けやすい水溶性ビタミンは，たとえば千切りキャベツ等は水に浸けるとパリッとなるが，水溶性のビタミンC等は水に溶け出してしまうことになる。ビタミンの性質を踏まえた適切な調理法を選択できるようにしたい。　(5) 食中毒は，細菌性食中毒(感染型(カンピロバクター等)，毒素型(黄色ブドウ球菌等))，ウイルス性食中毒(ノロウイルス等)，自然毒食中毒(植物性(ソラニン等)，動物性(テトロドトキシン等))，化学性食中毒(農薬等)に分かれる。カンピロバクターは，発生件数が一番多い食中毒である。加熱調理によりカンピロバクターを死滅させること，カンピロバクターに汚染されている可能性のある食品からの二次汚染を防止することで，食中毒の予防が可能となる。　(6) Eマークは，地域の原材料のよさを活か

して作られた地産地消タイプの特産品に，都道府県がつける認証マークである。優れた品質と信頼の証として，消費者が商品を選ぶ目安となる。

【2】(1) (a) 褐変 (b) じゃがいものビタミンCは緻密なでんぷんの構造にまもられているため。 (2)・食材に味を均一に浸透させる。・煮くずれの防止。 (3) 面取り

〈解説〉(1) (a) じゃがいもの褐変は，含有する酸化酵素のチロシナーゼが作用するためである。 (b) ビタミンCは緑黄色野菜に多いが，いも類からも摂取が期待できる。 (2)「落としぶた」は材料の上にかぶせて使うふたのことで，煮汁の急激な蒸発を抑え，熱効率の観点から経済的でもある。 (3) 面取りは形を整えたり，煮くずれを防いだりすることを目的としている。じゃがいも以外では大根やにんじんなどの根菜類で用いることが多い。

【3】(1) ・天然繊維 ・化学繊維 (2) (a) ポリウレタン (b) 麻 (3) ウ (4) 交織

〈解説〉(1) 天然繊維は植物系(綿，麻等)と動物系(毛，絹等)がある。化学繊維は，再生繊維(レーヨン，キュプラ等)，半合成繊維(アセテート等)，合成繊維(ポリウレタン，ナイロン，ポリエステル，アクリル等)がある。 (2) (a) ポリウレタンは，石油を原料とする合成繊維である。伸縮性を利用し，水着，下着，レオタード等に用いる。 (b) 麻は植物系の天然繊維で，夏服地，シャツ，ブラウス，芯地等に利用する。 (3) 繊維の断面図について，毛は円形でうろこ状にみえる。ナイロンは円形でなめらかである。アセテートは不定形で縦方向にすじがある。 (4) 布の性能改善の方法としては他に，異なる短繊維を混ぜて紡績する混紡がある。また，異なる種類の糸を用いて編物をつくる交編もある。

【4】(1)　ダーツ　(2)　針が正しくついていない　(3)　(a)　はしミシン　(b)　縁かがりミシン　(4)　(b)→(d)→(c)→(e)→(f)→(a)

〈解説〉(1)　布を立体化する縫製技法としては，タックもある。これは，1本または間隔をおいて数本を縦や横につまみ縫いする方法である。　(2)　ミシンの縫い目がとぶ原因として，針がまがっている，針の平らな部分が針棒の溝にあたっていないなどもある。その他ミシンの不調には，針が折れる，針棒が動かない，布が進まない，上糸が切れる，下糸が切れる等もある。原因を理解すること。　(3)　縫いしろの始末には他に，割縫い，ピンキング，ジグザグミシン，ロックミシン，割り伏せ縫い，捨てミシン，折り伏せ縫い等もある。実物で確かめること。　(4)　着物の畳み方については，実際にやって身に付けよう。また，長じゅばんの畳み方はこれと異なるので，実際にやりながら比較し，確認しよう。

【5】(1)　(a)　実収入　(b)　非消費支出　(c)　金融商品
(2)　30,600円　(3)　ウ

〈解説〉(1)　(a)　収入には，実収入と実収入以外の収入(預貯金引出，財産売却等)，繰入金がある。　(b)　支出には，実支出として非消費支出の他に消費支出(生活費等)がある。他に，実支出以外の支出(預貯金，借入金返済等)と繰越金がある。　(c)　金融商品は，商品により安全性，流動性，収益性等の特性が異なるので，十分理解し活用・選択することが大切である。株式は，株式会社に対して，出資した株主が持っている権利や地位のことだが，株券を意味する場合もある。投資信託は，販売会社を通じて多数の投資家により出資・拠出されてプールされた資金を，資産運用の専門家が金融資産あるいは不動産などに投資するよう指図し，運用成果を投資家に分配する。保険は，事故・災害の補償制度のこと。　(2)　元金定額リボルビング払いにおける1か月当たりの返済金額は，借入金額の分割返済分(元金部分)＋借入残高分の利息(利用残高1か月分)となる。本問の場合は，毎月1万円に加えて，その月の残高の1%に当たる手数料を支払い，3か月かけて返済する。手数料は，最初の月は30,000(円)×0.01＝300(円)，次の月は20,000(円)×0.01＝200(円)，最後の月は10,000×0.01＝100(円)となる。したがって，支払総額は30,600円である。　(3)　ア　消費者基本法は，1968年に制定された消費者保護基本法が，社会状況の変化に対応して国民がより自立した消費生活を送るための支援を行うことを目的として2004年に改正されたことに伴い改題されたものである。　イ　特定商取引法は，主に無店舗販売での取引を規制する法律として1976年に制定された訪問販売法が，2000年の改正の際に改題されたものである。　エ　個人情報保護法は2003年に制定された法律で，生存する特定の個人を識別することができる情報の取り扱いについて規定している。

【6】(1)　DEWKS(デュークス)　　(2)　ファミリー・フレンドリー企業　(3)　成年後見制度　　(4)　(a)　ウ　　(b)　エ　　(c)　ア　　(d)　イ　(5)　容積率　　(6)　(a)　ア　気密　　ウ　二酸化炭素　　(b)　ホルムアルデヒド

〈解説〉(1)　DEWKSに対し，意識的に子どもを持たない共働き夫婦をDINKS(ディンクス)という。この他にも，現代はさまざまな家族のスタイルがあるので調べておくとよい。　(2)　ファミリー・フレンドリー企業の考え方はワーク・ライフ・バランスの考え方を根幹に据えており，多くの企業で導入されるよう，厚生労働省では色々な取り組みをしている。企業にとっては優秀な人材が確保できる，従業員のモラルが向上するなどのメリットが考えられる。また，従業員にとっては，家族とのコミュニケーションが深まる，自分に合った働き方で，ストレスの減少や新しい発想を生み出すことなどが期待できる。　(3)　成年後見制度は，法定後見制度と任意後見制度がある。前者は，判断能力の減退が始まった後に支援を受ける場合，後者はあらかじめ判断能力が減退した時に備える場合をいう。　(4)　世帯とは，「住居と生計を共にする集団」をいう。世帯構成の推移をみると，(b)，(c)，(d)を合わせた核家族世帯がいずれの年でも最も多いが(d)のひとり親と子供から成る世帯以外は次第に減少しており，対照的に(a)の単独世帯が次第に増加している。このことからは，1世帯当たりの構成人数が減少してきていることが推測できる。　(5)　延べ床面積とは，建築物の各階の床面積を合計した面積である。なお，建ぺい率は，建築面積(1階床面積)の敷地面積に対する割合であるので注意する。　(6)　(a)　シックハウス症候群は新築病ともいわれるので，対策としてはまず，窓を開けたりして十分に換気することが重要である。また，近年は天然材のケナフ等が壁紙に使用されるなど建材の改良等も行われている。
(b)　建築基準法により対策が示されているのは，クロリピリホスとホルムアルデヒドである。

【7】(1)　生理的黄疸　　(2)　化骨　　(3)　名称…大泉門　　理由…すき間を利用して，骨を重ねあわせ，頭を小さくして狭い産道を通るため。　(4)　a　児童憲章　　b　人　　c　社会の一員
d　よい環境

〈解説〉(1)　生理的黄疸は一過性のもので，新生児の約80%にみられるが，生後24時間以内に出現し，急に黄疸が増強する場合は，病的な黄疸とも考えられるので，早期に受診することが必要である。新生児特有の現象としては他に，生理的体重減少もある。　(2)　骨の発育は，身体の成熟度を知る手がかりとなる。化骨は，月齢，年齢によってある程度共通性が見られるため，骨をX線で観察することで発育状態を知ることができる。6か月以上の乳幼児の場合，手根部の化骨の数で発育の判定をし，この数が年齢に一致しているので，この数で判定する年齢を骨年齢という。　(3)　大泉門は，生後1か月頃は2cm前後の大きさであるが，生後6か月頃から縮小し，1歳半頃に閉じる。下部にある小泉門は生後まもなく閉じる。　(4)　児童憲章では，子どもを一人の独立した人格を持った人間として位置づけ，子どもの権利を明確にしている。

## 【中学校】

【1】a　実践的・体験的　　b　生活の自立　　c　家庭の機能　　d　生活を展望　　e　課題をもって　　f　和服　　g　既製服　　h　洗濯と補修　　i　住空間の構想　　j　補修の技術

〈解説〉中学校学習指導要領(平成20年3月告示)「技術・家庭」に示されている技術・家庭科の目標及び家庭分野の目標は頻出であるので確実に覚えること。技術・家庭科は実践的な「生きる力」をはぐくむ教科であることを踏まえ，家庭分野では主に生活の自立に必要不可欠な知識・技術を習得することに重きを置いていることに気付きたい。指導にあたっては内容の相互的・有機的な関連を図り，適切な題材を設定して総合的に展開することが求められる。また，小学校の学習内容との関連等も把握しておく。

## 【高等学校】

【1】(1)　a　総合的　　b　社会とのかかわり　　c　知識と技術　　d　主体的　　e　実践的な態度　　(2)　a　問題解決的な学習　　b　子どもや高齢者　　c　かかわる力　　d　言葉や概念　　e　解決方法を探究

〈解説〉(1)　高等学校の各学科に共通する教科「家庭」の目標は，「家庭総合」，「家庭基礎」，「生活デザイン」の3科目に共通した目標「家庭や地域の生活課題を主体的に解決するとともに，生活の充実向上を図る能力と実践的な態度を育てる」に通じていることに気がつきたい。また，共通部分以外において，各科目が「家庭」の目標のどの部分に主眼を置いて設定されているかをおさえておきたい。　(2)　平成21年3月の高等学校学習指導要領の改訂では，全教科にわたって問題解決的な学習や言語活動の充実に重きが置かれている。高等学校学習指導要領解説家庭編(平成22年1月)で改訂の趣旨や要点を確認し，教科「家庭」及び各科目の目標や指導内容がどのようなねらいで示されたものであるか，理解を深めておきたい。

# 2014年度　実施問題

## 【中高共通】

【1】たんぱく質の栄養価について，下の(1)～(4)の問いに答えなさい。

| 必須アミノ酸 | アミノ酸評点パターン (FAO/WHO/UNU1985年) | アミノ酸組成表 | |
|---|---|---|---|
| | | こめ［水稲穀粒］精白米 | 牛肉 (和牛・サーロイン) |
| イソロイシン | １８０ | ２３０ | ３００ |
| ロイシン | ４１０ | ４８０ | ５４０ |
| リシン（リジン） | ３６０ | ２１０ | ５９０ |
| 含硫アミノ酸 | １６０ | ２８０ | ２６０ |
| 芳香族アミノ酸 | ３９０ | ５４０ | ４８０ |
| トレオニン（スレオニン） | ２１０ | ２１０ | ３００ |
| （ａ） | ７０ | ８１ | ７１ |
| バリン | ２２０ | ３４０ | ３１０ |
| （ｂ） | １２０ | １６０ | ２６０ |

[注意]　表示される値は，食品可食部の基準窒素1g当たりのmgを表す。

(1)　表中の(　a　)・(　b　)に適切な語句を書き入れなさい。

(2)　「アミノ酸評点パターン」とは何か，説明しなさい。

(3)　精白米の第一制限アミノ酸を書きなさい。また，精白米のアミノ酸価を整数で求めなさい。(小数第1位を四捨五入すること。)

(4)　たんぱく質の補足効果について書きなさい。

(☆☆☆◎◎◎)

【2】次の(1)～(3)の問いに答えなさい。

(1)　食品を中心に，生産，加工，調理，貯蔵，喫食の流れでシステムとして食品衛生を管理する方法を何というか書きなさい。

(2)　果実や果皮などに含まれる多糖類で，酸と糖とともに加熱するとゼリー状になるものを何というか書きなさい。

(3)　もち米が，うるち米より粘る理由を，それぞれのでんぷんのぶどう糖分子の結合や含有量の違いをふまえて書きなさい。

(☆☆☆◎◎◎)

【３】「さけのムニエル」の調理について，次の(1)～(3)の問いに答えなさい。

(1)　ムニエルに使用される小麦粉の役割を書きなさい。

(2)　さけに小麦粉をまぶしたらすぐに焼く理由を書きなさい。

(3)　グルテンを形成する小麦粉のたんぱく質を2つ書きなさい。

(☆☆☆◎◎◎)

【４】次の(1)・(2)の問いに答えなさい。

(1)　平成12年4月1日に施行された「住宅の品質確保の促進等に関する法律」に基づき，外観や間取り図からでは分かりにくい住宅の性能を，10分野(既存住宅は7分野)の等級や数値で表示する制度を何というか書きなさい。

(2)　プラグとコンセントの間にほこりがたまり，ほこりが湿気を吸うことにより電流が流れて発熱し発火することを何というか書きなさい。

(☆☆☆◎◎◎)

【５】次の(1)～(5)の問いに答えなさい。

(1)　次の(a)～(c)の取扱い絵表示が付いた衣服は，ア～オのどの繊維でできているか，すべて選び，記号で書きなさい。

(ａ) 低　　(ｂ) 中　　(ｃ) 高

ア　綿　　イ　ポリウレタン　　ウ　レーヨン　　エ　麻
オ　毛

(2)　薄地の布にボタンを縫い付ける場合，布が切れるのを防ぐために裏側に縫い付ける小さな布の名称を書きなさい。

(3)　綿100％の普通地のブロードをミシン縫いするとき，次のア～エの中から最も適した糸と針の組み合わせを選び，記号で書きなさい。

ア　カタン糸80番，ミシン針9番

イ　カタン糸60番，ミシン針11番

ウ　カタン糸60番，ミシン針9番

エ　カタン糸80番，ミシン針11番

(4)　ハーフパンツの製作において，また上をミシン縫いするとき，どのような工夫をすればよいか書きなさい。

(5)　縫いしろについて，次の(　a　)・(　b　)に最も適切な語句を書き入れなさい。

縫いしろの幅は，縫いしろの始末の方法によって異なるが，ほつれやすい布や仮縫いで(　a　)する場合は，決められた縫いしろより(　b　)つける。

(☆☆☆◎◎◎)

【6】次の(1)～(6)の問いに答えなさい。

(1)　既製服の表示には，取扱い絵表示の他に洗濯などによるトラブルを未然に防ぐため，販売者が自主的に製品の短所などを消費者に向けて明記したものもある。このような表示を何というか書きなさい。

(2)　羊毛100%のセーターを手洗いする場合に，①中性洗剤を使用する理由と，②軽く押し洗いをする理由を，それぞれ繊維の特性をふまえて書きなさい。

(3)　$CO_2$排出削減の取組として，冷暖房に頼りすぎず，衣服の着方を調整することで快適に働くためのビジネススタイルがある。この取組のうち，特に冬場のスタイルを何と呼んでいるか，カタカナで書きなさい。

(4)　洗濯物に対する使用水量の重量比のことを何というか書きなさい。

(5)　主に化学繊維を薄いシート状にして，熱による融着や接着剤などで繊維を固定してつくる布を何というか，漢字3文字で書きなさい。

(6)　衣料品の業界団体が，ナイロン100%など5種類について認定し，リサイクルしやすいと認めた衣料品につけるマークの名称をカタカナで書きなさい。

(☆☆☆◎◎◎)

【7】わが国の高齢社会について，次の文章を読んで，(1)～(4)の問いに答えなさい。

人口における65歳以上の高齢者が占める割合が(　　)%を超えた社会を高齢社会という。「平成24年版高齢社会白書」によると，高齢化率は23.3%に達しており，平成72(2060)年には現役世代1.2人で1人の高齢者を支える社会の到来が予想されている。また75歳以上の後期高齢者の増大に伴って，高齢者夫婦の間や高齢に達した子がその親を介護するという状況が増えてくると思われる。

(1)　(　　)にあてはまる数字を書きなさい。

(2)　下線部のような状況を何というか書きなさい。

(3)　介護保険法に規定された施設で，地域の高齢者の保健・福祉・医療の向上，虐待防止などを総合的に行う機関を何というか書きなさい。

(4)　介護保険制度において要介護度が上がるのを防ぎ，生活機能を向上させるサービスを何というか書きなさい。

(☆☆☆◎◎◎)

【8】次の(1)～(4)の問いに答えなさい。

(1)　平成24年12月に施行された「消費者教育の推進に関する法律」について，次の(　a　)・(　b　)にあてはまる語句を書きなさい。

第3条

消費者教育は，(　a　)に関する知識を修得し，これを適切な行動に結び付けることができる(　b　)が育まれることを旨として行わなければならない。

(2)　未成年者による契約で取消ができない場合を1つ書きなさい。

(3)　消費生活に関する相談窓口や情報提供を行うために，消費者安全法の第10条により，各都道府県や市町村に設置されている機関を何というか書きなさい。

(4)　販売信用と消費者信用について，それぞれ説明しなさい。

(☆☆☆◎◎◎)

【9】次の(1)～(4)の問いに答えなさい。

(1) 廃棄物などをリサイクルして再び生産の資源にしたり，廃棄物による環境汚染を極力少なくしたりして，環境破壊をくいとめる取組をしている社会を何というか書きなさい。

(2) 児童福祉に関係する法律として，平成12年に児童の権利利益の擁護に資することを目的に施行された法律名を書きなさい。

(3) 次の(a)～(c)の文の中で，下線部(ア)～(エ)が正しければ○を，誤っている場合は正しい語句に訂正しなさい。

(a) 保育所は，(ア)0歳～就学前の乳幼児を対象としており，保育時間は原則(イ)4時間である。

(b) 新生児の原始反射の中で，手のひらに触れた物をつかむ反射を(ウ)モロー反射という。

(c) 育児・介護休業法によると，介護休業は対象家族1人につき(エ)90日まで取得することができる。

(4) 仕事と生活のアンバランスが原因で引き起こされる多くの問題の解決に向けて，内閣府により2007年に策定された憲章を何というか書きなさい。

(☆☆☆◎◎◎)

【10】次の(A)・(B)のいずれか1つを選びその記号を記入し，問いに答えなさい。

(A) 中学校学習指導要領「技術・家庭」の内容について，次の( a )～( j )にあてはまる語句を書き入れなさい。ただし，同じ記号には同じ語句が入るものとする。

第2 各分野の目標及び内容 〔家庭分野〕

2 内容

B 食生活と自立

(2) 日常食の献立と食品の選び方について，次の事項を指導する。

ア 食品の栄養的特質や中学生の1日に必要な食品の( a )

について知ること。

イ　中学生の(　b　)を考えること。

ウ　食品の品質を見分け，(　c　)選択できること。

D　身近な消費生活と環境

(1)　家庭生活と消費について，次の事項を指導する。

ア　(　d　)の消費生活に関心をもち，消費者の(　e　)について理解すること。

イ　販売方法の特徴について知り，生活に必要な物資・サービスの適切な選択，(　f　)ができること。

(2)　家庭生活と環境について，次の事項を指導する。

ア　(　d　)の消費生活が環境に与える影響について考え，(　g　)消費生活について工夫し，実践できること。

第3　指導計画の作成と内容の取扱い

3　実習の指導に当たっては，施設・設備の安全管理に配慮し，(　h　)とともに火気，用具，材料などの取扱いに注意して(　i　)の指導を徹底し，(　j　)に十分留意するものとする。

(☆☆☆◎◎◎)

【11】(B)　高等学校学習指導要領「家庭」の内容について，次の(1)～(3)の問いに答えなさい。

(1)　「第2章　第9節　家庭　第2款　各科目　第1　家庭基礎」の目標について，(　a　)～(　e　)にあてはまる語句を書き入れなさい。

人の一生と(　a　)及び福祉，(　b　)，消費生活などに関する(　c　)な知識と技術を習得させ，家庭や地域の(　d　)を主体的に解決するとともに，生活の(　e　)を図る能力と実践的な態度を育てる。

(2)　「第2章　第9節　家庭　第3款　各科目にわたる指導計画の作成と内容の取扱い」について，次の(　a　)～(　d　)にあてはまる語句を書き入れなさい。

1　指導計画の作成に当たっては，次の事項に配慮するものとする。

(3)　「(　a　)」及び「(　b　)」を複数の年次にわたって分割して履

修させる場合には，原則として連続する2か年において履修させること。

2　内容の取扱いに当たっては，次の事項に配慮するものとする。

(4)　各科目の指導に当たっては，コンピュータや(　c　)などの活用を図り，(　d　)を高めるようにすること。

(3)　専門教科「家庭」において，改訂前の「被服製作」が整理分類された科目名を書きなさい。

(☆☆☆◎◎◎)

# 解答・解説

## 【中高共通】

【1】(1)　a　トリプトファン　　b　ヒスチジン　　(2)　人間にとって理想的な必須アミノ酸組成　　(3)　第一制限アミノ酸：リシン(リジン)　　アミノ酸価：58　　(4)　(例)　一般に，植物性食品より，動物性食品の方がたんぱく質の栄養価は高いが，栄養価の低い食品でも，不足しているアミノ酸を多く含む食品と組み合わせることで栄養価を高めることができること。

〈解説〉(1)　約20種類あるアミノ酸のうち，ヒトの体内で合成できず，栄養分として摂取しなければならないものを必須アミノ酸という。長らくトリプトファン，リシン(リジン)，メチオニン，フェニルアラニン，トレオニン，バリン，ロイシン，イソロイシンの8種類がこれに当たるとされてきたが，1985年にヒスチジンが加わり9種類となった。(2) アミノ酸評点パターンは，FAO/WHO/UNUが1985年に提案したものが広く採用されている。その基準値は，イソロイシン(180mg)，ロイシン(410mg)，リジン(360mg)，含硫アミノ酸(メチオニン＋システイン)(160mg)，芳香族アミノ酸(フェニルアラニン＋チロシン)(390mg)，トレオニン(210mg)，トリプトファン(70mg)，バリン(220mg)，ヒスチジン(120mg)。　(3)　第一制限アミノ酸とは，必須アミノ酸含有量について，理想的なアミノ酸量を100とした場合の最も少ないアミノ酸をいう。本問の場合は，表中のアミノ酸評点パターンと精白米のアミノ酸価との比較から，リジンがこれに当たり，210÷360×100≒58となる。

【2】(1)　HACCP(ハサップ)　　(2)　ペクチン　　(3)　(例)　でんぷんには，ぶどう糖が鎖状に結合したねばりの少ないアミロースと，枝分かれ状に結合した粘りの多いアミロペクチンがある。うるち米のでんぷんは，アミロースを20%前後含むが，もち米のでんぷんは，アミロペクチンのみからなるため，うるち米より粘る。

〈解説〉(1)　HACCPとは”Hazard Analysis and Critical Control Point”の略であり，食品の製造や加工工程での危機をあらかじめ分析し，重要管理点を定めて安全を確保する管理手法である。　(2)　ペクチンは増粘多糖類として食品添加物のひとつに数えられている。

【3】(1)　(例)　魚から出る水分を小麦粉が吸収し，加熱によって糊化し，うすいのり状の膜ができ，魚に含まれる成分をとじこめる。

(2)　(例)　(魚に粉をまぶしてから長く置くと，)小麦粉が魚の水分を吸ってベトベトし，焼きにくくなるため。　　(3)　グリアジン，グルテニン

〈解説〉(1)　ムニエル(meunier)とはフランス語で製粉業者を意味し，魚に小麦粉をまぶしバター焼きにする調理法をいう。　(3)　グルテンは，弾力は弱いが粘着力が強くのびやすい性質のグリアジンと弾力は強いが伸びにくい性質のグルテニンが絡み合ってできている。

【4】(1) 住宅性能表示制度　(2) トラッキング現象

〈解説〉(1) 新築住宅に適用される10分野とは「構造の安定」「火災時の安全」「維持管理更新への配慮」「空気環境」「光・視環境」「高齢者等への配慮」「防犯」「劣化の軽減」「温熱環境」「音環境」であり，このうち前7分野が既存住宅にも適用される。 (2) プラグをコンセントにしっかりと差し込まなければならないのはこのためであり，また普段からの手入れが必要である。

【5】(1) (a) イ　(b) ウ，オ　(c) ア，エ　(2) 力布

(3) イ　(4) (例) また上の布を伸ばして，二度縫いする。

(5) (a) 補正　(b) 多く

〈解説〉(1) アイロンの設定温度と適した繊維は，(高：180℃から210℃)は，綿や麻など，(中：140℃から160℃)は，毛，絹，ナイロン，ポリエステル，キュプラ，レーヨンなど，(低：80℃から120℃)は，アクリル，ポリウレタン，アセテートなどである。一般に植物性繊維，動物性繊維，化学繊維の順に温度は低くなる。 (2) 力布(ちからぬの)とは，力のかかる箇所を補強するために裏側にあてる布のことである。 (3) 糸の番手は番号が小さいほど太くなるのに対し，針の番手は番号が大きいほど太くなることに注意する。

【6】(1) デメリット表示　(2) ① (例) 羊毛は，アルカリに弱いから中性洗剤で洗う。　② (例) 羊毛は，表面に鱗片があり，もむと表面の鱗片同士が絡み合い，布が収縮して戻らなくなる。 (3) ウォームビズ　(4) 浴比　(5) 不織布　(6) エコメイト(マーク)

〈解説〉(1) 衣服に限らずたばこの「健康のため，吸い過ぎに注意しましょう」などの表示，電化製品の「火災の原因になることがあります」等の注意書きがデメリット表示に当たる。 (2) 動物性繊維はアルカリに触れるとたんぱく質が溶解しやすくなる。また縮みが出るため水洗いにも弱い。 (3) 2005年に環境省より提唱された。 (6) 日本アパレル産業協会がリサイクル配慮設計商品に付するもので，「ポリエ

ステルを100%使用した衣服」「ナイロンを100%使用した衣服」「表生地に毛を95%以上使用した衣服」「表生地に綿を95%以上使用した衣服」「表生地に合成繊維を使用した衣服」の5つの分類がある。マークを確認しておくこと。

【7】(1)　14　　(2)　老老介護　　(3)　地域包括支援センター
(4)　介護予防サービス

〈解説〉(1)　国連の定義では高齢化率が総人口の7%を超えた状態を「高齢化社会」としている。日本では「高齢社会」とされる14%を超えた状態を1994年に突破，さらに「超高齢社会」とされる21%も2007年に突破した。最新の平成25年度版高齢社会白書によれば，日本の高齢化率は24.1%まで上昇している。　(4)　国の財政赤字が続くなか，介護給付費の増大が問題となっており，要介護者の増加を抑えることが重要な課題となっている。

【8】(1)　a　消費生活　　b　実践的な能力　　(2)　(例)　年齢を偽って契約した場合　　(3)　消費生活センター　　(4)　販売信用：消費者の信用をもとに商品代金を後払いすること。　消費者信用：販売信用と，商品の購入とは関係なく金銭を貸し出す消費者金融を合わせて消費者信用という。

〈解説〉(1)　消費者教育推進法は，消費者教育は消費者が主体的に「消費者市民社会」の形成に参画できるよう行われるもの，国・地方公共団体の責務を明示した，学校・地域における消費者教育のあり方を具体化したものである。2012年に制定された。　(2)　他には親権者などの法定代理人から処分を許された財産(小遣い等)の範囲内の場合，法定代理人が許可した営業の取引である場合，取消権が時効消滅している場合などがある。

【9】(1)　循環型社会　　(2)　児童虐待の防止等に関する法律
(3)　(a)　(ア)　○　　(イ)　8　　(b)　(ウ)　把握反射
(c)　(エ)　93　　(4)　ワーク・ライフ・バランス憲章

〈解説〉(1)　循環型社会をつくっていく上での基本的な考え方を「3R」という。“Reduce(ごみを減らす)”，“Recycle(再資源化する)”，“Reuse(再使用する)”の3つの頭文字を取ったものであり，近年ではこれに“Refuse(不要な包装などを断ること)”を含めた「4R」とすることもある。　(3)　(b)　モロー反射は抱きつき反射ともいい，首が座っていない時期に音などの刺激に対して，両手を広げて抱きつくような動きのことである。発見者であるオーストリアのモロー医師に由来する。　(4)　仕事と生活の間での問題としては，仕事に追われ身心の疲労から健康を害したり，仕事と子育てや介護との両立が困難になる等が挙げられる。

【10】(A)　a　種類と概量　　b　1日分の献立　　c　用途に応じて　d　自分や家族　　e　基本的な権利と責任　　f　購入及び活用　g　環境に配慮した　　h　学習環境を整備する　　i　事故防止　j　安全と衛生

〈解説〉学習指導要領の文言はしっかりと読み込んで，暗記しておくことが望ましい。特に目標及び内容は各学年あるいは各校種で違いがあるため，学習指導要領解説を参照しながら，しっかりと整理しておく必要がある。

【11】(B)　(1)　a　家族・家庭　　b　衣食住　　c　基礎的・基本的　d　生活課題　　e　充実向上　　(2)　a　家庭総合　　b　生活デザイン　　c　情報通信ネットワーク　　d　学習の効果

(3)　ファッション造形基礎・ファッション造形

〈解説〉(3)　専門教科において開設される教科「家庭」は全部で20科目ある。今回の学習指導要領改訂における，他の主な改訂点としては「家庭情報処理」を「生活産業情報」，「発達と保育」を「子どもの発達と保育」，「児童文化」を「子ども文化」，「家庭看護・福祉」を「生活と福祉」に名称変更を行ったことがあげられる。専門教科における出題頻度は低いが，改訂点と科目名，科目の目標はおさえておこう。

# 2013年度　実施問題

## 【中高共通】

【1】食品成分表(文部科学省「五訂増補　日本食品標準成分表」)に関して，次の(1)～(3)の問いに答えなさい。

(1) 食品成分表では，もめんどうふのカルシウムの量は120mgである。1回に食べるもめんどうふの量を80gとすると，摂取できるカルシウムの量は何mgになるか，書きなさい。

(2) 次のア～エの食品を，食品成分表の数値でみたとき，カルシウムの多い順に並べて，記号で書きなさい。

ア　普通牛乳　　イ　干しひじき　　ウ　鶏卵(全卵・生)
エ　こまつな

(3) 次のア～エの食品のうち，カロテンの含有量が600μg以上あるため緑黄色野菜として扱われている食品を選び，記号で書きなさい。

ア　セロリー　　イ　かいわれだいこん　　ウ　赤たまねぎ
エ　みょうが

(☆☆☆◎◎◎)

【2】食品添加物について，次の(1)・(2)の問いに答えなさい。

(1) 食品衛生法に示された食品添加物の定義について，次の(　a　)・(　b　)に当てはまる語句を書き入れなさい。

食品の製造の過程において又は食品の(　a　)若しくは保存の目的で，食品に(　b　)，混和，浸潤その他の方法によって使用する物

(2) 保存料として使用される物質について，最も適切なものを次のア～エから選び，記号で書きなさい。

ア　亜硝酸ナトリウム　　イ　ソルビン酸　　ウ　アルギン酸
エ　デキストリン

(☆☆☆◎◎◎)

【3】献立「ちらし寿司，いわしのつみれ汁，茶碗蒸し」の調理について，次の(1)～(5)の問いに答えなさい。

(1) ちらし寿司の炊飯では，水の量を普通よりも少なくする。その理由を簡単に書きなさい。

(2) 油揚げの油抜きの仕方を簡単に書きなさい。

(3) いわしのつみれ汁において，つみれとは，いわしをどのような形状に調理したものか書きなさい。

(4) いわしなど背の青い魚の油に含まれており，動脈硬化や高血圧の予防効果があり，脳の神経細胞の機能に重要な働きをする不飽和脂肪酸の名称を書きなさい。

(5) 茶碗蒸しの調理において，だし汁で卵を薄めるとき，塩などは凝固を強める。この性質を何というか書きなさい。

(☆☆☆◎◎◎)

【4】次の(1)～(4)の問いに答えなさい。

(1) 高齢化の進展に適切に対処するための施策を総合的に推進し，経済社会の健全な発達と国民生活の安定向上を図ることを目的として，1995年に制定された法律の名称を書きなさい。

(2) 要介護認定の申請や手続き，介護サービス利用計画の作成を担う人を何というか書きなさい。

(3) 日常的に介護を必要としない自立した生活ができる生存期間を何というか書きなさい。

(4) 認知症に関する正しい知識と理解を持ち，地域や職域で認知症の人やその家族を支援する人を何というか書きなさい。

(☆☆☆◎◎◎)

【5】次の(1)～(4)の問いに答えなさい。

(1) 金融機関やオンラインショップなどからのEメールを装い，住所，氏名，銀行口座などの個人情報を入手し，金銭を詐取する行為を何というか，書きなさい。

(2)　消費者の5つの責任について，(　a　)・(　b　)にあてはまる語句を書き入れなさい。

消費者の5つの責任は，(　a　)を持つ責任，主張し行動する責任，社会的弱者への配慮をする責任，(　b　)への配慮をする責任，連帯する責任である。

(3)　1994年より開始された厚生労働省所管補助事業で，幼児を預けたい親と預かりたい人が相互に登録し，行政が調整・支援していく制度を何というか，書きなさい。

(4)　1992年にアメリカのティファニー・フィールド博士によって確立された方法で，乳児の体に触れることにより乳児との絆を深めていくことを何というか，書きなさい。

(☆☆☆◎◎◎)

【6】次の(1)～(3)の問いに答えなさい。

(1)　1日の労働時間帯を必ず勤務すべき時間帯(コアタイム)と，その時間帯の中であればいつ出社または退社してもよい時間帯(フレキシブルタイム)とに分け，出社，退社の時刻を労働者の決定に委ねる制度を何というか，書きなさい。

(2)　将来に向かって生活像を描き，目的達成のために具体的計画を立てることを何というか，書きなさい。

(3)　児童福祉法について，次の(　a　)～(　c　)にあてはまる語句を書き入れなさい。

第1条　すべて国民は，児童が心身ともに健やかに生まれ，且つ，(　a　)されるよう努めなければならない。

2　すべて児童は，ひとしくその生活を(　b　)され，(　c　)されなければならない。

(☆☆☆◎◎◎)

【7】次の(1)～(3)の問いに答えなさい。

(1)　環境省が示す騒音に係る環境基準では，住宅地における夜間の基準値を(　a　)デシベル以下としている。(　a　)にあてはまる数字を次のア～エから選び，記号で書きなさい。

ア　15　　イ　30　　ウ　45　　エ　55

(2)　地震や噴火などの災害が発生すると，被災地への通信がつながりにくい状況になる。このとき「171」をダイヤルすることにより利用できる声の伝言板を何というか，書きなさい。

(3)　韓国にある床下に煙や温水などを通して床を暖める床暖房設備を何というか，カタカナで書きなさい。

(☆☆☆◎◎◎)

【8】巾着袋の製作について，次の(1)～(4)の問いに答えなさい。

(1)　図1は巾着袋の，ぬいしろを含んだ型紙を示している。下の(a)・(b)の問いに答えなさい。

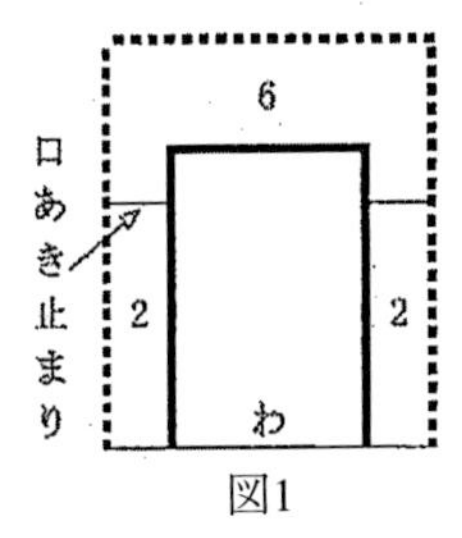

図1

(a)　———線の名称を書きなさい。

(b)　----------線の名称を書きなさい。

(2)　出し入れ口を縫うのに最も適した縫い方を書きなさい。

(3)　この型紙を布に配置するとき，布の縦方向を表す矢印を，次の型紙に書き入れなさい。(フリーハンド可)

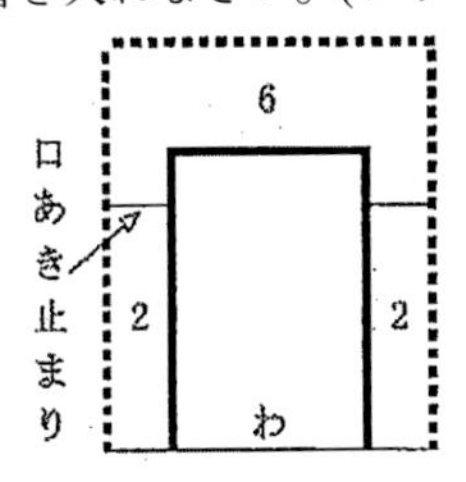

(4)　布を机の上で裁つときの裁ちばさみの取扱いについて，正しいものを次のア～エからすべて選び，記号で書きなさい。

ア　片方の手で布をおさえて裁つ。

イ　刃を大きく開き，深く布に入れて裁つ。

ウ　布を机から浮かせて裁つ。

エ　裁ちばさみの下の刃を机の面にあてて裁つ。

(☆☆☆◎◎◎)

【9】次の(1)～(6)の問いに答えなさい。

(1)　不要になった衣類は回収され，ウエスとして利用されることがあるが，ウエスとは何か簡単に書きなさい。

(2)　既製服につけられている，衣類の種類や素材に応じた手入れの方法を絵で示した表示の名称を書きなさい。

(3)　本来はドライクリーニングが望ましい型崩れしやすい衣服を，元の外観や風合いなどを損なわないように水洗いする方法を何というか，カタカナで書きなさい。

(4)　既製服の原産国表示において記載される国名を，ア～エから選び記号で書きなさい。

ア　布地の繊維を産出した国名

イ　繊維を布地にした国名

ウ　縫製した国名

エ　縫製済みのものを輸入し，ボタン付け等の仕上げ処理をした国名

(5)　消防法に基づいて，防炎性能試験に合格したカーテンやカーペットなどにつけられる表示の名称を書きなさい。

(6)　スカートやズボンなどのすそがほつれたときに，表に縫い目が目立たないように手縫いで補修する最も適した縫い方を書きなさい。

(☆☆☆◎◎◎)

【10】次の(A)・(B)のいずれか1つを選びその記号を記入し，問いに答えなさい。

(A) 中学校学習指導要領(平成20年3月告示)「技術・家庭」の内容について，次の( a )～( j )に当てはまる語句を書き入れなさい。

第2 各分野の目標及び内容 〔家庭分野〕

2 内容

C 衣生活・住生活と自立

(1) 衣服の選択と手入れについて，次の事項を指導する。

ア 衣服と( a )とのかかわりを理解し，目的に応じた着用や( b )着用を工夫できること。

イ 衣服の計画的な活用の必要性を理解し，適切な選択ができること。

ウ 衣服の( c )に応じた日常着の手入れができること。

(2) 住居の機能と住まい方について，次の事項を指導する。

ア 家族の( d )について考え，住居の基本的な機能について知ること。

イ 家族の( e )を考えた室内環境の整え方を知り，快適な住まい方を工夫できること。

(3) 衣生活，住生活などの生活の工夫について，次の事項を指導する。

ア 布を用いた物の製作を通して，( f )の工夫ができること。

イ 衣服又は住まいに関心をもち，( g )をもって衣生活又は住生活について工夫し，( h )できること。

第3 指導計画の作成と内容の取扱い

2 各分野の内容の取扱いについては，次の事項に配慮するものとする。

(1) 基礎的・基本的な( i )を習得し，基本的な概念などの理解を深めるとともに，仕事の楽しさや( j )を体得させるよう，実践的・体験的な学習活動を充実すること。

(B)　次は，新高等学校学習指導要領(平成21年3月告示)「家庭」「2 内容」から抜粋したものである。次の(　a　)～(　j　)にあてはまる語句を書き入れなさい。

第2款　各科目　第2　家庭総合

2　内容

(1)　人の一生と家族・家庭

(2)　(　a　)とのかかわりと福祉

(3)　生活における(　b　)と消費

(4)　(　c　)と環境

(5)　生涯の(　d　)

(6)　ホームプロジェクトと学校家庭クラブ活動

自己の家庭生活や(　e　)と関連付けて(　f　)を設定し，(　g　)を考え，(　h　)することを通して生活を(　i　)する方法や(　j　)を身に付けさせる。

(☆☆☆◎◎◎)

# 解答・解説

## 【中高共通】

【1】(1)　96mg　　(2)　イ→エ→ア→ウ　　(3)　イ

〈解説〉(1)　食品成分表では，可食部100gあたりの数値を示している。したがって，120×80/100＝96[mg]となる。　(2)　アは110mg，イは1400mg，ウは51mg，エは170mgである。こまつなが普通牛乳よりカルシウムが多いことがポイントになるだろう。　(3)　緑黄色野菜は，原則可食部100g中カロテンの含有量が600μg以上の野菜を指す。ただし，トマトやピーマンなど1度に食べる量が多い，使用頻度が高い野菜であれば600μg未満でも緑黄色野菜に分類される。

【2】(1) a 加工 b 添加 (2) イ

〈解説〉食品添加物は，食品衛生法第4条第2項で定義されており，その目的は保存料，甘味料，着色料，香料等である。食品添加物にはいわゆる天然添加物と指定添加物に分類され，指定添加物は432種類ある(平成25年3月現在)。

【3】(1) 合わせ酢を入れるため (2) ざるにのせて，熱湯を回しかける (3) すり身にして，一口大にしたもの (4) ドコサヘキサエン酸(DHA) (5) 希釈性

〈解説〉(1) 合わせ酢の水分で寿司飯がべたべたにならないよう，硬めに炊く。 (2) 油抜きは揚げ物の表面にある油を取り除くこと。油臭さを除くだけでなく，味がしみこみやすくなるといった効果がある。 (3) つみれは魚のすり身やひき肉などに，つなぎなどを入れて団子状にしたもの。汁物などに用いられる。 (5) 卵の性質に関する問題。卵の特性として，熱凝固性，気泡性，乳化性等があげられる。

【4】(1) 高齢社会対策基本法 (2) ケアマネージャー (3) 健康寿命 (4) 認知症サポーター

〈解説〉(1) 高齢社会対策基本法は，生涯にわたって幸福を享受できる高齢社会を築き上げていくため，雇用，年金，医療，福祉，教育，社会参加，生活環境等を不断に見直すことで，国等だけでなく，企業や地域社会，家庭及び個人が相互に協力しながらそれぞれの役割を積極的に果たしていくことをねらいとした法律である。 (3) 日本人の健康寿命は男性で70.42歳，女性で73.62歳となっている(2010年)。 (4) 認知症サポーターになるには「認知症サポーター養成講座」を受講すればよい。サポーター数は390万人を超える(平成24年)。

【5】(1)　フィッシング詐欺　　(2)　a　批判的意識　　b　環境
(3)　ファミリーサポート制度　　(4)　タッチケア

〈解説〉(1)　電子メールなどで，偽のウェブサイトへ誘導し，クレジットカードの会員番号といった個人情報や，銀行預金口座を含む各種サービスのIDやパスワードを入力させる方法が一般的といえる。
(2)　消費者の権利と責任(義務)については頻出なので，学習しておくこと。アメリカのケネディが「消費者4つの権利」を提唱したことから始まっている。　(3)　ファミリーサポート制度は会員制度で，地域の子育てと仕事，介護が両立できるよう，設立・整備されている。
(4)　タッチケアの効果として，乳児の情緒安定，ストレスホルモンの減少，それによる体重の増加といったことがあげられる。

【6】(1)　フレックスタイム制　　(2)　生活設計　　(3)　a　育成
b　保障　　c　愛護

〈解説〉(1)　コアタイムの設定は必須ではないが，コアタイムを長時間設定してしまうとフレックスタイム制とは認められないので，注意が必要である。　(3)　児童福祉法では第4条で乳児(満1歳未満)，幼児(満1歳から小学校就学の始期に達するまで)，少年(小学校就学の始期から満18歳まで)の年齢について定義している。

【7】(1)　ウ　　(2)　災害用伝言ダイヤル　　(3)　オンドル

〈解説〉(1)　環境基準の基準値では「生活環境を保全し，人の健康の保護に資する上で維持されることが望ましい基準」とされている。なお，住宅地における昼間の基準値は55デシベル以下とされている。
(2)　災害用伝言ダイヤルは阪神・淡路大震災をきっかけに開発されたサービスであり，大地震のほか，台風や集中豪雨などによる大規模な風水害発生時(自宅を離れ避難所に避難する状況になった場合)などに開設される。　(3)　韓国では旧来よりオンドルを使用している。現在では，煙の代わりに温水や電気による床暖房になっている。

【8】(1) a でき上がり線 b 裁ち切り線 (2) 三つ折り縫い

(3)

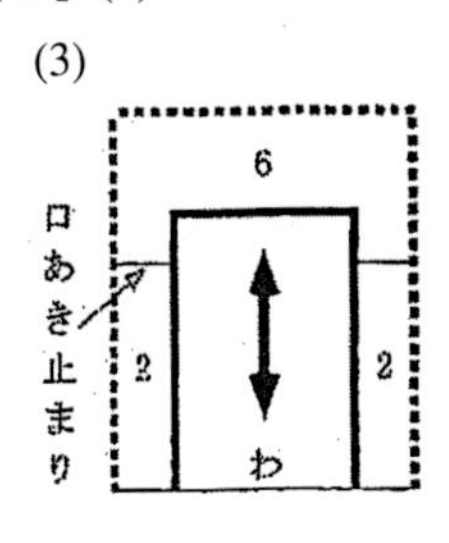


(4) ア，イ，エ

〈解説〉(2) 三つ折り縫いは，布を三つ折りにして縫う方法で，すそやそで口などの始末に用いられる。 (4) 布を机から浮かせて裁つと，曲がったりする原因となる。

【9】(1) (工場などで使われる)使い捨ての古布，雑巾のこと (2) 取扱い絵表示 (3) ウェットクリーニング (4) ウ (5) 防炎ラベル (6) まつり縫い(ちどりがけ)

〈解説〉(1) ウエスはさまざまあるが，精密機械など繊維くずが生産に大きく影響する場合には，不織布やパルプでできたウエスが用いられる。 (2) 取扱い絵表示の主なものにはJIS表示とISO表示がある。表示の絵が異なるものもあるので，それらを意識しながら学習するとよい。 (3) ウェットクリーニングは，主に汗や水溶性の汚れなどを除去するために行われる。ウェットクリーニングは家庭でもできる場合もあるが，縮みや色落ちなどのリスクもある。 (4) 衣類における原産国表示では，縫製した国(ニット等では編立した国)が表示される。 (5) 防炎は，小さな火だねを接しても容易に着火しないこと，着火した場合でも容易に燃え広がることがないことを基準としている。消防法等では高層建築物，地下街，劇場，ホテル，病院等防火対象物で使用するカーテン等には，防炎物品でなければならないとしている。

【10】(A)　a　社会生活　　b　個性を生かす　　c　材料や状態
d　住空間　　e　安全　　f　生活を豊かにするため　　g　課題
h　計画を立てて実践　　i　知識及び技術　　j　完成の喜び
(B)　a　子どもや高齢者　　b　経済の計画　　c　生活の科学
d　生活設計　　e　地域の生活　　f　生活上の課題　　g　解決方法
h　計画を立てて実践　　i　科学的に探究　　j　問題解決の能力

〈解説〉(A)　中学家庭科の内容は「家族・家庭と子どもの成長」「食生活と自立」「衣生活・住生活と自立」「身近な消費生活と環境」で構成される。それぞれの内容について，学習指導要領だけでなく，学習指導要領解説も学習し，意識を深めておくことが肝要である。なお，各分野の内容の取扱いにおける配慮事項(2)には，問題解決的な学習を充実するとともに，家庭や地域社会との連携を図るようにすることが示されている。　(B)　家庭総合は，問題にある6つの大項目で構成されていることをおさえておきたい。これらの内容については中学と同様，実践的，体験的な学習活動を中心として科学的かつ総合的に指導するとともに，問題解決的な学習を充実するよう配慮する，としている。

# 2012年度　実施問題

## 【中高共通】

【1】次の(1)～(3)の問いに答えなさい。

(1) 2008年4月に導入された医療保険制度の対象となっている75歳以上の高齢者を何というか書きなさい。

(2) 年齢や障害の有無にかかわらず，すべての人の使いやすさを考えたデザインのことを何というか書きなさい。

(3) 15～49歳までの女性の年齢別出生率の合計を何というか書きなさい。

(☆☆☆◎◎◎)

【2】さつま汁の調理について，下の(1)～(3)の問いに答えなさい。

表1

| 材料 | 4人分の分量(可食部分量) |
|---|---|
| ぶた肉(もも) | 80g |
| さといも | 80g |
| にんじん | 35g |
| だいこん | 60g |
| ごぼう | 45g |
| 葉ねぎ | 20g |
| だし汁 | 680ml (蒸発分80mlを含む) |
| みそ | ( a )g |

(1) 表1の材料で4人分のさつま汁を作るとき，ごぼうは何g用意すればよいか書きなさい。ただし，ごぼうの廃棄率を10%とすること。

(2) 塩分濃度が0.8%になるように，みそで調味するとき，みその分量は何gになるか。表1の( a )に最も適する数字を，次のア～オから選び記号で書きなさい。ただし，みその塩分濃度は10%とすること。

ア 15　イ 32　ウ 45　エ 48　オ 60

(3)　(2)のみそを，計量スプーンの大さじ(15ml)と小さじ(5ml)を使って計量すると，それぞれ何杯になるか数字を書きなさい。ただし，大さじと小さじの両方を必ず使い，最も適切なはかり方をすること。

(☆☆☆◎◎◎◎)

【3】次の(1)～(3)の問いに答えなさい。

(1)　食品の生産，流通，消費の履歴を明確にすることを何というか，カタカナ8文字で書きなさい。

(2)　血圧，血中のコレステロールなどを正常に保つことを助けたり，おなかの調子を整えるのに役立ったりするなど，その効果・用途を表示しており，特定の保健効果が期待できる食品を何というか書きなさい。

(3)　飲食に起因する衛生上の危害の発生を防止し，国民の健康の保護を図ることを目的とした法律の名称を書きなさい。

(☆☆☆◎◎◎)

【4】次の(1)・(2)の問いに答えなさい。

(1)　図1のア～エは，洗濯用洗剤の主成分である界面活性剤分子のはたらきで汚れが落ちる様子を示している。ア～エの記号を汚れが落ちる過程に並べかえ，記号で書きなさい。

(2)　図1の界面活性剤分子は汚れがもう一度繊維につくのを防ぐ。このことを何作用というか書きなさい。

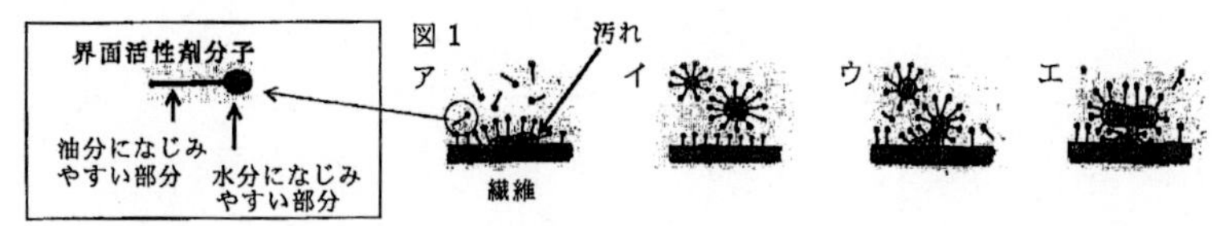


(☆☆☆◎◎◎◎)

【5】次の(1)～(3)の問いに答えなさい。

(1) 被服を着ることにより，皮膚との間，あるいは重ねた被服との間に外界とは異なった人工的な空気層がつくられる。この空気層を何というか書きなさい。

(2) 細かい繊維が毛羽立っている布は，わずかな炎が接触しただけで毛羽に火がつき，一瞬で被服全体に燃え広がることがある。このような現象を何というか書きなさい。

(3) 布を裁断する前には布全体に水分を与え，裏から布目を整えるようにアイロンをかける。このことを何というか書きなさい。また，このような処理を行う目的を書きなさい。

(☆☆☆◎◎◎◎)

【6】三原組織について，次の(1)・(2)の問いに答えなさい。

(1) たて糸とよこ糸の組み合わせによって，斜めにうねが現れる組織名を書きなさい。

(2) たて糸とよこ糸が1本ずつ交互に組み合わされた最も単純な組織の布を，次のア～エから選び記号で書きなさい。

ア) デニム　イ) サテン　ウ) ギンガム　エ) サージ

(☆☆☆◎◎◎◎)

【7】次の(1)～(4)の問いに答えなさい。

(1) 地球環境を保全するという観点から，資源，エネルギー，廃棄物などの面で十分な配慮がなされ，また，周辺の自然環境と調和し，健康で快適に生活できるよう工夫された住宅を何というか書きなさい。

(2) 自然災害の程度や危険度，起こる地域等を予測し，地図上に表したものを何というか書きなさい。

(3) 建築基準法では，室内の明るさを確保するため，住宅にあっては採光可能な窓面積を床面積の何分の1以上と定めているか数字を書きなさい。

(4)　図1の出入り口を，JISに規定された平面表示記号を用いて描きなさい。(フリーハンド可)

図1

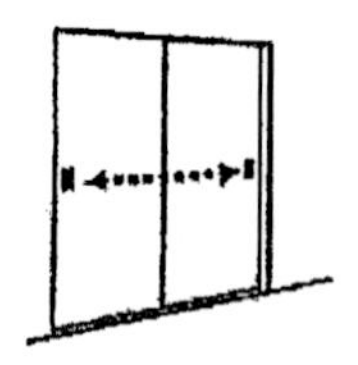

(☆☆☆◎◎◎◎)

【8】次の(1)～(3)の問いに答えなさい。

(1)　次の(a)・(b)の事項を規定した法律の名称を書きなきい。

(a)　小学校就学前の子を養育する労働者は，申し出ることにより，1年に5日まで，病気・けがをした子の看護のために，休暇を取得することができる，

(b)　使用者は，産後8週間を経過しない女性を就業させてはならない。

(2)　幼児は遊びを通して様々なことを身に付ける。(a)～(c)の経験をさせたいときに，最もふさわしい遊びの例を，次のア～オの中から1つずつ選び記号で書きなさい。

(a)　体を動かしながら友だちとかかわる経験をさせたいとき

(b)　手指を使って創造的に取り組む経験をさせたいとき

(c)　生活の模倣や友だちとの言葉のやり取りを経験させたいとき

ア　鉄棒　　イ　おにごっこ　　ウ　ままごと　　エ　絵本

オ　折り紙

(3)　乳幼児期の言葉は，成長とともにその内容が変化する。次のア～エを言葉の発達の順序に並べかえ，記号で書き入れなさい。

ア　「パパ」，「ママ」などの一語文を話す

イ　「なぜ」，「どうして」と質問し納得のいく答えを探す

ウ　「アーアー」，「ウーウー」などの声を出す

エ　「パパ　シゴト」などの二語文を話す

(☆☆☆◎◎◎◎)

【9】次の(1)～(5)の問いに答えなさい。

(1) 製造物の欠陥により人の生命，身体又は財産に係る被害が生じた場合の製造業者等の損害賠償の責任について定めた法律の名称を書きなさい。

(2) 計画性のないクレジットカードの利用，生活のための借金などの理由により，支払い能力を超えて債務を重ね，返済が困難な状況になることを何というか書きなさい。

(3) 商品の代金を利用者が指定する金融機関の口座から，即時に引き落とせるよう即時決済機能を付加したカードを何というか書きなさい。

(4) 日常生活の環境への負荷を数値で実感する方法の1つとして，電気，ガス，水道，ガソリン等のエネルギー消費量から，$CO_2$排出量を算出し記録するものを何というか書きなさい。

(5) 商品を一方的に送りつけて代金を請求する悪質商法を何というか書きなさい。また，このような場合，送りつけられた商品はどのようにすればよいか，次のア～オの中から最も適切なものを選び記号で書きなさい。

【対応】

ア すぐに処分する

イ 7日間保管後処分する

ウ 8日以内にクーリング・オフする

エ 14日間保管後処分する

オ 20日以内にクーリング・オフする

(☆☆☆◎◎◎◎)

【10】次の(A)・(B)のいずれか1つを選びその記号を記入し，問いに答えなさい。

(A) 新中学校学習指導要領(平成20年3月告示)「第2章 第8節 技術・家庭」の内容について，次の( a )～( j )にあてはまる語句を書き入れなさい。

第1　目標

生活に必要な基礎的・基本的な(　a　)の習得を通して，(　b　)とのかかわりについて理解を深め，進んで生活を(　c　)能力と(　d　)を育てる。

第2　各分野の目標及び内容〔家庭分野〕

3　内容の取扱い

(1)　内容の「A家族・家庭と子どもの成長」については，次のとおり取り扱うものとする。

ア　(1)，(2)及び(3)については，相互に関連を図り，実習や観察，(　e　)などの学習活動を中心とするよう留意すること。

イ　(2)のアについては，(　f　)などの地域の人々とのかかわりについても触れるよう留意すること。

ウ　(3)のアについては，幼児期における周囲との基本的な信頼関係や生活習慣の形成の重要性についても扱うこと。(3)のウについては，幼稚園や保育所等の幼児との(　g　)ができるよう留意すること。

(2)　内容の「B食生活と自立」については，次のとおり取り扱うものとする。

ア　(1)のイについては，(　h　)や食物繊維についても触れること。

イ　(2)のウについては，主として調理実習で用いる(　i　)と加工食品の良否や表示を扱うこと。

ウ　(3)のアについては，魚，肉，野菜を中心として扱い，基礎的な題材を取り上げること。(3)のイについては，調理実習を中心とし，主として地域又は季節の食材を利用することの意義について扱うこと。また，地域の伝統的な行事食や(　j　)を扱うこともできること。

(B)　新高等学校学習指導要領(平成21年3月告示)「第2章　第9節　家庭」の内容について，次の(　a　)～(　j　)にあてはまる語句を書き入れなさい。

第2款　各科目　第2　家庭総合

1　目標

人の一生と(　a　)，子どもや高齢者との(　b　)，消費生活，衣食住などに関する知識と技術を総合的に習得させ，家庭や地域の生活課題を(　c　)するとともに，生活の充実向上を図る能力と(　d　)を育てる。

第3款　各科目にわたる指導計画の作成と内容の取扱い

1　指導計画の作成に当たっては，次の事項に配慮するものとする。

(1)「家庭基礎」,「家庭総合」及び「(　e　)」の各科目に配当する総授業時数のうち，原則として(　f　)を実験・実習に配当すること。

(2)　「家庭基礎」は，原則として，(　g　)で履修させること。

(4)　中学校技術・家庭科，公民科，(　h　)，(　i　)及び保健体育科などとの関連を図るとともに，教科の目標に即した(　j　)指導が行われるよう留意すること。

(☆☆☆☆◎◎◎◎)

# 解答・解説

## 【中高共通】

【1】(1)　後期高齢者　　(2)　ユニバーサルデザイン　　(3)　合計特殊出生率

〈解説〉(1)　65～74歳の高齢者は前期高齢者という。日本は1970年に高齢者の割合が7%を超え高齢化社会とされた。その後1995年には高齢社会，そして2007年には超高齢社会を迎えた。　(2)　ユニバーサルデザインは，1985年にロナルド・メイスが公式に提唱した概念である。ユニバーサルデザインの7原則も調べておくとよい。ユニバーサルデザインの例としては，シャンプーボトルの印などがある。　(3)　1970

年代から先進国で出生率の低下が目立ち始めた。2010年の合計特殊出生率は1.39であった。

【2】(1)　50g　　(2)　エ　　(3)　大さじ2杯，小さじ2杯

〈解説〉(1)　廃棄部を含めた原材料重量(g)＝$\frac{\text{調理前の可食部重量(g)}}{100-\text{廃棄率(\%)}}$×100を用いて計算する。(100－廃棄率)は可食部の割合で，ごぼうの必要量は，$\frac{45}{100-10}$×100＝50gと求められる。　(2)　みその量を求める時は，まず必要な塩分量を算出してからその量を求める。

(3)　砂糖や塩，しょう油，サラダ油，味噌などの調味料の重量はおさえておこう。水，酢，酒，塩は小さじ1で5g，みそとしょうゆは小さじ1で6g，大さじは小さじの3倍である。

【3】(1)　トレーサビリティ　　(2)　特定保健用食品　　(3)　食品衛生法

〈解説〉(1)　流通経路情報ともいわれる。2001年にBSEが発生したため，2003年から牛のトレーサビリティが義務付けられ，全頭検査を行っている。　(2)　特定保健用食品とは，医学的および栄養学的にみて明らかな根拠のあることが証明されたヒトの健康維持に必要な成分を含んだ食品のことである。例えば，オリゴ糖関係が機能性物質で，腸内環境改善の効果がある食品にヨーグルトがあげられる。

【4】(1)　ア → エ → ウ → イ　　(2)　再汚染防止作用

〈解説〉アは浸透作用，エは乳化作用，ウは分散作用，イは再汚染防止作用である。界面活性剤分子の油分になじみやすい部分を親油基，水分になじみやすい部分を親水基といい，2つの物質の境界面に吸着し，表面張力を減少させる。

【5】(1)　被服気候　　(2)　表面フラッシュ現象　　(3)　地直し

目的：布目のゆがみやつれを直し，洗濯による収縮を防ぐ。

〈解説〉(1)　被服気候は温度…32±1℃，湿度…50±10％RHに保たれている時が快適であるとされている。　(2)　表面フラッシュ現象は綿や

レーヨン及びその混紡の起毛品で毛羽の長いものや，綿や麻等の編み物で表面に毛羽立ちの認められるものに発生しやすい。

【6】(1)　斜文織　　(2)　ウ

〈解説〉平織・斜文織(綾織)・朱子織の3種類を三原組織という。朱子織は，たてまたはよこ，一方の糸が表面に長く浮いた組織の布である。平織には他にブロードやガーゼ，斜文織にはデニムやサージ，朱子織にはサテンやドスキンがある。

【7】(1)　環境共生住宅　　(2)　ハザードマップ　　(3)　7分の1以上

(4)

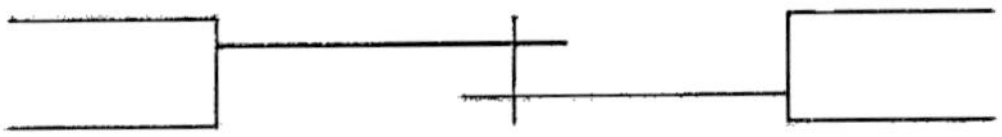

〈解説〉(1)　環境共生住宅の例として，屋上緑化や壁面緑化などのパッシブ手法を取り入れた住宅があげられる。　(2)　国土交通省で公表されているハザードマップには，洪水・内水・高潮・津波・土砂災害・火山のハザードマップがある。　(3)　採光の他に，住宅の居室では床面積の$\frac{1}{20}$以上，換気に有効な窓等を設けることが義務付けられている。　(4)　主要なドアや窓・階段などの平面表示記号についてはおさえておくこと。

【8】(1)　(a)　育児・介護休業法　　(b)　労働基準法　　(2)　(a)　イ

(b)　オ　　(c)　ウ　　(3)　ウ→ア→エ→イ

〈解説〉(1)　(a)　正式名称は「育児休業，介護休業等育児又は家族介護を行う労働者の福祉に関する法律」である。育児・介護休業法は，平成21年7月1日に改正され，主な改正内容は子育て期間中の働き方の見直しや父親も子育てができる働き方等があげられる。なお，本問の根拠条文は第16条の2である。　(b)　労働基準法では，産前休業6週間・多胎妊娠の場合は14週間とも定めている。　(2)　幼児の遊びは発達に大きく関わっており，体を動かして遊ぶ体験を通して，身体の発育・

運動・機能・言語・情緒・社会性などの発達を促している。
(3)「アー・ウー」などの喃語は5か月頃から始まる。二語文は1歳半～2歳頃，質問は2歳半～3歳から始まる。

【9】(1)　製造物責任法(PL法)　(2)　多重債務　(3)　デビットカード
(4)　環境家計簿　(5)　商法名…ネガティブオプション　対応…エ
〈解説〉(1)　製造物責任法は，1995年に制定された。　(2)　自己破産についてもおさえておくとよい。自己破産とは，多額の借金が自分の資力では返済不可能になった場合，裁判所に破産を申し立てて破産申告を受け，債務者の財産を金銭に変えて債務者に分配する方法である。
(3)　代金を支払うカードには，プリペイドカード・デビットカード・クレジットカードの3種類がある。　(5)　様々な悪徳商法の名称と内容についてはおさえておきたい。また，通信販売など，クーリング・オフの対象にならない商品や条件などにもしっかりおさえておくこと。

【10】(A)　(a)　知識及び技術　(b)　生活と技術　(c)　工夫し創造する
(d)　実践的な態度　(e)　ロールプレイング　(f)　高齢者
(g)　触れ合い　(h)　水の働き　(i)　生鮮食品　(j)　郷土料理
(B)　(a)　家族・家庭　(b)　かかわりと福祉　(c)　主体的に解決
(d)　実践的な態度　(e)　生活デザイン　(f)　10分の5以上
(g)　同一年次　(h)　数学科　(i)　理科　(j)　調和のとれた
〈解説〉(A)　家庭分野の目標においては，自己と家庭，家庭と社会とのつながりを重視し，これからの生活を見据え，よりより生活を送るための能力と実践的な態度の育成を重視するように改善が図られている。　(B)「家庭基礎」は2単位，「家庭総合」及び「生活デザイン」は4単位である。「家庭総合」及び「生活デザイン」を複数の年次にわたって分割して履修させる場合には，連続する2か年において履修させなければならない。

# 2011年度　実施問題

## 【中高共通】

【1】すまし汁のだしについて，次の(1)～(3)の問いに答えなさい。

(1) こんぶとけずりぶしでとるだしを何というか書きなさい。

(2) こんぶに含まれるうまみ成分と，けずりぶしに含まれるうまみ成分をあわせることにより，だしのうまみが増すことを，味の何効果というか書きなさい。

(3) こんぶとけずりぶしを使っただしのとり方の手順を書きなさい。

(☆☆☆☆◎◎)

【2】わが国の食文化について，次の文章を読んで，(1)～(4)の問いに答えなさい。

わが国では，<u>主食である米飯と汁物に，魚介・大豆・野菜・海藻・きのこなどのおかず(菜)を2～3種類組み合わせた食事様式</u>が発達してきた。日本料理によく使われる材料である大豆・野菜・海藻などには，食物繊維が多く含まれている。食物繊維は，エネルギー源にはならないが，健康の保持のために必要である。

【図1】

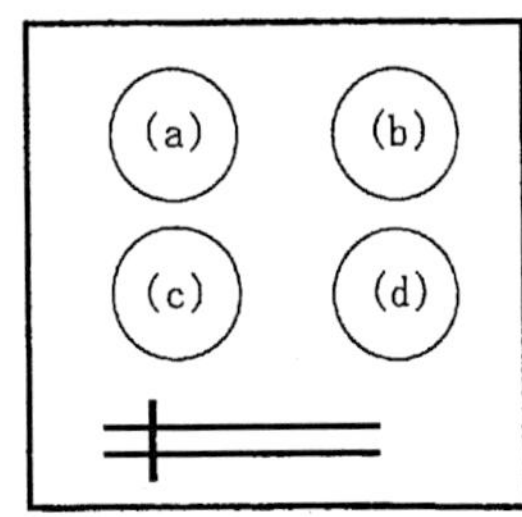


(1) 下線部のような食事様式を何というか書きなさい。

(2) 下線部のような食事様式は，武家や公家が客を接待するための饗応食がもとになっている。江戸時代に完成したこのような料理形式を何というか書きなさい。

(3)　図1のように日本料理の配膳をする場合，「汁もの」はどの位置に配膳するのがふさわしいか，最も適切なものを図1の(a)～(d)から選び，記号で書きなさい。

(4)　体内での食物繊維の働きを簡潔に書きなさい。

(☆☆☆☆◎◎◎)

【3】次の(1)～(3)の問いに答えなさい。

(1)　人の生涯には，いくつかの大きな節目があります。それらの節目によって区切られた段階を何と呼ぶか書きなさい。

(2)　家庭では個人や家族の生活を維持・向上させるため，多種類にわたる仕事が行われています。家庭生活を支えるために行われる労働を何というか書きなさい。

(3)　親には未成年者の子どもに対し，身分や財産の監督・保護を行い，教育する権利と義務があります。この権利と義務を何というか書きなさい。

(☆☆☆☆☆◎◎◎)

【4】次のA・Bは既製服の表示です。下の(1)～(4)の問いに答えなさい。

A

| | |
|---|---|
| (a) | ９２ |
| ウエスト | ８０ |
| 身長 | １６５ |
| ９２Ａ４ | |

B

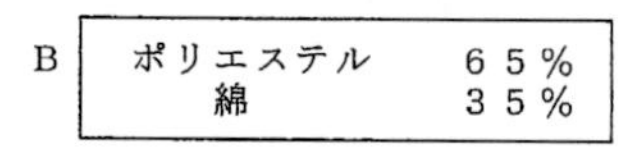


(1)　Aは成人男子用衣料に付いているサイズ表示です。(a)にあてはまる語句を書なさい。

(2)　Bはワイシャツなどの衣服に付いている表示で，繊維名と混用率を表したものです。この表示を何というか答えなさい。

(3)　ポリエステルと綿について，それぞれの繊維の特徴を書きなさい。

(4)　ポリエステルと綿を混紡することによって得られる効果について，繊維の特徴をふまえて具体的に書きなさい。

(☆☆☆◎◎◎)

【5】下の(1)～(4)の問いに答えなさい。

【図1】

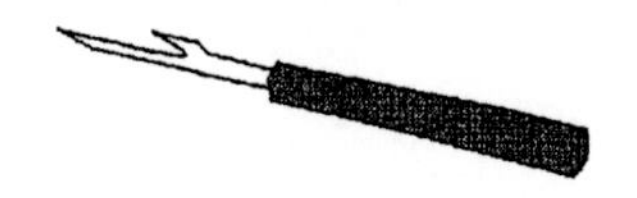

(1) 図1はミシンの縫い目をほどく場合に使う道具です。この道具の名称を書きなさい。

(2) 衣服製作の手順にしたがって，(a)～(e)の記号を並びかえなさい。

(a) 布用複写紙(両面)を使ってしるしをつける

(b) 中表に布を折り，型紙を配置する

(c) チャコペンシルで縫いしろのしるしをつける

(d) 布を裁断する

(e) 型紙を作る

(3) 布を縫い縮めて凹凸をつくり，美しくやわらかい立体感をもたせる装飾技法を何というか，次のア～エから選び記号で答えなさい。

ア) タック　イ) ギャザー　ウ) ダーツ　エ) いせこみ

(4) 凹型と凸型で対になっているスナップをブラウスなど衣服の前あきの部分につける場合，凸型は上前・下前のどちらにつければよいか答えなさい。

(☆☆☆☆◎◎)

【6】安全で快適な住まいについて，次の(1)・(2)の問いに答えなさい。

(1) 建物の耐震強度を高めるために，柱と柱の間に斜めに入れる部材のことを何というか書きなさい。

(2) 居住する人が，組合を結成して共同で事業計画を進め，土地の取得，建物の設計，工事の発注等の業務を行い，住宅を取得・管理していく方式で建てられた集合住宅を何というか書きなさい。

(☆☆☆☆☆◎◎)

【7】次の(1)～(5)の問いに答えなさい。

(1) 容器包装リサイクル法について，次の(a)・(b)の問いに答えなさい。

(a) この法律が制定された目的を簡潔に書きなさい。

(b) この法律では，容器包装廃棄物に対する三者の役割が定められています。その三者とは誰か書きなさい。

(2) 電話などで「抽選に当たった」などといって喫茶店や店舗・営業所に呼び出し，商品などを購入させる悪質商法を何というか書きなさい。

(3) 1960年に創設された消費者団体の国際的な組織を，アルファベットで答えなさい。

(4) 家計の支出のうち，社会保険料と所得税や住民税などの直接税をあわせたもので，そのほとんどを政府など公的機関に納める支出のことを何というか書きなさい。

(5) 夏子さんは，返品できることを確認してから，通信販売でTシャツを注文しました。届いた商品が思ったものと違っていたので，返品することにしました。夏子さんがとる行動として，最も適切なものを次の(a)～(e)から選び，記号で書きなさい。

(a) とりあえずすぐに送り返す

(b) クーリング・オフ制度を利用する

(c) 代金は支払わず放っておく

(d) 販売業者の取り決めに従って返品手続きをする

(e) 代金は一度支払ってから，事業者に連絡をする

(☆☆☆☆◎◎◎)

【8】次の(1)～(5)の問いに答えなさい。

(1) 1951年5月5日に制定された，子どものもつ権利を確認し，すべての子どもの幸福がはかられるよう社会の果たす責任と義務を定めたものは何か，その名称を書きなさい。

(2) 年上の子から年下の子へ，親から子へ，そして地域で受け継がれているような遊びを総称して何というか書きなさい。

(3) 幼児の体の発達について，次の( a )～( c )に最も適切な数字を書きなさい。

1歳児の身長は，生まれたときの約( a )倍となり，( b )歳で約2倍となる。

また，1歳の体重は，生まれたときの約( c )倍となる。

(4) 子どもの遊びは，成長とともにその内容が変化します。次の(a)～(d)の文章を遊びの発達の順序に並びかえ，記号で書き入れなさい。

(a) 一人で自由に遊ぶ(一人遊び)

(b) 集団で相談したりしながら協力して遊ぶ

(c) 道具の貸し借りをして，友達と遊ぶ

(d) 友だちのそばで，それぞれ自分だけの遊びをする

(5) 構成遊びの具体例を1つ書きなさい。

(☆☆☆☆◎◎)

【9】次の(A)・(B)のいずれか1つを選びその記号を記入し，問いに答えなさい。

(A) 新中学校学習指導要領(平成20年3月告示)「技術・家庭」の内容について，次の(1)・(2)の問いに答えなさい。

(1) 「第2　各分野の目標及び内容〔家庭分野〕　2 内容」に示されているAからDの4つの内容を書きなさい。

(2) 「第3　指導計画の作成と内容の取扱い」について，( a )～( f )に適切な語句を書き入れなさい。ただし，同じ記号には，同じ語句が入るものとする。

1 指導計画の作成に当たっては，次の事項に配慮するものとする。

(4) 第1章総則の第1の2及び第3章( a )の第1に示す( a )教育の目標に基づき，( a )の時間などとの関連を考慮しながら，第3章( a )の第2に示す内容について，技術・家庭科の特質に応じて適切な指導をすること。

2 各分野の内容の取扱いについては，次の事項に配慮するもの

とする。

(2)　生徒が学習した知識及び(　b　)を生活に活用できるよう，(　c　)な学習を充実するとともに，家庭や(　d　)との連携を図るようにすること。

4　各分野の指導については，(　e　)やものづくりなどに関する実習等の結果を整理し考察する学習活動や，生活における(　f　)を解決するために言葉や図表，概念などを用いて考えたり，説明したりするなどの学習活動が充実するよう配慮するものとする。

(B)　新高等学校学習指導要領(平成21年3月告示)「家庭」の内容について，次の(1)～(3)の問いに答えなさい。

(1)　「第2章　第9節家庭　第1款　目標」について，(　A　)～(　D　)に適切な語句を書き入れなさい。

人間の(　A　)にわたる発達と生活の営みを(　B　)にとらえ，家族・家庭の意義，家族・家庭と社会とのかかわりについて理解させるとともに，生活に必要な知識と技術を習得させ，男女が協力して(　C　)に家庭や地域の生活を(　D　)する能力と実践的な態度を育てる。

(2)「第2章　第9節家庭　第3款　各科目にわたる指導計画の作成と内容の取扱い」について，(　a　)～(　c　)に適切な語句を書き入れなさい。

2　内容の取扱いに当たっては，次の事項に配慮するものとする。

(1)　生徒が自分の生活に結び付けて学習できるよう，(　a　)を充実すること。

(2)　子どもや高齢者など様々な人々と触れ合い，(　b　)を高める活動，衣食住などの生活における様々な事象を言葉や概念などを用いて考察する活動，判断が必要な場面を設けて理由や根拠を論述したり適切な解決方法を探究したりする活動などを充実すること。

(3)　食に関する指導については，家庭科の特質を生かして，

( c )を図ること。

(3) 「第1章　総則　第2款　各教科・科目及び単位数等」に示されている各学科に共通する教科「家庭」の3科目の名称と標準単位数を書きなさい。

(☆☆☆☆☆◎◎◎)

# 解答・解説

## 【中高共通】

【1】(1) 混合だし　(2) 相乗　(3) こんぶを水から入れて，火にかけ，沸騰直前にこんぶを取り出す。沸騰したら，けずりぶしを加え，再沸騰したら火を止め，うわ澄み液をこす。

〈解説〉(1) 混合だしは2種類以上のだし汁を混ぜたもので，合わせだしともいわれる。一般的にはかつお節と昆布からとっただしを指す。

(2) 相乗効果とは複数の要因が重なることで，個々に使用することで得られる結果以上になることを指し，投薬などでも用いられる。昆布だしのうま味成分であるグルタミン酸とけずりぶしのうま味成分であるイノシン酸を混合すると，うま味の強さは最大で約7倍になる。

(3) こんぶは水から入れること，沸騰直前に取り出すことがポイント。けずりぶしについて，正確にはこんぶだしを少し冷ましてから入れたほうがよい。そして，再沸騰したらこしてかつおぶしはしぼらないことがポイントである。

【2】(1) 一汁二菜　または　一汁三菜　(2) 本膳 (料理)　(3) d

(4) 腸の働きを整えて，便通をよくする。

〈解説〉(1) 日本の伝統的な食事様式は「一汁○菜」とあらわされるのが特徴。一般的に一汁三菜では，なます，煮もの，焼きものがつく。

(2) 本膳料理は，日本料理の正式な膳立てのことで，室町時代に確立された武家の礼法から始まり，江戸時代に饗応料理として発展した形式である。　(3)　配膳でどこに何を置けばよいかは，他の都道府県でも出題されている。特に，一汁二菜，一汁三菜は頻出なので，しっかり学習しておきたい。　(4)　他に，水分を吸収してふくらむことで，食べた食品の胃での滞留時間を長くさせる。ふくらんだ食物繊維によって，糖と消化酵素の接触を妨げ，血糖値の上昇をおさえる。コレステロールの吸収の阻害・排出促進などがあり，このような働きは，糖尿病や脂質異常症の予防・改善に効果がある。

【3】(1)　ライフステージ　　(2)　家事（労働）　　(3)　親権

〈解説〉(1)　ライフステージの例としては幼年期・児童期・青年期・壮年期・老年期などがある。　(2)　家事労働とは私的生活圏である個別の家庭内において行われる衣食住の調達・維持・管理のための仕事，および育児，病人や老齢者の世話，近隣地域活動など，家族単位の生活を営むうえで不可欠な仕事である。　(3)　親権は，父母が未成年の子(実子および養子，ただし未婚の者)に対して有するさまざまな権利・義務の総称である。2010年12月に法制審議会は，家庭裁判所の審判で最長2年間，親権停止が可能になる要綱案を決定している。そのような動向も確認しておくこと。

【4】(1)　チェスト(胸囲)　　(2)　組成表示　　(3)　ポリエステル……引っ張りや摩擦に強く，丈夫であるが，吸湿性が小さい。洗濯後の乾きが早く，しわになりにくい。静電気を帯びやすい。　綿……肌ざわりがよく，吸湿性が大きい。日光・熱・洗濯に強く，丈夫であるが，乾きが遅く，しわになりやすい。　(4)　適度に吸湿性があり，乾きが早くしわになりにくい衣服の素材ができる。

〈解説〉(3)　繊維の特徴は頻出である。天然繊維・化学繊維の特徴は，他の繊維もしっかり学習すること。　(4)　繊維を混紡すると，それぞれのよい面が生かされる。(3)で正答を出しておかないと解は導けなくなるので注意しよう。

【5】(1) リッパー　(2) (e)→(b)→(c)→(d)→(a)　(3) イ
(4) 上前

〈解説〉(1) 道具に関しては，他に目打ちなどもある。頻出問題ではないが，ミシンに関する問題は頻出なので，関連事項としておさえておこう。 (3) タックは平面的な布の一部をつまんで，装飾的に立体化する技法。ダーツは体の肩・胸・腰などの膨らみを立体的に形成するため，布の一部をつまみ，膨らみに向けて先端を縫い消した縫い込み。いせこみは細かくぐし縫い，または粗目にミシン縫いをして糸を引き，ギャザーがよらないように縮め，スチームアイロンで立体的に形づくる方法である。 (4) スナップでは凸型を上前，凹型を下前につける。

【6】(1) 筋かい　(2) コーポラティブハウス(コーポラティブ住宅)

〈解説〉(1) 筋かいの目的は問題にあるものの他，地震・風などによる変形を防ぐためでもある。 (2) コレクティブハウス(独立した居住スペースの他に，居間や台所などを共同で使用できるスペースを備えたもの)と混同しがちなので注意すること。

【7】(1) (a) ゴミの減量と資源の有効な活用　(b) 消費者，市町村，事業者　(2) アポイントメントセールス　(3) CI　(4) 非消費支出　(5) (d)

〈解説〉(1) (a) 容器包装リサイクル法は，家庭から出るごみの6割(容積比)を占める容器包装廃棄物を資源として有効利用することにより，ごみの減量化を図るための法律である。 (b) 容器包装リサイクル法では，消費者，市町村，事業者の三者の役割が定められている。消費者は分別排出，市町村は分別収集，事業者は排出抑制とリサイクルである。 (2) 悪徳商法(悪質商法)にはアポイントメントセールスの他に，キャッチセールスやマルチ商法，催眠(SF)商法等がある。頻出なので，それぞれの特徴や具体的手口などを学習しておこう。 (3) CIは，国際消費者機構の略で，1960年，アメリカ消費者同盟(CU)，イギリス消費者協会(CA)など先進諸国の消費者団体が中心となって設立された国際的消費者団体である。　(4)　非消費支出は，税金や社会保険料など世帯の自由にならない支出及び借金利子などで構成される。

(5)　返品できることを確認しているので，業者の取り決めに従って返品手続きをすればよい。クーリング・オフ制度などと混同しがちなので，相違点を学習しておきたい。

【8】(1)　児童憲章　(2)　伝承遊び　(3)　(a)　1.5　(倍)　(b)　4　(歳)　(c)　3　(倍)　(4)　(a) → (d) → (c) → (b)　(5)　積み木遊び，ブロック遊び，粘土遊び，お絵かき，折り紙遊びなど

〈解説〉(1)　児童憲章は，1951(昭和26)年5月5日の「こどもの日」に，児童の成長と幸福の実現を願って作成された宣言的文書である。過去問等で頻出の条文を中心に憶えておくとよい。　(2)　伝承遊びは，昔から伝わる遊びのことである。具体例として，こま回し・けん玉・お手玉などがある。　(4)　遊びは個から集団へと発達していくことを把握していれば，正答は導けるだろう。

【9】(A)　(1)　A　家族・家庭と子どもの成長　B　食生活と自立　C　衣生活・住生活と自立　D　身近な消費生活と環境
(2)　(a)　道徳　(b)　技術　(c)　問題解決的　(d)　地域社会
(e)　衣食住　(f)　課題　(B)　(1)　A　生涯　B　総合的
C　主体的　D　創造　(2)　(a)　問題解決的な学習　(b)　他者とかかわる力　(c)　食育の充実　(3)　家庭基礎……2単位
家庭総合……4単位　生活デザイン……4単位

〈解説〉学習指導要領に関する問題は頻出であり，また教員になった場合の生徒指導等の基本となるものなので，言葉を憶えるだけでなく，内容の意味等についてもよく学習しておこう。なお，新学習指導要領の実施時期は原則，中学家庭科が平成24年度入学生，高等学校家庭科が平成25年度入学生となっているので，現行学習指導要領からの改訂点が問われることも予想される。新旧対照表などの資料で確認しておきたい。

# 2010年度　実施問題

## 【中高共通】

【1】次の(1)～(6)の問いに答えなさい。

(1) 事業者からの情報提供のあり方や勧誘行為が不適切な場合に，消費者の取消権を定めている，2001年に施行された法律の名称を答えなさい。

(2) 図1は，公正な販売に努めるため通信販売業界で会員業者につけられるマークである。このマークの名称を答えなさい。

図1

(3) 料金前払いの一定額のカードのことを何というか答えなさい。

(4) クーリング・オフ制度を利用して，マルチ商法での契約を解約できる期間を，次の(a)～(e)から選び記号で答えなさい。

(a) 7日間　(b) 8日間　(c) 10日間

(d) 20日間　(e) 30日間

(5) 環境への影響を配慮した商品や店を選ぶ消費者のことを何というか答えなさい。

(6) 生産地から食卓までの距離に着目した概念であり，(食料の輸送量×輸送距離)という計算で数量的に表されるものを何というか答えなさい。

(☆☆☆☆☆◎◎)

【2】次の(1)～(6)の問いに答えなさい。

(1) 次の(a)～(d)の幼児期の体の動きについて，発達順に並べなさい。

(a) スキップができる　(b) 両足をそろえてとぶ

(c) ひとりで歩く　(d) つかまらないで階段をひとりで登る

(2) 出生後の4週間は何という時期か答えなさい。

(3) ほ乳量より，出ていく尿や便等による水分損失量が上回るため，出生時より体重が5～10%減少することを何というか答えなさい。

(4)　図1は，日本玩具協会の認定するおもちゃにつけられるマークである。このマークの名称を答えなさい。

図1

(5)　1989年の国連総会で採択され，世界的な視野で児童の人権の尊重，保護の促進を目指し，54の条項から成り立っているものは何か答えなさい。

(6)　妊娠中の母親の健康や出生した子どもが小学校へ入学するまでの健康の記録をしていくもので，各市町村が妊娠の届出をした者に対して交付しなければならないものを何というか答えなさい。

(☆☆☆☆☆◎◎◎)

【3】次の(1)・(2)の問いに答えなさい。

(1)　子どもの年齢や性別により，親と子，きょうだいが寝るところを分けることを何というか答えなさい。

(2)　住宅の新築や改築直後などに，居住者に頭痛・動悸・吐き気などの体調不良があらわれることを何というか答えなさい。

(☆☆☆☆☆◎◎)

【4】次の(1)～(5)の問いに答えなさい。

(1)　図1は，男女・年齢階級別労働力率の推移のグラフである。女性の年齢階級別労働力率のグラフは，M字型を描く。その理由を答えなさい。

(2)　次のア～オの家族形態の中から，核家族に該当する家族の形態をすべて選び記号で答えなさい。

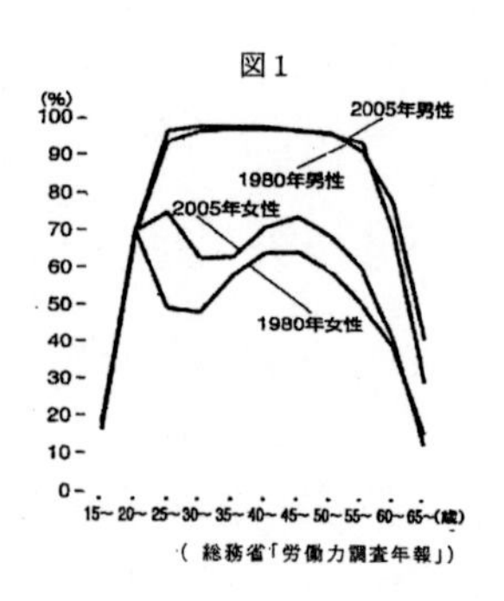

図1
(総務省「労働力調査年報」)

| ア　夫婦と未婚の子ども | イ　夫婦のみ |
|---|---|
| ウ　夫婦と既婚の子ども | エ　一人暮らし |
| オ　母親または父親と未婚の子ども | |

(3)　次のア～オの世帯構成の中から，1970年以降最も増加した世帯構成を選び記号で答えなさい。

| |
|---|
| ア　夫婦と未婚の子ども世帯 |
| イ　夫婦のみ世帯 |
| ウ　夫婦と既婚の子ども世帯 |
| エ　単独世帯 |
| オ　母親または父親と未婚の子ども世帯 |

(4)　近年，親と同居し親の生活圏から自立できない者が増えているが，このような独身者を何と呼ぶか答えなさい。

(5)　配偶者からの暴力を犯罪となる行為と定義し，人権の擁護と男女の平等，暴力の防止，被害者の保護をはかるために，2001年に制定，施行された法律は何というか答えなさい。

(☆☆☆☆◎◎◎◎)

【５】下の(1)～(3)の問いに答えなさい。

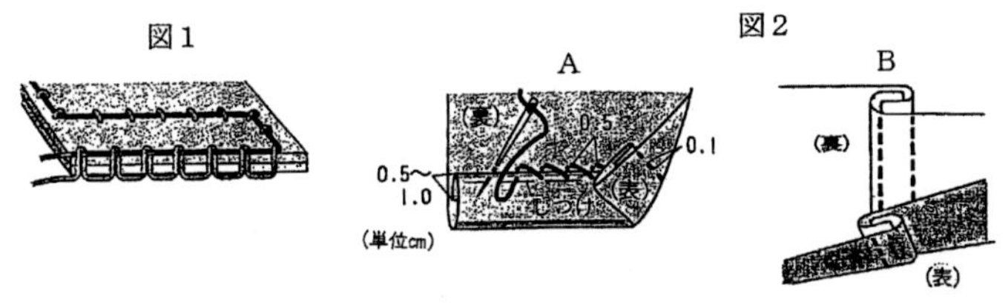


(1)　ミシンを用いて直線縫いをしたところ，縫い目が次の(a)・(b)のようになった。このようになった原因は何か答えなさい。

(a)　図1のような縫い目になった。

(b)　縫い目がとんでしまった。

(2)　図2のA・Bのような縫いしろのしまつ方法を何というか答えなさい。

(3) ミシンの操作について，次の( a )～( c )に最も適する語句を答えなさい。

ミシンに上来をかけ下糸を入れた状態から下糸を引き出すには，左手で上糸を持ち右手で( a )を手前に一回転させ，上来を上の方へ引っ張り下糸を引き出す。

角を縫う時はミシンを止め，布に( b )状態で( c )を上げ，布の向きを変えた後，( c )を下ろして縫い始める。

(☆☆☆☆◎◎)

【6】採寸方法について，( a )～( d )にあてはまる語句を答えなさい。

(1) バスト(女)は，胸の最も高いところの位置で，( a )に一周測る。

(2) そでたけは，腕を良然に下げた状態で，( b )から手首までの長さを測る。

(3) また上は，いすに腰をかけて，( c )から座面までの長さを( d )に測る。

(☆☆☆☆◎◎)

【7】次の(1)～(3)の問いに答えなさい。

(1) 図1は，基本的な切り方に関するものです。( a )～( c )の切り方の名称を答えなさい。

図1

| (a) | (b) | (c) |
|---|---|---|
|  ごぼうなどを，鉛筆を削るように包丁でそいでいく。太い部分は，縦に切り込みを入れてからそいでいく。 |  トマトやたまねぎなど丸い食材を切るとき，芯を中心に放射状に切る。 | 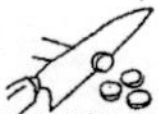 長ネギなど細長い食材を，端から直角に，同じ幅になるように切る。 |

(2) 次の( a )・( b )にあてはまる語句を答えなさい。

・細菌性食中毒の原因菌の一つであり，海水に存在することが多く，生鮮魚介類やその加工品が原因食品となりやすく，下痢，腹痛，嘔吐，発熱などの症状を起こす原因菌名を( a )という。

・呼吸や感覚の麻痺をおこす，ふぐ毒の主成分は( b )である。

(3) 次の文は栄養素について述べたものです。( a )~( c )に適する語句を答えなさい。また，( c )の栄養素を可食部100g中最も多く含む食品を，下記のア～カから1つ選び記号で答えなさい。

・( a )は，骨や歯の形成に関与し，体液のpHの調節をする。カルシウムと( a )の比率は骨の成長や健康の維持に極めて重要であるが，近年の食生活では，加工食品などの摂取により，( a )を過剰摂取する傾向がある。

・( b )は，目の働きを助け，皮膚や粘膜の健康の保持などに関与している。また，体内で( b )の働きをする物質は，2種類以上あり，その中で植物性食品に含まれているものは( c )という。

ア なす　　イ トマト　　ウ いちご
エ たまねぎ　　オ たけのこ　　カ こまつな

(☆☆☆☆◎◎◎)

【8】次の(A)・(B)のどちらか1つを選びその記号を記入し，問いに答えなさい。

(A) 新中学校学習指導要領(平成20年3月告示)「技術・家庭」について，次の( a )~( i )にあてはまる語句を書き入れなさい。

第2 各分野の目標及び内容〔家庭分野〕

1 目 標

衣食住などに関する実践的・体験的な学習活動を通して，生活の自立に必要な( a )的・( b )的な知識及び技術を習得するとともに，( c )の機能について理解を深め，これからの生活を( d )して，( e )をもって生活をよりよくしようとする能力と態度を育てる。

| 第3　指導計画の作成と内容の取扱い<br>1　指導計画の作成に当たっては，次の事項に配慮するものとする。<br>(3)　各項目及び各項目に示す事項については，相互に(　f　)的な関連を図り，(　g　)的に展開されるよう適切な題材を設定して計画を作成すること。その際，(　h　)における学習を踏まえ，他教科等との関連を明確にして，(　i　)的・発展的に指導ができるよう配慮すること。 |
|---|

(B)　現行高等学校学習指導要領について，次の(1)・(2)の問いに答えなさい。

(1)　次の文は，高等学校学習指導要領「第2章　第9節　家庭」の目標である。(　a　)～(　f　)にあてはまる語句を書き入れなさい。

| 第1款　目　標<br>人間の健全な発達と生活の営みを(　a　)にとらえ，家族・家庭の(　b　)，家族・家庭と(　c　)とのかかわりについて理解させるとともに，生活に必要な(　d　)と(　e　)を習得させ，男女が協力して家庭や地域の生活を創造する能力と(　f　)な態度を育てる。 |
|---|

(2)　次の表は，高等学校学習指導要領「第2章　第9節　家庭」の「第2款　各科目」の目標である。(　g　)～(　i　)の科目名を答えなさい。

| 科目名 | 目　標 |
|---|---|
| (g) | 人の一生と家族・福祉，消費生活，衣食住，家庭生活と技術革新などに関する知識と技術を体験的に習得させ，生活課題を主体的に解決するとともに，家庭生活の充実向上を図る能力と実践的な態度を育てる。 |
| (h) | 人の一生と家族・福祉，衣食住，消費生活などに関する基礎的・基本的な知識と技術を習得させ，家庭生活の充実向上を図る能力と実践的な態度を育てる。 |
| (i) | 人の一生と家族，子どもの発達と保育，高齢者の生活と福祉，衣食住，消費生活などに関する知識と技術を総合的に習得させ，生活課題を主体的に解決するとともに，家庭生活の充実向上を図る能力と実践的な態度を育てる。 |

(☆☆☆☆☆◎◎◎)

# 解答・解説

## 【中高共通】

【1】(1)　消費者契約法　(2)　ジャドマ(マーク)　(3)　プリペイドカード　(4)　d　(5)　グリーン・コンシューマー　(6)　フード・マイレージ

〈解説〉(1)　消費者契約法は，悪質な事業者から消費者を保護する法律で，不当な勧誘によって消費者が事実を誤認したり，困惑した状況で結ばれた契約を取り消せる。適用対象は，消費者と事業者との間で締結されたすべての契約。　(2)　ジャドママークは，日本通信販売協会の正会員であることを示すマークで，会員は特定商取引法や，協会の定めた倫理綱領を守り，信頼に基づく販売活動を行うよう求められる。(3)　プリペイドカードは，代金前払いカード，料金先払いカードともよばれ，磁気ストライプなどにより金額などが記録されたカードで，あらかじめ消費者が購入し，商品・サービスの提供を受ける際に代金決済のために使用する。　(4)　マルチ商法のクーリングオフ期間は20日間である。　(5)　グリーン・コンシューマーは，環境に配慮した消費行動をする人のことである。　(6)　食料を輸送するには，燃料(エネルギー)の消費が必要である。食料を輸入してから，消費者の口に入るまでに，食料がどれくらいの距離を運ばれてきたのかを数字で表したのがフードマイレージである。

【2】(1)　c→b→d→a　(2)　新生児(期)　(3)　生理的体重減少　(4)　盲導犬(マーク)　(5)　児童の権利に関する条約　(6)　母子健康手帳

〈解説〉(1)　体の動きは，大まかな動きから細かな動きへと発達する。(2)　出生後4週間のことを新生児期という。　(3)　生理的体重減少とは，生後3～4日たつと体重が3～10パーセント減少することである。これは，胎便，尿，不感蒸泄，哺乳量などで排泄，栄養水分の摂取不良，組織液の消失(不感蒸泄)が，摂取量より多いために起こる。
(4)　盲導犬マークは，共遊玩具のうち，目の見えない子どもたちにも配慮したおもちゃに付けられるマークである。

【3】(1)　就寝分離　　(2)　シックハウス症候群
〈解説〉(1)　就寝分離は，生活する場所と寝る場所を区別することである。　(2)　シックハウス症候群は，建物の室内環境が原因で健康被害を呈するものをいう。「居住者の健康を維持するという観点から問題のある住宅においてみられる健康障害の総称」と考えられている。

【4】(1)　(性別役割分業意識が根強く，)結婚，出産，育児の時期に職を離れ，子どもが成長すると再び職に就くため。　(2)　ア　イ　オ
(3)　エ　　(4)　パラサイト・シングル　　(5)　配偶者からの暴力の防止及び被害者の保護に関する法律
〈解説〉(1)　女性のグラフがM字型になるのは，結婚，出産，育児があるためである。　(2)　核家族とは具体的に，夫婦とその未婚の子女，夫婦のみ，父親または母親とその未婚の子女のいずれかからなる家族を指す。　(3)「単独世帯」と「夫婦のみ世帯」の割合は上昇傾向にある。　(4)　パラサイト・シングルは，「学卒後もなお親と同居し，基礎的生活条件を親に依存している未婚者を言う」と定義されている。
(5)　配偶者からの暴力の防止及び被害者の保護に関する法律の目的は，配偶者からの暴力に係る通報，相談，保護，自立支援等の体制を整備し，配偶者からの暴力の防止及び被害者の保護を図ることにある。

【5】(1)　a　上糸の調子が強い　　b　針が曲がっている
(2)　A　まつり縫い　　B　折りふせ縫い　　(3)　a　はずみ車
b　針を刺した　　c　おさえ
〈解説〉(1)　a　下糸が上に引っ張られている状態なので，上糸の調子が強い。　b　縫い目がとぶ原因としては，針が曲がっていることがある。
(2)　縫いしろのしまつは頻出なのでしっかり頭に入れておくこと。

(3) ミシンを取り扱う上で基本的な内容の文章である。しっかり頭に入れておくこと。

【6】(1) a 水平 (2) b 肩先 (3) c ウエストライン d 垂直

〈解説〉(1) バストをはかるときは水平になるように気をつける。 (2) そでたけは肩先から手首までの長さを測る。 (3) また上はウエストラインから座面までの長さを垂直に測る。

【7】(1) a ささがき b 櫛形切り c 小口切り (2) a 腸炎ビブリオ b テトロドトキシン (3) a リン b ビタミンA c カロテン (c)の栄養素を最も多く含む食品：カ

〈解説〉(1) 基本的な切り方である。名称はしっかり頭に入れておくこと。 (2) a 腸炎ビブリオは，食中毒の原因となる細菌の一種で，好塩性の桿菌(かんきん)で，コレラ菌に似る。海産の魚介類などに付着し，それを夏期に生食などして感染する。 b テトロドトキシンは，フグ毒の有効成分として知られる。 (3) a リンは，体内に2番目に多いミネラルで，カルシウムと一緒に骨を生成したりする。しかし，不足しやすいカルシウムとは反対に，リンは摂り過ぎの傾向がある。 b ビタミンAは，脂溶性ビタミンの一種。肝油・卵黄・バターなどに多く含まれ，植物中のカロテンも体内でこれに変化する。欠乏すると発育不良・夜盲症や角膜・皮膚の乾燥などを起こす。また，カロテンを最も多く含む食品は，こまつなである。

【8】A a 基礎 b 基本 c 家庭 d 展望 e 課題 f 有機 g 総合 h 小学校 i 系統 B (1) a 総合的 b 意義 c 社会 d 知識 e 技術 f 実践的 (2) g 生活技術 h 家庭基礎 i 家庭総合

〈解説〉A 新学習指導要領解説P38，P71参照。 B (1) 現行学習指導要領解説P19参照。 (2) 現行学習指導要領解説P25，P43，P74参照。

# 2009年度　実施問題

## 【中高共通】

【1】次の(1)〜(4)の問いに答えなさい。

(1) 私たちの心身は，加齢とともに，その形態や機能が変化する。高齢期に生じるこの変化を何というか，答えなさい。

(2) 高齢者や障害者など，だれもが同じ社会において普通の生活を送るため，ともに助け合って生きていこうとする考え方を何というか，答えなさい。

(3) 高齢者が介護を必要としたとき，自立した生活が送れるように，国民が皆で支え合うことをねらいとし，2000年4月から始まった制度は何か，制度名を答えなさい。

(4) 次の文の(　a　)・(　b　)にあてはまる福祉サービスの名称を，書きなさい。

　要介護の高齢者を支える福祉サービスとして，日常生活に支障のある高齢者がいる家庭を訪問して，介護・家事サービスを提供する(　a　)や，寝たきり老人などの介護者に代わって，特別養護老人ホームなどで短期間，高齢者を預かる(　b　)などがある。

(☆☆☆◎◎◎)

【2】被服製作について，次の(1)〜(5)の問いに答えなさい。

(1) ショートパンツを製作する場合，必要な採寸箇所をア〜カの中から3つ選び，記号で答えなさい。

ア　胴囲　　イ　腰たけ　　ウ　身長　　エ　胸囲　　オ　腹囲
カ　股上

(2) 図1は，まち針のうち方を示したものである。正しいうち方をア〜エの中から1つ選び，記号で答えなさい。

図　1

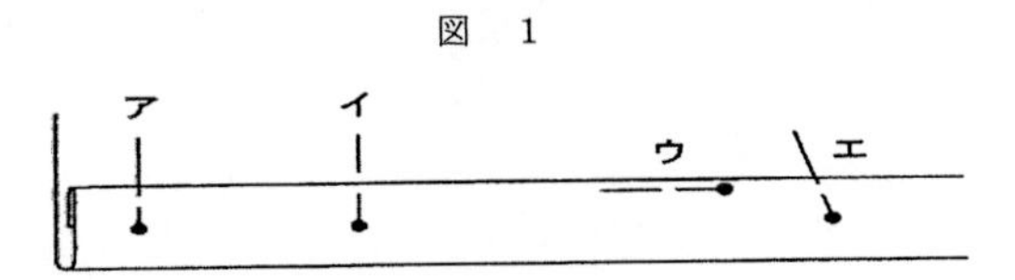


(3)　図2は，ショートパンツの構成図である。A・Bのどちらが前パンツか，正しいものを選び，記号で答えなさい。

(4)　図2のエと縫い合わせるところを，ア～ウの中から1つ選び，記号で答えなさい。

(5)　図2に示された，ア・イの名称を答えなさい。

図　2

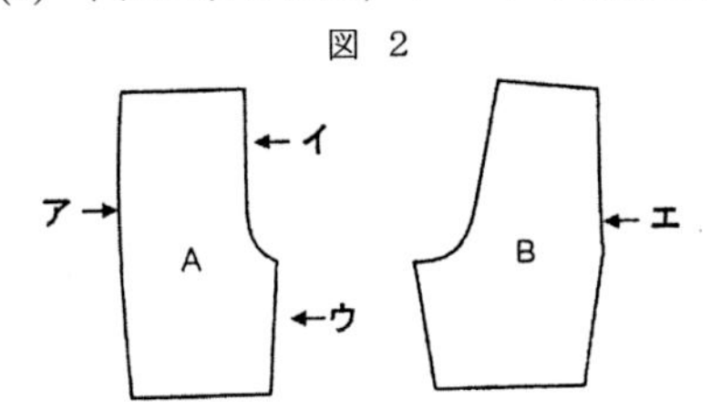


(☆☆☆◎◎◎)

【3】衣服の手入れについて，次の(1)～(3)の問いに答えなさい。

(1)　油脂汚れの除去にすぐれ，衣類の収縮や型くずれを起こさないため，デリケートな衣類の洗濯に適している，有機溶剤を使用する洗濯方法の名称を答えなさい。

(2)　既製服には，サイズ表示や組成表示以外に，その洗い方，塩素漂白の可否，アイロンのかけ方，クリーニング法，絞り方及び干し方を絵で表す表示がついている。この表示の名称を答えなさい。

(3)　図1の表示が表す意味を，書きなさい。

図　1

(☆☆☆◎◎◎)

【4】献立「ハンバーグステーキ，トマトサラダ，ブラマンジェ」の調理について，次の(1)〜(4)の問いに答えなさい。

(1) 次の文章は，ハンバーグステーキに加える材料の役割について述べたものです。( a )〜( e )に最も適する材料名を書きなさい。

・ひき肉に( a )を加えてこねると，粘りが出て形がくずれにくくなる。

・みじん切りにしてバターで炒めた( b )は，肉のくさみを消し，かたくなるのを防ぎ，味をよくする。また，( c )に浸してやわらかくした食パン(パン粉)は，ハンバーグステーキの味を良くし，口あたりの触感をやわらかくする。

・( d )は，肉のつなぎの役目をする。

・こしょうやナツメグなどの( e )は，肉のにおいを消す。

(2) ハンバーグステーキの形を整えるとき，中央をくぼませる理由を，肉の調理上の特性を踏まえて，60字以内で説明しなさい。

(3) トマトの皮をむく方法のひとつで，トマトを熱湯にくぐらせた後，すぐに冷水にとって皮をむく方法を何というか，答えなさい。

(4) 「白い食べ物」という意味を持つブラマンジェの主材料名を書きなさい。

(☆☆☆◎◎◎)

【5】次の(1)〜(3)の問いに答えなさい。

(1) 子どもの心身の安定した発達に欠かせない基盤となるもので，特定の人との間に結ばれる愛情に基づいた絆を何というか，書きなさい。

(2) 親の言葉に素直に従っていた子どもも，2歳前後から自分の意思で行動するようになり，おとなのいうとおりにならなくなる。この時期を何というか，答えなさい。

(3) おもちゃや遊具，絵本や紙芝居，子ども向けのテレビ番組，わらべうたなど，子どもの遊びの世界を広げ，創造力や情操を育てるために用意されたものを何というか，答えなさい。

(☆☆☆◎◎◎)

【6】次の(1)～(3)の問いに答えなさい。

(1) 人が移動する軌跡を，短く単純になるよう工夫することが，台所での調理作業の能率を高めたり，家庭内の事故を防止したりすることにつながるといわれている。このように，人が移動する軌跡のことを何と言うか，答えなさい。

(2) 生活行為から住空間を分類した場合，「生理衛生空間」での生活行為は次のうちどれですか。該当するものを全て選び，記号で答えなさい。

ア 就寝　イ 排せつ　ウ 調理　エ 食事　オ 入浴

(3) 建ぺい率50％を上限としている150m$^2$の敷地がある。建ぺい率の定義説明をするとともに，そこに建物を建てる場合の建築面積の上限を求めなさい。

(☆☆☆◎◎◎)

【7】1962年にアメリカのケネディ大統領は，消費者の基本的な権利として4つの権利を提唱した。この，4つの権利を全て書きなさい。

(☆☆☆◎◎◎)

【8】次の(A)・(B)のいずれか1つを選び，その記号を記入し，問いに答えなさい。

(A) 中学校学習指導要領「技術・家庭」について，次の( a )～( i )にあてはまる語句を書き入れなさい。ただし，同じ記号には同じ語句が入るものとする。

第2 各分野の目標及び内容 [家庭分野]

1 目標

( a )的・( b )的な学習活動を通して，生活の( c )に必要な衣食住に関する基礎的な知識と技術を( d )するとともに，家庭の機能について理解を深め，( e )をもって生活をよりよくしようとする能力と態度を育てる。

第3 各分野の内容の指導については，次の事項に配慮するものとする。

(1)　( a )的・( b )的な学習活動を中心とし，( f )の楽しさや( g )の喜びを体得させるようにすること。

(2)　生徒が自分の( h )に結び付けて学習できるよう，( i )的な学習を充実すること。

(B)　高等学校学習指導要領について，次の( a )～( i )にあてはまる語句を書き入れなさい。

次の文は，高等学校学習指導要領「第2章　第9節　家庭」の「第2款　第2　家庭総合」の目標です。

1　目標

人の一生と家族，子どもの発達と保育，高齢者の生活と福祉，衣食住，消費生活などに関する( a )と( b )を( c )的に習得させ，生活課題を( d )的に解決するとともに，家庭生活の充実向上を図る能力と( e )的な態度を育てる。

次の表は，高等学校学習指導要領「第2章　第9節　家庭」の「第2款　第2　家庭総合」の「3　内容の取扱い」について，その一部を表にまとめたものである。

| 内　容 | 内容の範囲や程度についての配慮事項 |
| --- | --- |
| (3) 高齢者の生活と福祉<br>ウ 高齢者の介護の基礎 | 日常生活の介助として，食事，着脱衣，( f )などのうちから選択して実習させること。 |
| (4) 生活の科学と文化<br>イ 衣生活の科学と文化 | 衣服を中心として扱い，被服材料については( g )を扱うこと。 |
| (5) 消費生活と資源・環境<br>ウ　消費者の権利と責任 | ( h )，消費者信用，問題の発生しやすい販売方法などを取り上げて，消費者の権利と責任について具体的に理解させることに重点を置くこと。 |
| エ 消費行動と資源・環境 | 生活と資源や環境とのかかわりについて具体的に理解させることに重点を置くこととし，( i )に深入りしないこと。 |

(☆☆☆◎◎◎)

# 解答・解説

## 【中高共通】

【1】(1) 老化(現象)　(2) ノーマライゼーション　(3) 介護保険制度　(4) (a) 訪問介護　(b) 短期入所生活介護

〈解説〉(1) 年をとるに従って，肉体的，精神的機能が衰えることを老化という。 (2) 高齢者や障害者などを施設に隔離せず，健常者と一緒に助け合いながら暮らしていくのが正常な社会のあり方であるとする考え方を，ノーマライゼーションという。 (3) 介護保険制度は，40歳以上の人全員を被保険者(保険加入者)とした，市町村(特別区を含む。)が運営する，強制加入の公的社会保険制度である。 (4) 福祉サービスとしては他に，通所介護などがある。

【2】(1) ア　オ　カ　(2) ア　(3) A　(4) ア
(5) ア　わき　イ　股上

〈解説〉(1) ショートパンツの製作で必要となる採寸箇所は，胴囲，腰囲，股上である。 (2) まち針は垂直にうつ。イのようだと，弱くなってしまうのでアが正しくなる。 (3) 後ろパンツのほうが，尻の分だけ厚くなるので，Aが前パンツである。 (4) エはわきなので，Aのア部分と縫い合わせることになる。 (5) 混同しやすいので注意すること。

【3】(1) ドライクリーニング　(2) 取り扱い絵表示　(3) アイロンは中程度の温度(140～160℃)であて布をしてかけるのがよい。

〈解説〉(1) 水洗いでなく，蒸気や，揮発性の溶剤を用いて行う洗濯を，ドライクリーニングという。 (2) 洗濯やアイロン掛けの方法を指示するマークのことを，取り扱い絵表示という。 (3) 取り扱い絵表示は頻出なのでしっかり頭に入れておくこと。

【4】(1)　(a)　塩　　(b)　たまねぎ　　(c)　牛乳　　(d)　卵
(e)　香辛料　　(2)　肉のたんぱく質は，加熱によって凝固する。焼くことによって，肉が縮み，中央部がふくらんで火が通りにくくなるのを防ぐため。　(3)　湯むき　　(4)　牛乳

〈解説〉(1)　・ひき肉には，塩を入れてこねると，粘りが出て型崩れしにくくなる。　・たまねぎは風味付けのほか，肉の臭み消しにもなる。牛乳に浸して柔らかくした食パン(パン粉)は，味をよくし，口当たりもよくする。　・肉のつなぎとしては卵がある。　・香辛料は肉のにおい消しになる。　(2)　加熱によりたんぱく質が凝固し，肉は縮む。外側から縮み，真ん中ほど火がとおりづらくなるので，真ん中はくぼませて成型する。　(3)　トマトなどの皮をむく時，熱湯にさっとくぐらせたあと，すぐに冷水で冷やしてむくことを，湯むきという。
(4)　ブラマンジェは，牛乳・コーンスターチ・砂糖を合わせて冷やし固めたものである。

【5】(1)　愛着　　(2)　(第一)反抗期　　(3)　児童文化財

〈解説〉(1)　ボウルビィ(1977)によると，愛着とは，“ある特定の他者に対して強い結び付きを形成する人間の傾向”である。　(2)　精神発達の過程で，著しく反抗的態度を示す時期を反抗期という。ふつう，自我意識の強まる3～4歳の時期および青年前期の2期があり，前者を第一反抗期，後者を第二反抗期という。　(3)　児童文化財とは，子どもの豊かな情操を育むために提供される文学・美術・音楽・演劇などをいう。

【6】(1)　動線　　(2)　イ・オ　　(3)　定義　建ぺい率とは，敷地面積に対する建築面積の割合のことである。上限　75$m^2$(平方メートル)

〈解説〉(1)　建物の中で，何かの行為をするときに人が動いた軌跡を，動線という。　(2)　就寝は個人生活空間，調理は家事作業空間，食事は共同生活空間となる。　(3)　建ぺい率50％なので，150$m^2$×0.5＝75$m^2$となる。

【7】安全である(権利)　知らされる(権利)　選ぶ(権利)　意見が反映される(権利)

〈解説〉ケネディが提唱した権利は，以下の4つでこれらを消費者4つの権利と言う。

・安全である権利
・知らされる権利
・選択できる権利
・意見を反映させる権利

1975年ジェラルド・R・フォードによって，

・消費者教育を受ける権利

が追加され，消費者5つの権利と呼ばれるようになる。現在は，1980年に国際消費者機構(CI)が追加した，

・生活の基本的ニーズが保障される権利
・救済を求める権利
・健康な環境を求める権利

を含め，消費者8つの権利と呼ばれている。

【8】(A)　a　実践　b　体験　c　自立　d　習得　e　課題　f　仕事　g　完成　h　生活　i　問題解決

(B)　a　知識　b　技術　c　総合　d　主体　e　実践　f　移動　g　布　h　契約　i　地球環境問題

〈解説〉(A)　学習指導要領解説P45，P82参照のこと。　(B)　学習指導要領解説P43，P59，P62，P68，P70参照のこと。

# 2008年度　実施問題

## 【中高共通】

【１】次の(1)～(5)の文で，正しいものには○，誤っているものには×を書きなさい。

(1)　かつては，家庭の中で行われていた仕事や機能が産業化されているが，このことを家事の金銭化という。

(2)　日本の家族は1990年代まで「家」制度の下にあり，少子化も大きな問題ではなかった。

(3)　核家族は高度成長期に増加したが，1980年代後半にその割合は横ばいとなった。

(4)　職業労働も家事労働も報酬を伴う労働なので，家族員で分担する必要がある。

(5)　男女共同参画社会基本法は，男女が性別にかかわりなく，その個性と能力を十分に発揮することができる社会の実現のために制定された法律である。

(☆☆☆◎◎◎)

【２】次の(1)・(2)の問いに答えなさい。

(1)　住宅の構造材の腐朽やかび・ダニの発生の原因となる結露現象を防ぐため，日常どのような方法がとられているか，書きなさい。

(2)　豪雪地帯の住居にみられる屋根形状の特徴を書きなさい。

(☆☆☆◎◎◎)

【３】次の表は，健康な個人または集団を対象として，国民の健康の維持・増進，エネルギー・栄養素欠乏症の予防，過剰摂取による健康障害の予防を目的とし策定された「日本人の食事摂取基準(2005年版)」の推奨量をもとに作成したものである。あとの(1)～(3)の問いに答えなさい。

| 栄養素等／単位／年齢 | 性別 | 推定（①）必要量 | たんぱく質 | ② | | ビタミン | | | | |
|---|---|---|---|---|---|---|---|---|---|---|
| | | | | ③ | 鉄 | ビタミンA | ビタミン$B_1$ | ビタミン$B_2$ | ビタミンC | ビタミンD |
| | | Kcal | ④ | mg | mg | ⑤ | mg | mg | ⑥ | ⑤ |
| 12～14歳 | 男 | 2650 | 60 | 900 | 11.5 | 700 | 1.4 | 1.6 | 100 | 4 |
| | 女 | 2300 | 55 | 750 | 13.5 | 550 | 1.2 | 1.4 | | |
| 15～17歳 | 男 | 2750 | 65 | 850 | 10.5 | 700 | 1.5 | 1.7 | 100 | 5 |
| | 女 | 2200 | 50 | 650 | 11.5 | 600 | 1.2 | 1.3 | | |

(1)　表中の①～⑥にあてはまる語句や単位を書きなさい。ただし，⑤は同一単位とする。

(2)　「日本人の食事摂取基準」を策定した省庁名を書きなさい。

(3)　表に示すビタミン類の中で，主に骨の成長促進に関わるものはどれか，名称を書きなさい。

(☆☆☆◎◎◎)

【4】次の献立について，(1)～(5)の問いに答えなさい。

| ご飯　みそ汁　まあじの煮魚　ほうれん草のおひたし |
|---|

(1)　精白米80gを炊飯するときに必要な水の分量は，基本的に何m1か，書きなさい。

(2)　みそ汁の1人分のできあがり量を150mlとしたとき，1人分のみその量は何g必要か，書きなさい。ただし，汁ものの塩分濃度は1%とし，使用するみその塩分含有量は10%とする。

(3)　次のア～オは食品の廃棄率を示したものである。「魚介類/(あじ類)/まあじ/(生)」一尾の廃棄率を示すのはどれか，記号で答えなさい。

ア　3%　　イ　10%　　ウ　15%　　エ　30%　　オ　55%

(4)　鮮度の高い魚の選び方について，次の文中の(　①　)～(　③　)にあてはまる語句を書きなさい。

新鮮な魚は，目が(　①　)いて透明感がある。また，身がしまっていて(　②　)性がある。また，一尾ものの魚の場合は，(　③　)の内側がきれいな赤色をしたものが新鮮である。

(5)　ほうれん草を色よくゆでて仕上げるためにどのようなことをすればよいか，書きなさい。

(☆☆☆◎◎◎)

【5】次の(1)～(4)の問いに答えなさい。

(1)　日本における消費者保護の基本として1968年に制定され，2004年に消費者の自立支援へ転換する改正が行われた法律の，改正後の名称を書きなさい。

(2)　悪質商法の1つで，勝手に商品を送りつけて代金を代金引換郵便などで請求する商法を何というか，書きなさい。

(3)　家計における支出のうち，非消費支出であるものを下から全て選び，記号で答えなさい。

ア　所得税　　イ　預貯金引き出し　　ウ　保険医療費
エ　社会保険料　　オ　住民税　　カ　預貯金預け入れ
キ　交通・通信費　　ク　借入金返済

(4)　循環型社会における「3R」のうち，リデュースについて意味と実践例を書きなさい。

(☆☆☆◎◎◎)

【6】乳幼児のことばの発達について，次の(1)・(2)の問いに答えなさい。

(1)　次の①～④のことばを発達順に並べなさい。

①　「アーアー」「ウーウー」
②　「あっち　いった」
③　「わんわん」「にゃーにゃー」
④　「きょう公園で遊んだよ」

(2)　(1)の④は「多語文」というが，①～③は何というか，書きなさい。

(☆☆☆◎◎◎)

【7】次の(1)～(3)の問いに答えなさい。

(1) 次の文は被服構成について述べたものである。( ① )～( ⑥ )に適する語句を書きなさい。ただし，同じ番号には同一語句が入るものとする。

和服は( ① )に裁った布をほぼ( ① )的に縫製したもので，( ② )構成の代表的なものの1つである。和服には反物と呼ばれる幅約36cmの( ③ )幅の布が用いられる。徳島県の代表的な織物に，表面に独特の変化に富んだ凹凸を持つ( ④ )がある。

洋服は，体の各部を( ⑤ )し作成した型紙を元に裁断する。縫製時，人体の曲線に合わせるために，いせこみ，ギャザー，( ⑥ )，タック，プリーツなどの技法を用いる。

(2) 縫製後の布のゆがみや縮みを防止するために，裁断前に行うスチームアイロンがけ等の処理を何というか，書きなさい。

(3) 次の図は，身頃(表)とポケット布(表)を示したものである。次の(a)・(b)の問いに答えなさい。

(a) 図中に，ポケットの縫い方を点線で示しなさい。ただし，返し縫いも図示すること。

(b) ポケット口を補強するために身頃の裏に縫いつける小さい布の名称を書きなさい。

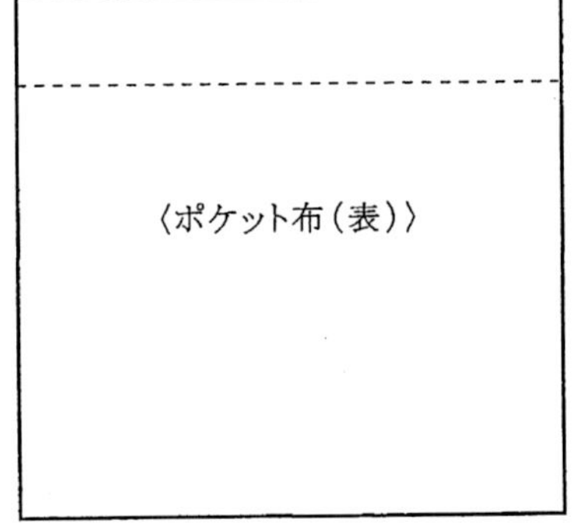


(☆☆☆◎◎◎)

【8】次の(A)・(B)のいずれか1つを選び，その記号を記入し，問いに答えなさい。

(A) 次の文章は，中学校学習指導要領「技術・家庭」の〔家庭分野〕の一部である。( ① )～( ⑧ )にあてはまる語句を書きなさい。

ただし，同じ番号には同じ語句が入るものとする。

2　内容

B　家族と家庭生活

(1)　(　①　)と家族や家庭生活とのかかわりについて考えさせる。

(2)　幼児の発達と家族について，次の事項を指導する。

ア　幼児の観察や遊び道具の製作を通して，幼児の(　②　)について考えること。

イ　幼児の心身の発達の特徴を知り，子どもが育つ環境としての(　③　)について考えること。

(3)　家庭と(　④　)について，次の事項を指導する。

ア　家庭や家族の(　⑤　)を知り，(　④　)をよりよくする方法を考えること。

イ　家庭生活は地域の人々に支えられていることを知ること。

3　内容の取扱い

(2)　内容の「B家族と家庭隼活」については，次のとおり取り扱うものとする。

ア　(1)，(2)及び(3)については相互に関連を図り，実習や(　⑥　)，(　⑦　)などの学習活動を中心とするよう留意すること。

イ　(2)のイについては，幼児期における(　⑧　)の形成の重要性についても扱うこと。

(B)　次の文章は，高等学校学習指導要領第2章第9節「家庭」の第3款「各教科にわたる指導計画の作成と内容の取扱い」の一部である。次の(　①　)~(　⑧　)にあてはまる語句を書きなさい。

2　内容の取扱いに当たっては，次の事項に配慮するものとする。

(1)　各科目の指導に当たっては，コンピュータや(　①　)などの活用を図り，学習の(　②　)を高めるようにすること。

(2)　生徒が自分の(　③　)に結び付けて学習できるよう，(　④　)的な学習を充実すること。

3　実験・実習を行うに当たっては，(　⑤　)の安全管理に配慮し，学習環境を整備するとともに，(　⑥　)，用具，材料などの取扱いに注意して(　⑦　)の指導を徹底し，安全と(　⑧　)に十分留意するものとする。

(☆☆☆◎◎◎)

# 解答・解説

## 【中高共通】

【1】(1)　×　　(2)　×　　(3)　○　　(4)　×　　(5)　○

〈解説〉(1)　金銭化ではなく，外部化，社会化という。例えば，外食や，保育園，クリーニング，ごみ処理などがある。　(2)　「家」制度は，第二次世界大戦までの明治民法のなかの家庭法の柱となっていた制度である。1947年に，民法改正が行われ，現行民法の形となった。

(3)　核家族はあまり増加しておらず，単身世帯が増加している。

(4)　職業労働は報酬を伴うペイドワークであるが，家事労働は，報酬を伴わないアンペイドワークである。また，ボランティア活動などの社会的活動もアンペイドワークである。　(5)　1999年6月に成立した。男女が社会の対等な構成員として，社会のあらゆる分野の活動に参画し，ともに責任をになうべき社会である社会を男女共同参画社会という。

【2】(1)　(例)　・十分な換気　・除湿　　(2)　(例)　・積雪を防ぐ為に，屋根の勾配が急になっている。　・屋根に突起(雪割り)があり，広範囲の積雪を防ぐ。

〈解説〉(1)　結露は，水蒸気を含んだ暖かい空気が，冷たいガラス面や吸収性の少ない壁面にふれるとできる。家具を壁に密着しておかないこと，押し入れでは，すのこを敷き，空気が流れるようにすることなどでも防ぐことができる。　(2)　屋根形状の特徴以外では，雪囲いをつけたり，二重窓や二重玄関にしたり，屋根の雪をとかしたりする工夫がある。

【3】(1)　①　エネルギー　②　無機質(ミネラル)　③　カルシウム　④　g(グラム)　⑤　μg(マイクログラム)　⑥　mg(ミリグラム)　(2)　厚生労働省　(3)　ビタミンD

〈解説〉(1)　①　kcalと書いてあることからエネルギーとわかる。　②　鉄とあることから，無機質となる。　③　無機質の中で，1日700～900mgとる必要があるものを考える。　④～⑥　単位を答える問題なので，だいたいの数量を覚えておくとよい。　(2)　栄養欠乏症の観点と，過剰摂取の観点から考えられたのが食事摂取基準である。　(3)　ビタミンDは，骨をつくるのに欠かすことができず，不足すると子どもではくる病，大人では骨の病気になる。プロビタミンDが紫外線にあたることでビタミンDになる。

【4】(1)　120(ml)　(2)　15(g)　(3)　オ　(4)　①　澄んで　②　弾力　③　えら　(5)　(例)沸騰した湯に塩を加え，ふたをせずに短時間でゆで，ゆでたら冷水に取りさます。

〈解説〉(1)　質量の1.5倍の水が必要である。重量では，1.2倍の水が必要である。　(2)　塩分濃度を1%にするためには，1.5gの塩分が必要である。みその塩分含有量は10%なので15g必要である。　(3)　魚の廃棄率は，50%前後のことが多い。廃棄率とは，食品全体の重量に対して食べられない部分の割合をいう。　(4)　目が濁っていて透明感のないものは避ける。肉や野菜などの生鮮食品についても確認しておくこと。　(5)　生葉のときのクロロフィルが加熱されると，組織が破壊されて，酸が遊離するので，その酸を蒸発させるためにふたをせずにゆでる。

【5】(1)　消費者基本法　(2)　ネガティブオプション　(3)　ア・エ・オ　(4)　ゴミの削減，ゴミの発生抑制　実践例・包装

のない又は少ない商品を選ぶこと。　・買い物バックを持参する。
・詰め替えできる商品を選択する。
〈解説〉(1)　消費者保護基本法が消費者の保護を目的としていたのに対し，新法では，消費者を自立した主体ととらえ，自立を支援することを政策の基本とした。時代や環境の変化に対応した改正である。
(2)　注文もしていないのに，一方的に商品を送りつけ，それに対して購入しないという明確な通知や商品の返品をしない限り勝手に購入する意思があるとみなして，代金を請求する悪徳商法である。　(3)　実支出には，非消費支出と消費支出がある。消費支出は，ウの保険医療費，キの交通・通信費がある。カの預貯金預け入れと，クの借入金返済は実支出外の支出である。イの預貯金引き出しは，実収入以外の収入となる。　(4)　その他の2つはリユースとリサイクルである。リユースは部品，製品などの再使用を意味する。実践例は，牛乳びんを回収に出したり，フリーマーケットを利用したりすることである。リサイクルは廃棄物の再資源化の意味である。実践例は，牛乳パックを集めて回収に出したり，再生品を購入したりすることがあげられる。

【6】(1)　①→③→②→④　(2)　①　喃語　②　二語文
③　一語文
〈解説〉「アーアー」「ウーウー」という喃語から，「わんわん」「にゃーにゃー」という一語文になり，②「あっち　いった」という多語文になり，「きょう公園で遊んだよ」という三語文になっていく。喃語は1歳まで，1歳～1歳半で一語文，1歳半～2歳で二語文となり，3～5歳で日常会話ができるようになる。

【7】(1)　①　直線　②　平面　③　並　④　阿波しじら織
⑤　採寸　⑥　ダーツ　(2)　地直し(地のし)

(3)　(a)

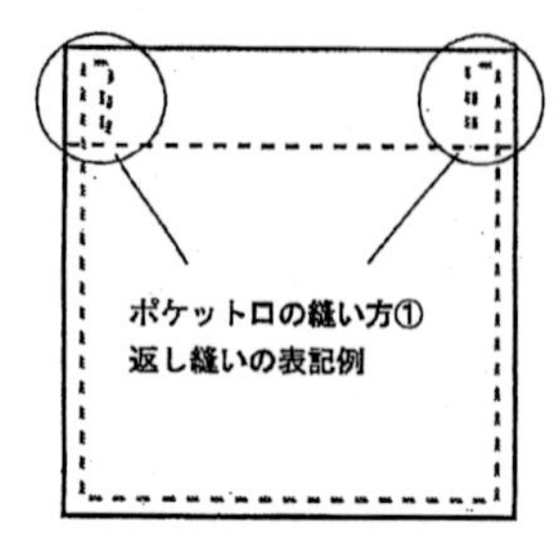


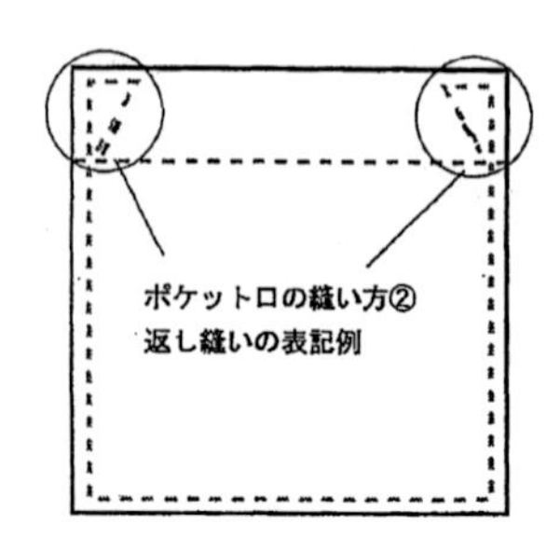


(b)　力布(ちからぬの)

〈解説〉(1)　①②⑤⑥　平面構成は，直線的に裁断・縫製した布地を着付け方によって，からだに着装する方法。和服やインドのサリーなどがある。平面構成に対し，立体構成もある。人体の体表面の形状に合わせて裁断した布を縫い合わせ，衣服を立体的に形作る方法である。③　反物は約11.20×36(cm)である。　④　阿波しじら織はたて糸と横糸の張力の違いから，凹凸を出し，さらりとした肌ざわりのよいものになっている。また，国の伝統工芸品として指定されている。
(2)　スチームアイロンがけを行ったり，水でぬらしたりすることで，ゆがみや縮みがないか確認する。また，水分によって変形する布をあらかじめ変形させておくこともある。　(3)　ポケット口は力がかかるので，四角や三角に縫い，補強を行っておく。　(4)　力布は，力がかかるポケット口の表布が破損しやすいので丸く切った接着芯や共布などの補強の布である。

【8】(A)　①　自分の成長　②　遊びの意義　③　家族の役割　④　家族関係　⑤　基本的な機能　⑥　観察　⑦　ロールプレイング　⑧　基本的な生活習慣　(B)　①　情報通信ネットワーク　②　効果　③　生活　④　問題解決　⑤　施設・設備　⑥　火気　⑦　事故防止　⑧　衛生

〈解説〉(A)　中学校学習指導要領86～88ページを参照。　(B)　高等学校学習指導要領141ページを参照。

# 2007年度　実施問題

## 【中高共通】

【1】次のアミノ酸組成表をみて，(1)～(3)の問いに答えなさい。

| 必須アミノ酸 | アミノ酸評点パタン | 精白米 | きな粉 |
|---|---|---|---|
| イソロイシン | 180 | 250 | 290 |
| （　ア　） | 410 | 500 | 460 |
| リジン | 360 | 220 | 350 |
| 含硫アミノ酸 | 160 | 290 | 180 |
| 芳香族アミノ酸 | 390 | 580 | 520 |
| スレオニン | 210 | 210 | 220 |
| トリプトファン | 70 | 87 | 79 |
| （　イ　） | 220 | 380 | 300 |
| ヒスチジン | 120 | 160 | 160 |

（「最新五訂食品成分表」より）

(1) （　ア　）・（　イ　）にあてはまる語句は何か，書きなさい。

(2) 精白米の制限アミノ酸は何か，書きなさい。

(3) きな粉の第一制限アミノ酸は何か。また，きな粉のアミノ酸価を求めなさい。(ただし，小数点以下は四捨五入し，整数で答えなさい。)

(☆☆☆◎◎◎)

【2】次の表の(1)～(6)にあげる成分が，可食部100g中に一番多く含まれている食品を，それぞれ右の(　　　)内の①～③から選び，記号で答えなさい。

(1) カルシウム　(①牛乳　②しらすぼし　③プロセスチーズ)

(2) ビタミンC　(①温州ミカン　②いちご　③りんご)

(3) たんぱく質　(①だいず　②鶏卵全卵　③さんま)

(4) 鉄　(①こまつな　②ほうれん草　③パセリ)

(5) ビタミン$B_1$　(①精白米　②ごま　③きゅうり)

(6) 食物繊維　(①西洋かぼちゃ　②にんじん　③だいこん)

(☆☆☆◎◎◎)

【3】次の(1)・(2)は徳島県の郷土料理であるが，何をどのように調理したものか，20字以内で説明しなさい。

(1)　ずきがし　　(2)　茶ごめ

(☆☆☆◎◎◎)

【4】魚のムニエルの調理について，次の(1)・(2)の問いに答えなさい。

(1)　魚に下処理をした後，小麦粉をまぶすが，その理由を2つ書きなさい。

(2)　焼く直前に小麦粉をまぶす理由を書きなさい。

(☆☆☆◎◎◎)

【5】次の(1)～(6)の問いに答えなさい。ただし，解答はすべてカタカナで書きなさい。

(1)　騒音を示す単位は何か，書きなさい。

(2)　照度を示す単位は何か，書きなさい。

(3)　食品成分表におけるカロテン含有量の単位は何か，書きなさい。

(4)　絹糸やナイロンの糸の太さを示す単位は何か，書きなさい。

(5)　食品成分表におけるエネルギー量を示す単位は何か，書きなさい。

(6)　食品成分表におけるカルシウム含有量の単位は何か，書きなさい。

(☆☆☆◎◎◎)

【6】次の(1)～(4)の問いに答えなさい。

(1)　幼児期に家族やまわりの人々に教えられたり，人のまねをしたりするうちに身に付けていくことで，食事や睡眠，排泄，着脱衣，清潔など，生きていくうえで毎日繰り返されることを自分で行う習慣を何というか，書きなさい。

(2)　出生後，乳児は授乳で栄養摂取をしていく。出生して4～5か月ごろから，消化能力が発達してくるので，栄養不足にならないように半固形食を与え，1歳過ぎまでに普通食に移行していく。このことを何というか，書きなさい。

(3)　親や親に代わる養育者からの身体的暴力や心理的虐待などから無抵抗な子どもたちを守るために，2000年5月に公布され，同年11月から施行された法律は何というか，書きなさい。

(4)　次のア～カの文章は，幼児や幼児の遊びについて述べているが，正しいものをすべて選び，記号で答えなさい。

ア　幼児の体の発達はめざましく，1歳時には，身長は生まれたときの約1.5倍，体重は生まれたときの約5倍ほどになる。

イ　個人差はあるが，3歳くらいになると，鬼ごっこのような遊びができるようになる。

ウ　幼児にとっておもちゃは，遊びのきっかけとなり，想像力を広げ，遊びを豊かにする役割を持っている。

エ　遊ぶときに使うおもちゃには，おもちゃの安全マーク(STマーク)がついているものがある。このマークは，JIS規格で決められている。

オ　けん玉や竹馬，あやとりなど，昔から伝わる遊びのことを伝承遊びという。

カ　視覚や聴覚を働かせる感覚的な遊びは，2歳過ぎから発達してくる。

(☆☆☆◎◎◎)

【7】次の(1)・(2)の問いに答えなさい。

(1)　次の表は繊維の種類とその特徴や用途についてまとめたものである。(①)～(⑧)にあてはまる語句を書きなさい。

| 分類 | | 繊維名 | 特徴 | |
|---|---|---|---|---|
| (①) | 植物繊維 | 綿 | 肌ざわりが良い。 | 吸湿性・吸収性が大きい。熱に強い。しわになりやすい。 |
| | | (③) | 冷感がある。 | |
| | 動物繊維 | 毛 | (⑥) 性が大きい。水で洗うと縮む。水をはじく。しわになりにくい。 | 吸湿性が大きい。アルカリ・塩素系漂白剤に弱い。(⑧)害を受けやすい。 |
| | | 絹 | しなやかで光沢がある。 | |
| 化学繊維 | (②) | レーヨン | 吸湿性・吸水性が大きい。ぬれると弱くなる。しわになりやすい。漂白・染色がしやすい。 | |
| | | キュプラ | | |
| | 半合成繊維 | (④) | 絹に似た感触と光沢がある。熱可塑性がある。 | |
| | 合成繊維 | ナイロン | (⑦) で黄変する。こしがない。 | 吸湿性が小さく，静電気を帯びやすい。引っ張りや摩擦に強い。しわになりにくい。熱に弱い。 |
| | | (⑤) | こしがある。比較的熱に強い。 | |
| | | アクリル | 弾力性があり，保湿性がよい。 | |
| | | ポリウレタン | ゴムのように，伸縮性が大きい。塩素系漂白剤に弱い。 | |

(2)　織物の三原組織を書きなさい。

(☆☆☆◎◎◎)

【8】衣服の洗濯に使用する洗剤について，次の(1)・(2)の問いに答えなさい。

(1)　合成洗剤には，水と油をなじませ，汚れを繊維から離す働きがあるものが主成分として含まれている。この名称を書きなさい。

(2)　次の①～④は洗剤の作用について説明している。その働きを何というか，書きなさい。

①　汚れが，もう一度洗濯物につくことを防ぐ。

②　油汚れが少しずつ繊維から離され，水中に取り出される。

③　汚れが細かくなり，洗濯液中に散らされる。

④　洗剤の分子が，汚れと繊維の間に入り，汚れのまわりに洗剤の分子がつく。

(☆☆☆◎◎◎)

【9】次の(A)・(B)のいずれか1つを選び，その記号を記入し，問いに答えなさい。

(A) 中学校学習指導要領「技術・家庭」について，次の問いに答えなさい。

(1) 「家庭分野」の「2 内容」の「B 家族と家庭生活」について，次の( ① )～( ⑤ )にあてはまる語句を書きなさい。

| (4) 家庭生活と消費について，次の事項を指導する。<br>ア 販売方法の特徴や( ① )について知り，生活に必要な物資・( ② )の適切な選択，( ③ )ができること。<br>イ ( ④ )が環境に与える影響について考え，環境に配慮した( ⑤ )を工夫すること。 |
|---|

(2) 「第3 指導計画の作成と内容の取扱い」について，次の( ① )～( ④ )にあてはまる語句を書きなさい。

| 3 実習の指導に当たっては，施設・設備の( ① )に配慮し，( ② )を整備するとともに，火気，用具，材料などの取扱いに注意して( ③ )を徹底し，( ④ )に十分留意するものとする。 |
|---|

(B) 高等学校学習指導要領について，次の問いに答えなさい。

(1) 「家庭総合」は，次の6つの内容からなっている。( ① )～( ⑤ )にあてはまる語句を書きなさい。

| | |
|---|---|
| ・人の一生と( ① ) | ・子どもの発達と( ② ) |
| ・( ③ )の生活と福祉 | ・生活の科学と文化 |
| ・( ④ )と資源・環境 | ・ホームプロジェクトと( ⑤ ) |

(2) 専門教育に関する各教科「家庭」について，次の①～④の問いに答えなさい。

① 何科目で構成されているか，書きなさい。

② インテリアコーディネーターやインテリアプランナーなどに

関連する職業に関心を持たせる科目名は何か，書きなさい。

③　現行の学習指導要領になったとき，生活産業基礎とともに新設された科目名は何か，書きなさい。

④　栄養，食品，献立，調理，テーブルコーディネートなどに関する知識と技術を修得させ，食事を総合的にデザインする能力と態度を育てることを目標とした科目名は何か，書きなさい。

(☆☆☆◎◎◎)

# 解答・解説

**【中高共通】**

【1】(1)　(ア)　ロイシン　　(イ)　バリン　　(2)　リジン　　(3)　第一制限アミノ酸：リジン　　アミノ酸価：97

〈解説〉(1)　表中抜けている必須アミノ酸はロイシンとバリン。

(2)　アミノ酸評点パタンより低い値のものを選ぶ。＝リジン。

(3)　制限アミノ酸の比率(制限アミノ酸が含まれる量÷制限アミノ酸のアミノ酸パタン量)＝アミノ酸スコア(アミノ酸価)　350÷360＝0.9722…

【2】(1)　③　　(2)　②　　(3)　①　　(4)　③　　(5)　②　　(6)　①

〈解説〉それぞれの含有量は以下の通りである。(1)　牛乳：110mg　しらすぼし：520mg　　プロセスチーズ：630mg　　(2)　温州ミカン：32mg　　いちご：62mg　　りんご：4mg　　(3)　だいず：35.3g　鶏卵全卵：12.3g　　さんま：18.5g　　(4)　こまつな：2.8mg　ほうれん草：2.0mg　　パセリ：7.5mg　　(5)　精白米：0.08mg　ごま：0.95mg　　きゅうり：0.03mg　　(6)　西洋かぼちゃ：3.5g　にんじん：2.7g　　だいこん：1.4g

【3】(1)　里芋類の葉柄(ずき，ずいき)をゆでて三杯酢とあわせたもの
(2)　そら豆とキザラ砂糖が入った，(ご飯の色が茶色い)炊き込みご飯
〈解説〉(1)「ずき」とか「ずき芋」と徳島では呼ばれているが，広辞苑では「ずいき(芋茎)」と出ていて，サトイモの茎の部分のこと。これを，甘酢炒めにした料理が「ずきがし」。　(2)　そら豆とキザラ砂糖とゆで汁，塩を加えて炊き上げたご飯。

【4】(1)　・小麦粉が魚の水分を吸収するから　・小麦粉が栄養分やうまみ成分の流出を防ぐから　(2)　直前にまぶすと粘りがでず，焼きやすいから。
〈解説〉(1)　小麦粉を魚にまぶして魚の表面の水分を吸収し，加熱することによって糊化膜をつくり魚の味や栄養分を逃さない。また，身くずれしにくくなる。その上，油によって炒められた小麦粉は香ばしい香りを生じ，魚の臭みがおさえられ焼き色も美しくなる。　(2)　小麦粉は水分を含むと粘りが出てしまうので直前にまぶして焼くとよい。

【5】(1)　デシベル　(2)　ルクス(ルックス)　(3)　マイクログラム
(4)　デニール　(5)　キロカロリー　(6)　ミリグラム
〈解説〉(1)　デシベルは，空気の揺れ幅を音のエネルギーで表した騒音の単位　(2)　ルクス(lux，略記号lx)とは，照度を表すSI組立単位
(3)　食品成分表ではカロテン含有量はマイクログラムで示されている。　(4)　デニールとは糸の太さの単位のこと　(5)　食品成分表ではエネルギー量はキロカロリーで示されている。　(6)　食品成分表ではカルシウム含有量はミリグラムで示されている。

【6】(1)　基本的生活習慣　(2)　離乳　(3)　児童虐待の防止等に関する法律　(4)　ウ，オ
〈解説〉(1)「基本的生活習慣」とは，食事・睡眠・排泄・清潔・衣類の着脱の5つが一般的だが，それ以外にも，生活態度，例えば，時間を守る，約束を守る，きちんとした挨拶をする，などがある。

(2)　離乳とは，母乳または育児用ミルク等の乳汁栄養から幼児食に移行する過程をいう。　(3)　児童虐待の防止等に関する法律は，児童虐待が児童の心身の成長及び人格の形成に重大な影響を与えることにかんがみ，児童に対する虐待の禁止，児童虐待の防止に関する国及び地方公共団体の責務，児童虐待を受けた児童の保護のための措置等を定めることにより，児童虐待の防止等に関する施策を促進することを目的とする。　(4)　ア　1歳の誕生日の頃になると，身長が生まれたときの約1.5倍，体重は約3倍となっている。　イ　鬼ごっこは4歳くらいから始まる。　エ　STマークは，「玩具安全基準」で決められている。　カ　1歳前後から発達する。

【7】(1)　①　天然繊維　　②　再生繊維　　③　麻　　④　アセテート　⑤　ポリエステル　　⑥　保温　　⑦　紫外線　　⑧　虫
(2)　平織　　綾(あや)織　　朱子(しゅす)織

〈解説〉(1)　①　繊維はまず天然繊維と化学繊維に分類される。
②　化学繊維には再生繊維，半合成繊維，合成繊維がある。　③　植物繊維には綿と麻などがある。　④　半合成繊維で光沢があるものはアセテート。　⑤　合成繊維で熱に強いのはポリエステル。　⑥　毛は保温性が大きい。　⑦　ナイロンは紫外線で黄変する。　⑧　毛，絹は虫の害を受けやすい。　(2)　織物とは，糸を縦横に組み合わせて作った布地である。織り方には何種類もあるが特に基本となる平織，綾織，朱子織を三原組織という。

【8】(1)　界面活性剤　　(2)　①　再付着防止作用　　②　乳化作用
③　分散作用　　④　浸透作用

〈解説〉(1)　界面活性剤は，分子内に水になじみやすい部分(親水基)と，油になじみやすい部分(親油基・疎水基)を持つ物質の総称。
(2)　①　再付着防止作用とは，水で溶けだした汚れが，再び衣類に付着するのを防止する作用　②　乳化作用とは，物質を細かな粒子に分散し，水の中に散らせる作用　③　分散作用とは，団体粒子の汚

れを分散させる作用　④　浸透作用とは，水の表面張力を低下させ，洗剤が繊維の内側まで浸透する作用

【9】(A)　(1)　①　消費者保護　②　サービス　③　購入及び活用　④　自分の生活　⑤　消費生活　(2)　①　安全管理　②　学習環境　③　事故防止の指導　④　安全と衛生

(B)　(1)　①　家族・家庭　②　保育・福祉　③　高齢者　④　消費生活　⑤　学校家庭クラブ活動　(2)　①　19　②　リビングデザイン　③　食文化　④　フードデザイン

〈解説〉

A　学習指導要領より抜粋

(1)

「(4)　家庭生活と消費について，次の事項を指導する。

ア　販売方法の特徴や消費者保護について知り，生活に必要な物資・サービスの適切な選択，購入及び活用ができること。

イ　自分の生活が環境に与える影響について考え，環境に配慮した消費生活を工夫すること。」

(2)　「3　実習の指導に当たっては，施設・設備の安全管理に配慮し，学習環境を整備するとともに，火気，用具，材料などの取扱いに注意して事故防止の指導を徹底し，安全と衛生に十分留意するものとする。」

B　(1)　学習指導要領より抜粋

「2　内容

(1)　人の一生と家族・家庭

(2)　子どもの発達と保育・福祉

(3)　高齢者の生活と福祉

(4)　生活の科学と文化

(5)　消費生活と資源・環境

(6)　ホームプロジェクトと学校家庭クラブ活動」

(2)　①　専門教科は19科目で構成されている。　②　リビングデザ

インでは，生活と住居，住居の設計，インテリアなどに関する知識と技術を修得させ，快適な住空間をデザインする能力と態度を育てることを目標としている。　③　生活産業基礎と食文化が現行の学習指導要領で新設された。　④　フードデザインは，栄養，食品，献立，調理，テーブルコーディネートなどに関する知識と技術を修得させ，食事を総合的にデザインする能力と態度を育てることを目標としている。

# 2006年度　実施問題

## 【中高共通】

【1】次の(1)～(3)の調理に関する用語を説明しなさい。

(1)　ささがき

(2)　さらす

(3)　もどす

(☆☆☆◎◎◎)

【2】体重50kgの女性が1本49kcalの缶ジュースを2本飲んだ。摂取したエネルギーをジョギングで消費するには何分間必要か答えなさい。ただし，ジョギング1分間の消費のエネルギーは体重1kgあたり0.14kcalとする。

(☆☆☆◎◎◎)

【3】個食と孤食について説明しなさい。また，このことを踏まえて，現代の食生活の問題点を3つ書きなさい。

(☆☆☆◎◎◎)

【4】次の(1)～(4)の問いに答えなさい。ただし，200m*l*の計量カップ，15m*l*の計量スプーン大さじを用いることとする。

(1)　砂糖120gは計量カップ何杯か。

(2)　白米80gは計量カップ何杯か。

(3)　酢10ccは計量スプーン大さじ何杯か。

(4)　みそ9gは計量スプーン大さじ何杯か。

(☆☆☆◎◎◎)

【５】次の(1)・(2)の問いに答えなさい。

(1)　次のT型シャツのa～dの名称を答えなさい。

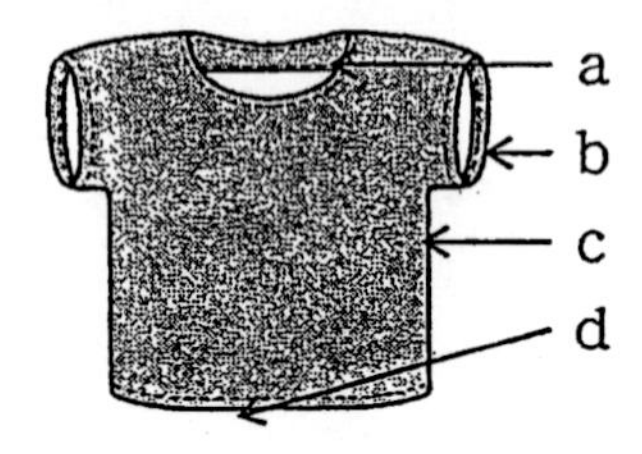


(2)　えりぐり見返しを使用する場合の，えりぐりの始末の方法を次図に示しなさい。ただし，ミシン縫いと切り込みの場所は必ず記入すること。また，布の表・裏を(　　)に記入しなさい。

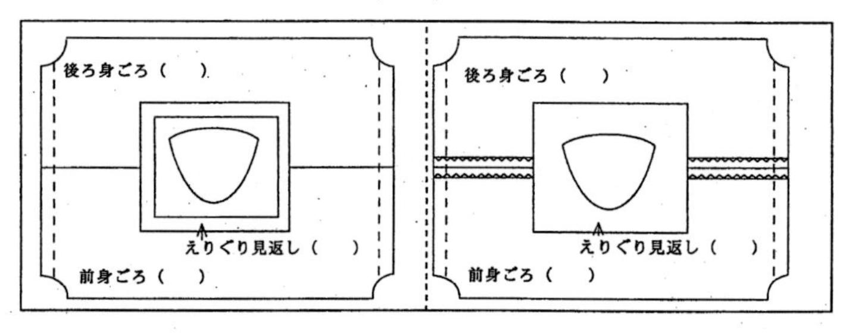


(☆☆☆◎◎◎)

【６】次の(1)～(5)の文は何を説明しているか，答えなさい。

(1)　床上に直接座る起居形式のこと。

(2)　建築設計において，段差や仕切りをなくすなど，高齢者や障害者に配慮すること。

(3)　住宅の新築や改築工事後，住宅建材から発生する揮発性化学物質や，ダニアレルゲンが原因で引き起こされる体調不良や健康障害のこと。

(4)　室内の空気の状態(温度，湿度など)のこと。

(5)　食事する空間と就寝の空間を別々にすること。

(☆☆☆◎◎◎)

【7】次の(1)～(3)の文を読んで，クーリングオフが成立するものには○を，成立しないものには×をつけなさい。

(1) 通信販売で服を購入したが，気に入らないのでクーリングオフの手続きをした。

(2) デパートで12回払いの買い物をしたが，必要ないと考え直したので翌日クーリングオフの手続きをした。

(3) 訪問販売で布団を買うことにしたが，1週間後にクーリングオフの手続きをした。

(☆☆☆◎◎◎)

【8】次の(1)～(5)の文にあてはまる施設名を，ア～キの中から選び，記号で答えなさい。

(1) 保護者の委託を受けて，保育に欠ける乳児又は幼児を保育する。

(2) 子どもの養育，発達などについて，家庭・学校などからの相談に応じ，必要によっては調査，判定，指導等を行う。

(3) 保護者のいない児童，虐待されている児童，その他環境上養護を要する児童を入所させて養護し，自立を支援する。

(4) 児童に健全な遊び場や遊びを提供し，その心身の健康を増進し，情操を豊かにする。

(5) 幼児を保育し，適当な環境を与えて，その心身の発達を助長する。

ア 保育所　イ 幼稚園　ウ 児童相談所
エ 児童館　オ 児童養護施設　カ 乳児院　キ 児童公園

(☆☆☆◎◎◎)

【9】児童憲章について，次の(1)・(2)の問いに答えなさい。

(1) 次の①～③にあてはまる語句を答えなさい。

a 児童は，人として( ① )。

b 児童は，( ② )重んぜられる。

c 児童は，( ③ )育てられる。

(2) 児童憲章が制定された趣旨を答えなさい。

(☆☆☆◎◎◎)

【10】古くなったワイシャツをリフォームしたい。リフォームした作品を図示し，手順と工夫した点を説明しなさい。

(☆☆☆◎◎◎)

【11】次の選択問題(A)・(B)から1つを選び，答えなさい。

(A)　中学校学習指導要領「技術・家庭」について，(1)・(2)の問いに答えなさい。

(1)　次の文は「第3　指導計画の作成と内容の取扱い」の一部である。①～③にあてはまる語句を書きなさい。

2　各分野の内容の指導については，次の事項に配慮するものとする。

(1)　(　①　)を中心とし，仕事の楽しさや完成の喜びを体得させるようにすること。

(2)　生徒が(　②　)に結び付けて学習できるよう，(　③　)を充実すること。

(2)　次の文は〔家庭分野〕「2　内容」の一部である。①～⑥にあてはまる語句を書きなさい。

(1)　中学生の栄養と食事について，次の事項を指導する。

ア　生活の中で食事が果たす役割や，(　①　)とのかかわりについて知ること。

イ　(　②　)の種類と働きを知り，(　③　)の時期の栄養の(　④　)について考えること。

ウ　食品の(　⑤　)を知り，中学生に必要な栄養を満たす(　⑥　)の献立を考えること。

(B)　高等学校学習指導要領「家庭」について(1)・(2)の問いに答えなさい。

(1)　次の①～③に該当する科目は何か答えなさい。

①　生活と産業とのかかわりについて理解させ，生活に関連する職業などへの関心を高めるとともに，必要な知識と技術を進んで習得しようとする意欲と態度を育てる。

② 子どもと遊び，子どもの表現活動，児童文化財などに関する知識と技術を習得させ，児童文化の充実を図る能力と態度を育てる。

③ 栄養，食品，献立，調理，テーブルコーディネートなどに関する知識と技術を習得させ，食事を総合的にデザインする能力と態度を育てる。

(2) 普通教科「家庭」の各科目に配当する総授業時数のうち，実験・実習には原則としてどのくらいを配当することと記述されているか，答えなさい。

また，実験・実習の効果は何かを答えなさい。

(☆☆☆◎◎◎)

# 解答・解説

## 【中高共通】

【1】(1) ごぼうなどを笹の葉のように(鉛筆を削るように)薄く削ること (2) あくなどをのぞくために水につけること (3) 乾物などを水につけてやわらかくすること

〈解説〉調理に関する用語は説明できるようにしておくこと。

【2】14 (分間)

〈解説〉49kcal×2＝98kcal：摂取したエネルギー

98kcal÷(0.14kcal/分×50kg)＝14分

：(摂取したエネルギー)÷(体重1kgあたりの1分間のジョギングの消費エネルギー×体重)

【3】個食：いっしょに食事をしてもそれぞれがバラバラなものを食べること。 孤食：一人だけで食事をすること。 問題点：·家族のコミュニケーションが十分図れない。 ·食事のマナーを子どもに教える

ことができにくい。　・自分が好きなものだけ食べるから栄養面で問題がある。　・食事が楽しくない。　・欠食となりがちである。　・健康面での問題が出てくる。

〈解説〉現代は社会環境の変化から個食や孤食が増えつつある。このような問題もその問題点から児童に教え，改善していくことが必要である。

【4】(1)　1　　(2)　2分の1　　(3)　3分の2　　(4)　2分の1

〈解説〉計量カップや計量スプーンは量るものによって重量などが変わってくるのでそれぞれ頭に入れておく必要がある。

【5】(1)　a　えりぐり　　b　そで口　　c　わき　　d　すそ

(2)

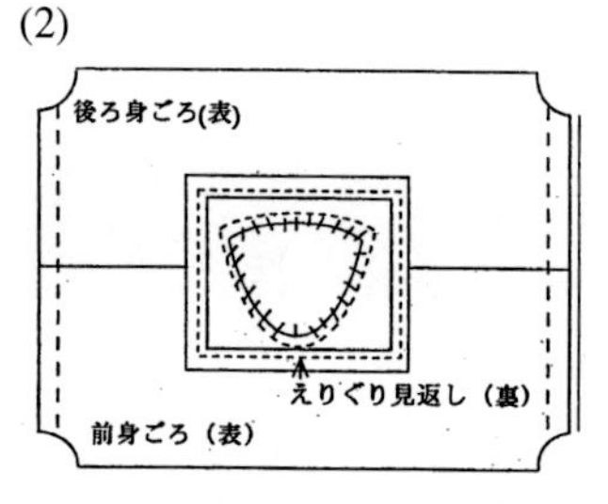


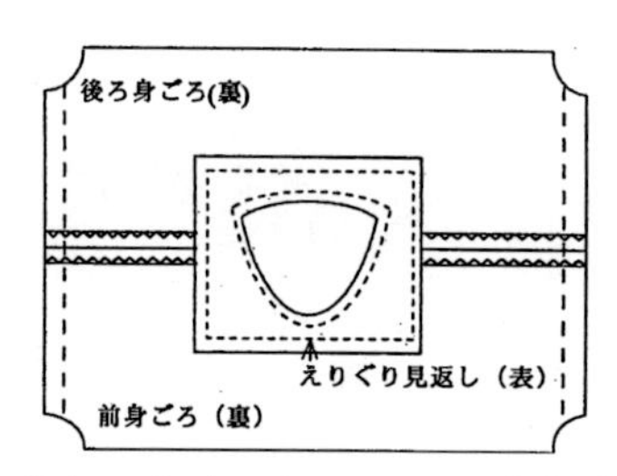


〈解説〉(1)　それぞれの名称は頭に入れておくこと。　(2)　えりぐり見返しの表を身ごろの裏部分に合わせることに注意すること。

【6】(1)　床座　　(2)　バリアフリー　　(3)　シックハウス症候群

(4)　室内気候　　(5)　食寝分離

〈解説〉(1)　起居様式は 和室の中では床座(床に座る立居振舞)，洋室の中では椅子座(椅子に座る立居振舞)がある。　(2)　ユニバーサルデザインも同時に覚えておくとよい。　(3)　シックハウス症候群は，建築用語・または症候の一つで，新築の住居などで起こる，倦怠感・めまい・頭痛・湿疹・のどの痛みなどと言った呼吸器疾患などの症状を伴うとされる。　(4)　室内気候: 室内における気候のこと。　(5)　食寝分離：食室と寝室の空間を，同一空間を転用して使うことなく，それぞれ独立空間として住居平面を構成すること。

【7】(1) × (2) × (3) ○

〈解説〉(1) 通信販売では，法的なクーリングオフ制度はないが，販売者が独自に，商品到着後数日以内の返品が可能(返品の送料は注文した消費者が負担)な制度を制定している場合がある。 (2) 割賦販売法では，指定商品の売買において，2ヶ月以上の期間にわたり3回以上に分けて代金を支払う契約である場合に，契約書面受領の日から8日間に限って書面をもって行使できる。 (3) 8日以内ならクーリングオフができる。

【8】(1) ア (2) ウ (3) オ (4) エ (5) イ

〈解説〉(1) 保育所は，保護者が働いているなどの何らかの理由によって保育が欠ける子供を一日ごとに預り養育することを目的とする通所の施設。 (2) 児童相談所は，児童福祉法第15条に基づき，各都道府県に設けられた児童福祉の専門機関。 (3) 児童養護施設とは，父母と死別した児童，父母に遺棄された児童，保護者がいても虐待されている児童(最近特に増加)，父母が長期にわたり心身に障害がある児童，保護者の監護を受けられない状況にある児童など，「(家庭)環境上，養護を要する(家庭での生活は無理)」と児童相談所長が判断した児童を養育する児童福祉施設である。 (4) 児童館とは，児童福祉法第40条に規程されている児童厚生施設として設置されている施設の一つ。
(5) 幼稚園とは，3歳から小学校就学までの幼児を保育し，年齢に相応しい適切な環境を整え，心身の発達を助長するための教育施設のことである。

【9】(1) ① 尊ばれる ② 社会の一員として ③ 良い環境のなかで (2) 児童に対する正しい観念を確立し，すべての児童の幸福をはかるために制定された。

〈解説〉児童憲章 前文 抜粋

われらは，日本国憲法の精神にしたがい，児童に対する正しい観念を確立し，すべての児童の幸福をはかるために，この憲章を定める。

児童は，人として尊ばれる。
児童は，社会の一員として重んぜられる。
児童は，よい環境の中で育てられる。

【10】

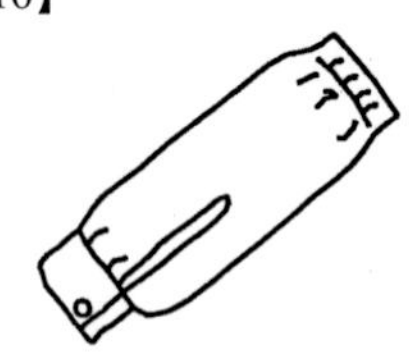

手順：ワイシャツの袖の部分を切り，三つ折りにしてミシンで縫う。ゴムを入れる。　工夫した点：あまり布で飾りを付ける。
〈解説〉ワイシャツの袖部分を再利用した腕カバーである。

【11】A　(1)　①　実践的･体験的な学習活動　②　自分の生活　③　問題解決的な学習　(2)　①　健康と食事　②　栄養素　③　中学生　④　特徴　⑤　栄養的特質　⑥　1日分
B　(1)　①　生活産業基礎　②　児童文化　③　フードデザイン
(2)　10分の5以上　①　実験実習を通して知識･技術を学ぶことにより理解が深まり，確実，生活に習得できる。　②　家庭生活を経営する立場から総合的に理解し，活用する能力が身に付く。　③　興味･関心を持つ。　④　完成した喜びや満足感を学ぶことができる。
〈解説〉A　(1)　学習指導要領　抜粋

2　各分野の内容の指導については，次の事項に配慮するものとする。

(1)　実践的・体験的な学習活動を中心とし，仕事の楽しさや完成の喜びを体得させるようにすること。

(2)　生徒が自分の生活に結び付けて学習できるよう，問題解決的な学習を充実すること。

(2)　学習指導要領　抜粋

(1)　中学生の栄養と食事について，次の事項を指導する。

ア　生活の中で食事が果たす役割や，健康と食事とのかかわりについて知ること。

イ　栄養素の種類と働きを知り，中学生の時期の栄養の特徴について考えること。

ウ　食品の栄養的特質を知り，中学生に必要な栄養を満たす1日分の献立を考えること。

B　(1)　学習指導要領　抜粋

①　第1 生活産業基礎

1　目標

生活と産業とのかかわりについて理解させ，生活に関連する職業などへの関心を高めるとともに，必要な知識と技術を進んで習得しようとする意欲と態度を育てる。

②　第6　児童文化

1　目標

子どもと遊び，子どもの表現活動，児童文化財などに関する知識と技術を習得させ，児童文化の充実を図る能力と態度を育てる。

③　第13　フードデザイン

1　目標

栄養，食品，献立，調理，テーブルコーディネートなどに関する知識と技術を習得させ，食事を総合的にデザインする能力と態度を育てる。

(2)　学習指導要領　抜粋

1　指導計画の作成に当たっては，次の事項に配慮するものとする。

(1)「家庭基礎」，「家庭総合」及び「生活技術」の各科目に配当する総授業時数のうち，原則として10分の5以上を実験・実習に配当すること。

# 2005年度　実施問題

## 【中高共通】

【1】次の①～⑧の食品の原料名を書きなさい。

① 上新粉　② 白玉粉　③ ラード　④ 寒天
⑤ しらたき　⑥ ゆば　⑦ きな粉　⑧ コーンスターチ

(☆☆◎◎◎)

【2】次の(1)～(4)の問いに答えなさい。

(1) 緑黄色野菜の定義を書きなさい。

(2) 1回に食べる量が多く，使用頻度も高いため，栄養指導上緑黄色野菜として扱われるものを3つ書きなさい。

(3) 食物繊維の体内での作用について2つ書きなさい。

(4) ビタミンのうち糖質代謝に関与するビタミン名をあげ，それを最も多く含む食品を1つ選び，記号で答えなさい。

ア 豚肉　イ さんま　ウ ほうれん草　エ 豆腐
オ ししゃも

(☆☆☆◎◎◎◎)

【3】カレイの煮付けの調理について，次の(1)～(3)の問いに答えなさい。

(1) カレイの廃棄率は40%である。1人が正味90gを食べるとすると，4人分作るのに何gのカレイが必要か，書きなさい。

(2) 味がつきやすくするためにはどうすればよいか，書きなさい。

(3) 魚のくさみをやわらげる方法を書きなさい。

(☆☆◎◎◎◎)

【4】次の文は，室内環境について述べたものです。(　　)にあてはまるものをア～シの中から選び，記号で答えなさい。ただし，同じ記号を何回使ってもよい。

(1)　十分な明るさを得る方法として，自然の光を利用する（　①　）と，蛍光灯などの人工光源による（　②　）がある。

(2)　日本の夏は高温多湿で，実際の気温よりさらに（　③　）く感じられる。（　④　）があれば，暑さをやわらげることができる。

(3)　湿気が多いと，（　⑤　）や（　⑥　）の発生を助け，人間の（　⑦　）や住居の腐朽に影響を及ぼす。

(4)　鉄筋コンクリート造りなどの気密性の（　⑧　）い住宅では，冬季には北側の冷たい壁に（　⑨　）が生じやすくなるので，（　⑩　）の必要がある。

ア　日射　　イ　採光　　ウ　照明　　エ　高　　オ　低
カ　湿度　　キ　通風　　ク　結露　　ケ　防湿　　コ　ダニ
サ　カビ　　シ　健康

(☆☆◎◎◎)

【5】次の図をみて，(1)～(6)の問いに答えなさい。

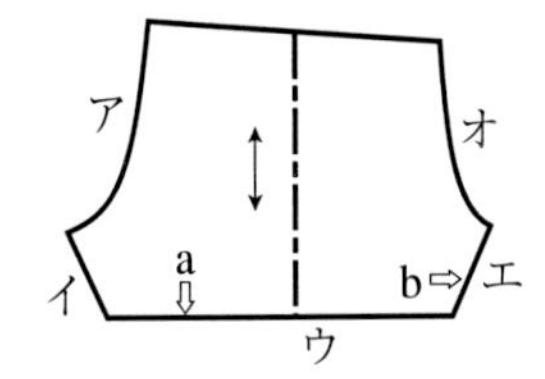


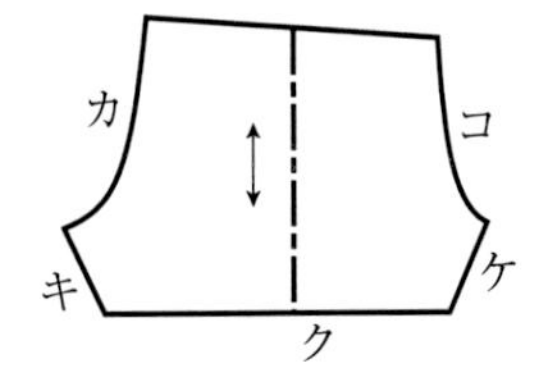


(1)　a，bの名称を書きなさい。

(2)　型紙の　⟷　は何を示しているか，書きなさい。

(3)　布用複写紙（両面）を使ってしるし付けをする場合，布のおもてはあとの図のA，Bどちら側になるか，書きなさい。

(4)　次の①～⑤を，作業を行う順序に並べなさい。

①　型紙を配置する。

②　布用複写紙（両面）を使ってしるし付けをする。

③　布を裁断する。

④　チャコペンシルで縫い代のしるしをつける。

⑤　まち針をうつ。

(5)　ア・イと縫い合わされるのはどこか，上の図のウ～コの中から選び，記号で答えなさい。

(6)　前の図の型紙を下の布に正しく配置し，縫い代を書き込みなさい。また，それぞれの縫い代の寸法（単位cm）も書きなさい。

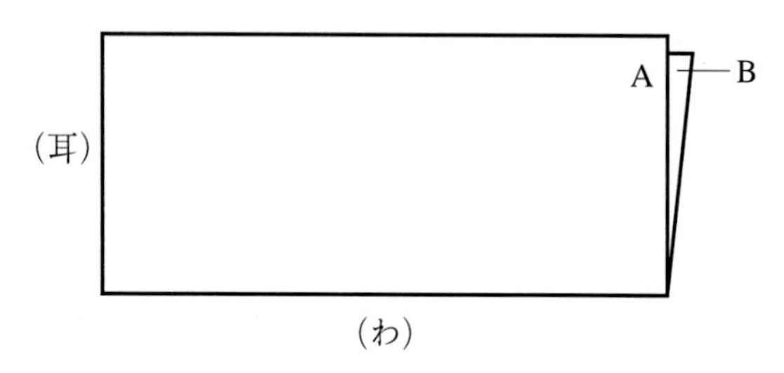


(☆☆☆◎◎◎)

【6】次の文は，子どもの遊びと発達について述べたものです。(　　)にあてはまる語句を，ア～コの中から選び，記号で答えなさい。

(1)　遊びは子どもが（　①　）的に行う活動である。

(2)　乳児期は感覚運動的な（　②　）遊びを好む。

(3)　幼児期に入ると（　③　）遊びから，他の子どもの遊びを見て遊ぶ（　④　）遊びになり，さらにその遊びを平行して行う平行遊びへと発展していく。4～5歳くらいになると（　⑤　）遊びができるようになる。

(4)　広場等の安全な遊び場が減少し，子どもは家の中でテレビ視聴やテレビゲームなどの（　⑥　）を伴わない遊びが多くなっている。

(5)　おもちゃの他に，心に残るようなお話や絵本など，子どもの想像力をはぐくむ（　⑦　）を与えることが大切である。

(6)　異年齢集団での遊びを通して，社会的な（　⑧　）を教えられるといった経験が多いが，現在は遊び場の減少や（　⑨　）の減少などで，大切な経験ができなくなってきている。

(7)　おもちゃを選ぶときには，日本玩具協会が（　⑩　）基準に合格したものに自主的につけているマークのあるものを選ぶなど，子どもが楽しく遊べるように心がける。

ア　傍観　　イ　自発　　ウ　兄弟姉妹　　エ　ルール
オ　身体活動　　カ　機能　　キ　安全　　ク　児童文化財
ケ　一人　　コ　集団

(☆☆◎◎◎◎)

【7】消費生活について，次の(1)・(2)の問いに答えなさい。

(1)　消費生活に関する指導において，中学校技術・家庭科での学習の上に，更に高等学校家庭科で習得させる内容を，次の①～③のキーワードを用いて200字程度でまとめなさい。

①販売方法　　②消費者の権利と責任　　③環境

(2)　クレジットカードなどの三者間契約の三者とは何か，書きなさい。

(☆☆☆☆◎◎◎◎)

【8】教育課程審議会答申（平成10年7月）における，中学校技術・家庭，高等学校家庭の改善の基本方針について，次の①～⑤で正しいものには○をつけ，誤りがあれば訂正しなさい。

①基礎的・基本的な知識・技術を確実に身に付けさせるため，②計画的・体験的な学習を一層重視するとともに，③家族に配慮して④客観的に生活を営む能力を育てるため，自ら課題を見いだし解決を図る⑤問題解決的な学習の充実を図る。

(☆☆☆◎◎◎)

【9】次の(A)・(B)のいずれか1つを選択して，答えなさい。なお，解答用紙の所定欄には，選択した問題の記号を○で囲んで示すこと。

選択問題

(A)　中学校学習指導要領「技術・家庭」について，次の(1)・(2)の問いに答えなさい。

(1)　「第3　指導計画の作成と内容の取扱い」について，選択教科としての「技術・家庭」の学習にはどのようなものが考えられると述べられているか，3つ書きなさい。

(2) 次の文は「第2　各分野の目標及び内容」〔家庭分野〕「2　内容」の一部です。(　　) にあてはまる言葉を書きなさい。

・室内環境の整備と住まい方について，次の事項を指導する。

ア　( ① ) 空間としての住居の機能を知ること。

イ　( ② ) な室内環境の整え方を知り，よりよい住まい方の工夫ができること。

・幼児の発達と家族について，次の事項を指導する。

ア　幼児の観察や ( ③ ) を通して，幼児の ( ④ ) について考えること。

イ　幼児の ( ⑤ ) の特徴を知り，( ⑥ ) としての家族の役割について考えること。

(☆☆☆◎◎◎◎)

【10】高等学校「家庭」について，次の(1)～(3)の問いに答えなさい。

(1) 学校家庭クラブ活動の4つの基本精神について書きなさい。

(2) 学習指導要領第2章第9節「家庭」の「第3款　各科目にわたる指導計画の作成と内容の取扱い」において，内容の範囲や程度等を示す事項にかかわらず指導することができるのは，どのような場合であると述べられているか，書きなさい。

(3) 学習指導要領第3章第5節「家庭」の「第3款　各科目における指導計画の作成と内容の取扱い」において，地域や産業界との連携を図る工夫にはどのようなものが考えられると述べられているか，2つ書きなさい。

(☆☆☆◎◎◎◎)

# 解答・解説

## 【中高共通】

【1】① うるち米　② もち米　③ 豚肉　④ てんぐさ
⑤ こんにゃく　⑥ 大豆　⑦ 大豆　⑧ とうもろこし

〈解説〉① 上新粉

うるち米を洗って乾燥させ，粉にしたもので，特に上質のもの。だんごなどに使う。他の粳米を原料にしたものには次のものもある。

生新粉・・・うるち米を生乾きのうちに粉末にしたもの。上新粉より粒子が細かく，風味がある。

上用粉・・・うるち米を洗い，充分に乾燥させないで細かくひいたもの。じょうよまんじゅうに使う。

② 白玉粉

寒晒し粉ともいい，本来は厳寒の候に，餅米を清水で晒しながら作るが，現在は原料米を砕き，水をふるい分け，毎日1～2回水を替えながら撹拌と沈殿を繰り返して精製，乾燥させる。河内の観心寺の名物だったので観心寺粉とも呼ばれた。白玉だんご，求肥など和菓子の材料，練り物などに使用する。

他にもち米を原料にしたものには次のもの等もある

みじん粉・・・精白したもち米を蒸し，ローラーでせんべい状に伸ばして乾燥し，挽いて粉末にしたもの。落雁，打物菓子などに使われる。

寒梅粉・・・梅の花が咲く頃，みじん粉を水にさらして乾燥させた粉で，みじん粉より粒子が細かい。ゆべしやくるみ餅などに使われる。

道明寺粉・・・もち米を水に浸して蒸し，乾燥させて荒挽きしたもの。道明寺というのは，大阪府道明寺村にある真言宗の尼寺。この寺で天満宮饌飯のお下がりを乾燥貯蔵するようになったのが起源とされ，軍糧や携帯食にされた。みじん粉より粗い粉で道明寺や椿餅に。

③　ラード

ブタの脂肪を溶かして固めた豚脂。高級品とされるのは，腎臓周辺からとるリーフラードで，特に遊離脂肪酸を含まない中性ラードが最良とされる。ヘット（牛脂）より融点が低く，揚物，いため物などに使われる。

④　寒天

海草のテングサを煮溶かし濾した液でところてんを作り，天然の寒気で凍結させた後，日光に当てて乾燥させたもの。寒天の発見は，1658年山城国伏見の美濃屋太郎左衛門が，戸外に捨てられた食べ残しのところてんが凍結し水分が抜けてしまっているのをヒントに作ったとされる。天明年間に大坂の宮田半兵衛が製法を改良して寒天産業を育て，業者も増えていったが，発祥地である京都に寒天業ができたのは江戸時代1840年になってから。寒天の使用によって練羊羹は完成され，圧倒的な人気を博した。寒天の名称は当初ところてんの乾物といっていたが，隠元禅師が寒気にさらす製法を見て「寒天」と名付けたといわれている。

水に85度前後で溶け，30度くらいから凝固することから羊羹，淡雪羹，錦玉羹，ジャムといった食品加工用に使われる。低カロリーで便秘を防ぐ効果があることからダイエット素材としても定着している。糸寒天や角寒天といった種類もある。

⑤　しらたき・・・原料はこんにゃくいも

こんにゃくは，サトイモ科の多年生植物で，原産地はインドシナ半島といわれ，わが国への渡来説はまちまちで，根栽農耕文化の北方伝播とともに，サトイモ等と数千年前（縄文時代）に渡来との説もあり，記録上では，大和時代に医薬用として，朝鮮から伝えられたとされている。食用としては，種々の記録等から仏教との関係が深く仏教伝来の頃ともいわれている。しらたきはまだ固まってない物をじょうろから70℃の流れるプールの様に流れているお湯に流し込み，流れている間に固まった物がしらたきになる。

効能・・・豊富なカルシウム

板こんにゃくには43mg，糸こんにゃく（しらたき）には75mgものカルシウムが含まれている。糸こんにゃく1個を食べると1日に必要なカルシウム量の1/6～1/4を補給できる。

・肥満の予防に最適

食欲を抑える一助として，こんにゃくを上手に利用する。

・便秘解消

こんにゃくのグルコマンナンをはじめとする食物繊維は水分を吸着する力が強く，体内で10～20倍の量の水分を吸着することができる。古くから「お腹の砂おろし」といわれる排出効果の由縁はここからきている。

⑥ ゆば・・・豆乳を煮立てて表面にできた薄い膜。

⑦ きなこ・・・生の大豆の薄皮に亀裂が入り大豆の色が少し茶色になるまで煎り，冷めてから粉砕して「フルイ」でふるって下に落ちた物を「きな粉」として食べる。

⑧ コーンスターチ・・・とうもろこしでんぷんの総称で無味無臭の白色粉末。いろいろな形に姿を変え，食用，工業用，添加剤，医療用に活用されている。食用は各種食品の増粘剤，ボディ剤，安定剤として，ビールの醸造用副原料として，冷凍食品の安定剤，結着剤などとして欠かせないものになっている。

【2】(1)　食品100g中にカロテン600マイクロg以上含む野菜　(2)　ピーマン・トマト・さやいんげん，等　(3)　生活習慣病を予防する，腸の働きをよくする，便通をよくする等　(4)　ビタミン$B_1$　ア

〈解説〉(1)(2)　厚生労働省の定義では「新鮮な野菜100g中にベータカロチンを600マイクログラム（$\mu$g）以上含んでいるもの」とされている。但し，ベータカロチンの含有量が600$\mu$g以下であっても，多く食べられているトマトやピーマン等は緑黄色野菜に含められています。代表

的なものは，にんじん，ほうれん草，パセリ，しゅんぎく，こまつな，にら，かほちゃ，ブロッコリー，さやえんどう，しその葉，アスパラガス，ピーマン，トマトなど。

ベータカロチンの量が600 $\mu$ g（マイクログラム）以下のなす，きゅうり，オクラ，レタス等野菜は「淡色野菜」と呼ばれている。

(3) 食物繊維の働きとして下記のような特徴がある。

効能としては，コレステロールの吸収を抑制し，その血中濃度を下げる作用がある。糖分の吸収を遅らせ，血糖の急激な上昇を抑え，インシュリンを節約する作用がある。

体の中の異物や腸内細菌（大腸ガンの菌など）を吸収し改善する作用がある。

腸内を刺激して，その運動や消化液の分泌を高める作用がある。

腸内の内容物の量を増加させ，その腸内滞留時間を速くする作用がある。

食物繊維が不足すると，便秘になりやすく，大腸ガンのリスクが増えることになる

(4) ビタミン$B_1$のはたらきは，ごはんやパン，砂糖などの糖質を分解する酵素を助け，エネルギーにかえていくことである。ビタミン$B_1$が不足すると，糖質のエネルギー代謝が悪くなり，疲れやすくなったり，さらには手足のしびれ，むくみ，動悸などといった症状が出てきます。悪化すると脚気になる。また糖質は身体だけではなく脳や神経のエネルギー源でもあるために，ビタミン$B_1$が不足することで，集中力がなくなったり，イライラが起こったりする。

豚肉には他の食肉と比べてビタミン$B_1$が数倍も含まれており，豚肉100gを食べるだけで1日の必要量を満たすことができる。しかも豚肉のビタミン$B_1$は加熱しても壊れにくく，体内での吸収効率も優れている。

【3】(1) 600 g　(2) 落としぶたをする，切れ目をいれる

(3) しょうが（酒，酢）を加える

〈解説〉(1)　廃棄率40％・可食部60％

一人あたり可食部90g：60％＝一人あたり廃棄部Xg：廃棄率40％

60X＝90×40

$X=\frac{3600}{60}$

X＝600g

(2)・落としぶた

魚やサトイモといった軟らかい材料だと，木の落としぶたは重すぎて煮くずれの原因になることもあるため，軟らかい材料には「紙」の落としぶたがよい。

「紙」のふたの利点は，

・なべの大きさに合わせて自由に切ることができる

・軽いから，軟らかいものでも煮くずれを起こしにくい

・材料の形にそって覆うため，木の落としぶたより味が均一になる

・使い捨てだから，木の落としぶたのように魚のにおいが移ることを気にしなくてもよい

などがあげられる。

・切り込み

片面の皮目に1本包丁で斜めに浅く切り目を入れる。

(3)　ショウガ・酒による臭み抜き

他には山椒も効果的。

手についた魚のにおいを消すには酢水で洗うと良い。

【4】①　イ　②　ウ　③　エ　④　キ　⑤　コ　⑥　サ　⑦　シ　⑧　エ　⑨　ク　⑩　ケ

〈解説〉採光・・居室は人が継続的に使用する部屋なので採光・換気その他環境衛生についての決まりがある。住宅では採光に有効な部分の面積/居室の床面積が$\frac{1}{7}$以上必要。

照明・・人工照明

高温多湿への対策

　襖や障子が多用でき，風通しの良い「住まい」を支えているのが，木組み構造である。西洋や最近の日本の住宅のように「壁でつくられる住まい」よりも，「柱でつくられる住まい」言い換えれば「木組み構造でつくる住まい」の方が日本の風土に合っている。

　屋内にできるだけ壁を作らず，襖や障子で仕切り，必要に応じて開閉することで風を招き入れ，温度の調節や湿度の調節をするという発想を実現している。

結露とダニ

　冬の結露対策の良し悪しが夏のダニ発生に大きく影響を与える。結露がたたみやカーペットで発生した場合，結露水が吸収されてしまい気がつかないことがある。押入れのふとんに発生した結露は，ダニの増殖を助けることになる。寒さに弱いダニも，十分な湿気があることで冬を生き延びることができる。冬を生きたダニは，暖かい季節を迎えると大量発生します。特にヒョウヒダニはこの傾向が強いのです。結露で発生したカビは，ダニのえさになります。

　窓を開け放つことで，室内の相対湿度は20～30％も減少する。換気扇の運転時間は「ちょっと長め」がコツ。バスルームは朝までかけっぱなしにすることで壁面が乾き，カビ発生予防になる。換気扇を効果的に機能させるためには給気口や窓を開けておく必要がある。

【5】(1)　a　すそ　　b　また下　　(2)　布の縦方向　　(3)　A

(4)　①→⑤→④→③→②　　(5)　カ　エ

(6)

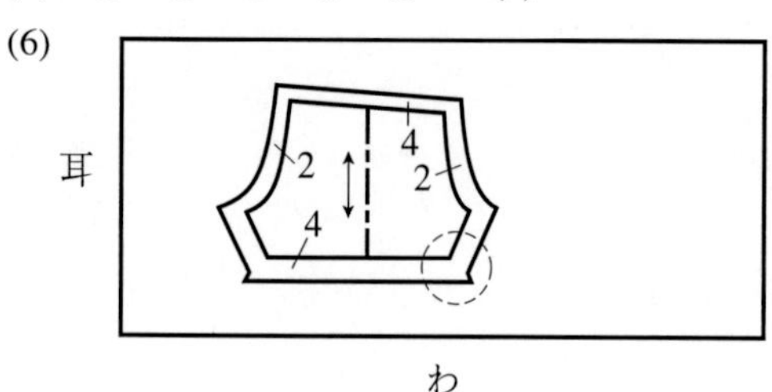

〈解説〉(1)　ア・オ・カ・コ・・・また上　　(2)　布目線
(3)　下図が無く不明　　(4)　布用の両面複写紙を用いる場合，一度に2枚の布に印を付けることから，裁断してから出来上がりの印付けをした方が作業がしやすい。　(5)　アとカ　　イとエ　　(6)　耳に対して布線を平行（縦布）で配置する。脇裾の縫い代は型紙の脇のすぼまりの反対に，斜めに広げて裁断しないと裾上げができなくなるので注意する。

【6】①　イ　　②　カ　　③　ケ　　④　ア　　⑤　コ　　⑥　オ
⑦　ク　　⑧　エ　　⑨　ウ　　⑩　キ

〈解説〉遊びの中で，子ども達のあらゆる側面が成長し発達するのである。乳幼児にとって，遊びは仕事である。遊ぶことを目的として遊ぶのであり，活動すること自体を目的として活動するのである。活動することが満足感を与え求めて活動する。そして，その反復を通して乳幼児の諸機能が発達していく。

日本現具協会

(1)　機械的および物理的特性の検査
先端のテスト・おもちゃがケガをしない形状かどうかの検査。
通過テスト・・乳幼児向けのおもちゃの検査で，おもちゃがテスターを通過しないかどうか調べる。通過してしまうと「のどを詰まらせてしまう」恐れがある。

(2)　可燃性の検査
表面がパイル地または布で作られているやわらかいぬいぐるみやおもちゃのテント・家，その他子どもが身につけるものについて，使用してはいけない材料（セルロイド等）ではないか，また燃えやすいおもちゃではないかを調べる。

(3)　化学的特性の検査
おもちゃの材料に有害な物質が使われていないかを調べる検査。厚生労働省が定める食品衛生法の他，EN71（ヨーロッパで行われている玩具の安全検査）なども検査項目として取り入れている。

STマーク付きの玩具で万一事故が起こった場合に，契約者（STマークを表示するため，当会とマーク使用許諾契約を結んだ者）が安心して，必要かつ十分な救済措置を行えるよう，また一方で消費者の利益保護を万全にするため，日本玩具協会では賠償責任補償共済制度を設けている。

STマーク付きの玩具が原因で発生した対人事故，対物事故において契約者が被害者に支払った法律上の損害賠償金や訴訟費用に対し，共済金をお支払いする制度である。補償額は対人1人1億円，対物2千万円，見舞金30万円を設定している。

【7】(1)　中学校では，中学生にかかわりの深い販売方法を取り上げ，販売方法の特徴や消費者保護について知る。高等学校では，契約，消費者信用，問題の発生しやすい販売方法などを取り上げて具体的に扱い，消費者の権利と責任について理解させる。環境とのかかわりについては，中学校では，自分の生活が環境に与える影響について考え，環境に配慮した消費生活を工夫する。高等学校では，環境負荷の少ない生活の工夫に重点を置いた指導を行い，地球環境問題に深入りしない。(215文字)　　(2)　消費者（会員）　販売店（販売業者）　クレジット会社（信販会社）

〈解説〉(1)　中学校学習指導要領　家庭

(4)　家庭生活と消費について，次の事項を指導する。

ア　販売方法の特徴や消費者保護について知り，生活に必要な物資・サービスの適切な選択，購入及び活用ができること。

イ　自分の生活が環境に与える影響について考え，環境に配慮した消費生活を工夫すること。

内容の取り扱い

ウ　(4) のアについては，中学生にかかわりの深い販売方法を取り上げること。

高等学校学習指導要領

家庭基礎

(3) 消費生活と環境

家庭経済や消費生活に関する基礎的な知識を習得させるとともに，現代の消費生活の課題について認識させ，消費者として責任をもって行動できるようにする。

ア 家庭の経済と消費

家庭の経済生活，社会の変化と消費生活及び消費者の権利と責任について理解させ，消費者として主体的に判断できるようにする。

イ 消費行動と環境

現代の消費生活と環境とのかかわりについて理解させ，環境負荷の少ない生活を目指して生活意識や生活様式を見直すことができるようにする

3 内容の取り扱い

ウ 内容の（3）のアの消費者の権利と責任については，契約，消費者信用，問題の発生しやすい販売方法などを取り上げて具体的に扱うこと。イについては，環境負荷の少ない生活の工夫に重点を置くこととし，地球環境問題に深入りしないこと。

(2) 消費者が販売会社から購入する商品などの代金をクレジット会社が立替えて販売会社に支払い，消費者はクレジット会社に分割して代金を支払うという最も多く利用されているクレジットのしくみで，契約の主体は消費者，クレジット会社，販売会社の三者である。このため，「三者間契約」とも呼ばれている。

【8】① ○ ② 計画的・体験的な学習→実践的・体験的な学習
③ 家族に配慮→環境に配慮 ④ 客観的に生活を→主体的に生活を
⑤ ○

〈解説〉教育課程審議会答申 平成10年7月より

ア 改善の基本方針

(ア)　衣食住やものづくりなどに関する実践的・体験的な活動を通して，家族の人間関係や家庭の機能を理解し，生活に必要な知識・技術の習得や生活を工夫し創造する能力を育成するとともに，生活をよりよくしようとする意欲と実践的な態度を育成することをより一層重視する観点から，小学校の家庭科，中学校の技術・家庭科及び高等学校の家庭科について，その領域構成や内容の改善を図る。

(イ)　男女共同参画社会の推進，少子高齢化等への対応を考慮し，家庭の在り方や家族の人間関係，子育ての意義などの内容を一層充実する。また，情報化や科学技術の進展等に対応し，生活と技術とのかかわり，情報手段の活用などの内容の充実を図る。

(ウ)　基礎的・基本的な知識・技術を確実に身に付けさせるため，実践的・体験的な学習を一層重視するとともに，環境に配慮して主体的に生活を営む能力を育てるため，自ら課題を見いだし解決を図る問題解決的な学習の充実を図る。

(エ)　家庭・地域社会との連携や生涯学習の視点を踏まえつつ，学校における学習と家庭や社会における実践との結び付きに留意して内容の改善を図る。

【9】(1)・課題学習（生徒が課題を設定し主体的に課題の解決をはかる学習）・補充的な学習（基礎的・基本的な内容の一層の定着と深化を図る学習）・発展的な学習（地域の実態に応じた学習など）

(2)　①　家族が住まう　②　安全で快適な　③　幼児の遊び道具の製作　④　遊びの意義　⑤　心身の発達　⑥　子どもが育つ環境

〈解説〉(1)　文部科学省中学校学習指導要領

第8節　技術・家庭

第3　指導計画の作成と内容の取扱い

5　選択教科としての「技術・家庭」においては，生徒の特性等に応じ多様な学習活動が展開できるよう，第2の内容その他の内容で各学校が定めるものについて，課題学習，基礎的・基本的な知識と技術の定着を図るための補充的な学習，地域の実態に即したり各分野の内容を統合したりする発展的な学習などの学習活動を各学校において適切に工夫して取り扱うものとする。

(2) 文部科学省中学校学習指導要領

第8節 技術・家庭

第2 各分野の目標および内容

家庭分野

2 A 生活の自立と衣食住

(4) 室内環境の整備と住まい方について，次の事項を指導する。

ア 家族が住まう空間としての住居の機能を知ること。

イ 安全で快適な室内環境の整え方を知り，よりよい住まい方の工夫ができること。

B 家族と家庭生活

(2) 幼児の発達と家族について，次の事項を指導する。

ア 幼児の観察や遊び道具の製作を通して，幼児の遊びの意義について考えること。

イ 幼児の心身の発達の特徴を知り，子どもが育つ環境としての家族の役割について考えること。

【10】(1) 創造 勤労 愛情 奉仕 (2) 学校において必要がある場合 (3)・就業体験を積極的に取り入れる・社会人講師を積極的に活用する

〈解説〉(1) 高等学校学習指導要領

第9節 家庭

第2 家庭総合

(6) ホームプロジェクトと学校家庭クラブ活動

オ 内容の(6)については，ホームプロジェクト学校家庭クラブ活動の意義と実施方法について理解させること。また，指導に当たっては，内容の（1）から（5）までの学習の発展として，生徒が生活の中から課題を見いだし，解決方法を考え，計画を立てて実践できるようにすること。

(2)　高等学校学習指導要領

第9節　家　庭

第3款　各科目にわたる指導計画の作成と内容の取扱い

2　内容の取扱いに当たっては，次の事項に配慮するものとする。

(3)　各科目の内容の取扱いのうち内容の範囲や程度等を示す事項は，当該科目を履修するすべての生徒に対して指導するものとする内容の範囲や程度等を示したものであり，学校において必要がある場合には，この事項にかかわらず指導することができること。

(3)　高等学校学習指導要領

第5節　家　庭

第3款　各科目にわたる指導計画の作成と内容の取扱い

1　指導計画の作成に当たっては，次の事項に配慮するものとする。

(3)　地域や産業界との連携を図り，就業体験を積極的に取り入れるとともに，会社人講師を積極的に活用するなどの工夫に努めること。

# 2004年度　実施問題

## 【中学校】

【１】中学校学習指導要領「技術・家庭」について，次の(1)～(3)の問いに答えなさい。

(1)　(　　)にあてはまる語句を書きなさい。

家庭分野は，A(　　)及びB(　　)の内容で構成されている。

(2)　家庭分野において，選択して履修させる4つの項目を書きなさい。また，その4つの項目について，どのように履修させるか，書きなさい。

(3)　実習の指導に当たっての配慮事項を書きなさい。

(☆☆☆◎◎◎)

## 【高等学校】

【１】高等学校学習指導要領について，次の(1)～(3)の問いに答えなさい。

(1)　普通教科「家庭」において，選択して履修させる3つの科目を書きなさい。

(2)　家庭に関する各学科において，原則としてすべての生徒に履修させる2つの科目を書きなさい。

(3)　普通教科「家庭」の指導計画の作成に当たっての配慮事項を，4つ書きなさい。

## 【中高共通】

【１】表Ⅰは筑前煮の材料，表Ⅱは食品の成分値を示しています。各表を参考にして，あとの(1)～(4)の問いに答えなさい。

表Ⅰ

| | 材　　料 | 分　量<br>（4人分）（g） |
|---|---|---|
| 筑前煮 | 鶏手羽肉 | １２０ |
| | ごぼう | １２０ |
| | にんじん | １２０ |
| | れんこん | １２０ |
| | 生しいたけ | ８０ |
| | こんにゃく | １６０ |
| | サラダ油 | ２８ |

表Ⅱ　（可食部１００グラムあたり）

| 食 品 名 | エネルギー<br>（ｋｃａｌ） | たんぱく質<br>（g） |
|---|---|---|
| 鶏手羽肉 | １９５ | ２３．０ |
| ごぼう | ６５ | １．８ |
| にんじん | ３７ | ０．６ |
| れんこん | ６６ | １．９ |
| 生しいたけ | １８ | ３．０ |
| こんにゃく | ５ | ０．１ |
| サラダ油 | ９２１ | ０．０ |

（『五訂　日本標準食品成分表』より）

(1) 上記の筑前煮の1人分の熱量，たんぱく質量をもとめなさい。(小数第二位を四捨五入)

(2) 筑前煮を調理する際，切った材料を油で炒めるが，その理由を書きなさい。

(3) 伝統的な和食の形を参考にして，筑前煮とその他のおかずのほか，主食の飯，汁物を組み合わせて献立を立てることとします。この場合について，次の(a)・(b)の問いに答えなさい。

(a) この場合における配膳の仕方の例を配膳図で表しなさい。ただし，筑前煮は「煮物」とし，おかずについては，例にならって書き表すこと。

（例；揚げ物，和え物，焼き物，香の物）

(b) (a)の配膳図を描く際に，あなたが立てた献立について，その献立(飯，汁物とおかずの組合せ)の形を何というか，書きなさい。

(☆☆☆◎◎◎)

【2】次の図は繊維製品の表示である。(1)～(4)の表示名を書きなさい。

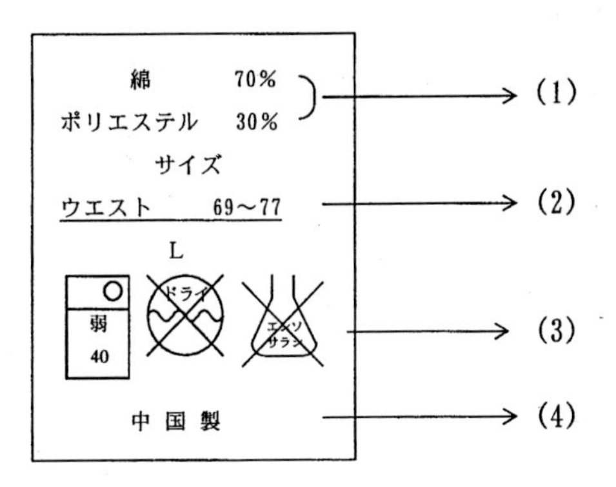


(☆☆☆◎◎◎)

【3】下のa～fに示す糸と針を用い，ローン及びデニムの布をミシン縫い又は手縫いしようとするとき，最も適した布，糸，針の組合せはどのようになりますか。次の表の①～⑥に該当するものをa～fの記号で答えなさい。

| 布 | 糸 | ミシン針 | 手縫い針 |
|---|---|---|---|
| ローン | ① | ② | ③ |
| デニム | ④ | ⑤ | ⑥ |

a　ポリエステル糸50番　b　ポリエステル糸80番　c　ミシン針9番
d　ミシン針14番　e　メリケン針6番　f　メリケン針8番

(☆☆☆◎◎◎)

【4】次の(1)～(3)の問いに答えなさい。

(1)　現在，子どもの虐待が深刻な社会問題となっています。児童虐待の種類を4つ書きなさい。

(2)　児童虐待をなくすためには，できるだけ発生前に，また，虐待の進行段階に応じ，適切な予防的対応をとることが重要です。このことを踏まえ，児童虐待を未然に防止し，また，その進行をくい止めるために，求められる対応を3つ書きなさい。

(3)　幼児期は生活の自立に向かう大切な時期ですが，その時期に身につけさせるべき基本的生活習慣を5つ書きなさい。

(☆☆☆◎◎◎)

【5】住まいの中でけがをしたり，命を落としたりする住居内事故の中で，高齢者の死亡者数が多いものを次のa～eから2つ選び，記号で書きなさい。

a　転倒　　b　墜落　　c　溺水　　d　ガス及び煙による中毒
e　衝突

(☆◎◎)

【6】特定家庭用機器再商品化法(家電リサイクル法)について，次の(1)・(2)の問いに答えなさい。

(1)　この法律に基づく「特定家庭用機器」として指定されている家電製品の品目を4つ書きなさい。

(2)　家電リサイクルの仕組みについて説明しなさい。

(☆☆☆◎◎◎)

【7】次の(1)～(8)の問いに答えなさい。

(1)　販売が目的であることを隠し，電話等で喫茶店や営業所に呼び出して購入の契約を結ばせる商法を何というか，書きなさい。

(2)　事前に代金を支払って購入し，一定額の範囲内で使用する料金前払いのカードを何というか，書きなさい。

(3)　次の文は，ある取引の形式について説明したものです。この取引の形式は何か，答えなさい。

「購入者から商品の代金を2ヶ月以上の期間に渡り，かつ3回以上に分割して受け取ることを条件として，指定商品を提供する。」

(4)　消費者保護に関し，国，地方公共団体及び事業者の果たすべき責務や，消費者の果たすべき役割等を定めている法律は何か，書きなさい。

(5) 訪問販売等で商品を購入契約後，消費者が冷静に考え直せる期間をおき，一定の期間内であれば違約金なしで契約解除ができる制度を，一般に何というか，書きなさい。

(6) 路上で消費者を呼び止め，その場で勧誘したり，喫茶店や店舗に連れ込み，売買契約を結ばせることを何というか。書きなさい。

(7) 物を買ったり，使ったり，ゴミを出すときなど常に「環境」に配慮して行動をとる消費者のことを何というか，書きなさい。

(8) 製品の欠陥により他人の生命，身体や財産を侵害したとき，製造業者が損害賠償に応じる責任があるとする法律は何か，書きなさい。

(☆☆☆◎◎◎◎◎)

【8】教育課程審議会答申(平成10年7月)には，中学校の技術・家庭科，高等学校の家庭科等の改善の基本方針が示されている。ここでは，どのような観点から領域構成や内容の改善を図るよう述べているか書きなさい。

(☆☆☆◎◎◎)

# 解答・解説

## 【中学校】

【1】(1) A 生活の自立と衣食住　B 家族と家庭生活

(2)(3) 実習の指導に当たっては，施設・設備の安全管理に配慮し，学習環境を整備するとともに，火気，用具，材料などの取扱いに注意して事故防止の指導を徹底し，安全と衛生に充分留意するものとする。

## 【高等学校】

【1】(1)　家庭基礎，家庭総合，生活技術　(2)　人の一生と家族・福祉，消費生活　(3)　①　実験・実習への配慮体験的な学習を通して，生活に関する基礎的・基本的な知識と技術を習得させるよう配慮する。原則として10分の5以上を実験・実習に配当　②　他教科との関連・学校段階での教育内容の重点化を図る。　・教科間の学習内容における重複を避ける。　・細部にわたる事柄や程度の高い理論ではなく，具体的な事例や体験的学習を通して，理解させる，問題解決能力と実験的態度を育てる。

## 【中高共通】

【1】(1)

表Ⅰ

| | 材　料 | 分　量 (4人分)(g) | |
|---|---|---|---|
| 筑前煮 | 鶏手羽肉 | １２ | 30 |
| | ごぼう | １２０ | 30 |
| | にんじん | １２０ | 30 |
| | れんこん | １２０ | 30 |
| | 生しいたけ | ８０ | 20 |
| | こんにゃく | １６０ | 40 |
| | サラダ油 | ２８ | 7 |

表Ⅱ　（可食部１００グラムあたり）

| 食品名 | エネルギー (ｋｃａｌ) | たんぱく質 (g) |
|---|---|---|
| 鶏手羽肉 | １９５ | ２３．０ |
| ごぼう | ６５ | １．８ |
| にんじん | ３７ | ０．６ |
| れんこん | ６６ | １．９ |
| 生しいたけ | １８ | ３．０ |
| こんにゃく | ５ | ０．１ |
| サラダ油 | ９２１ | ０．０ |

（『五訂　日本標準食品成分表』より）

(2)　味をしみ込みやすくする。うまみを出す。

(3)

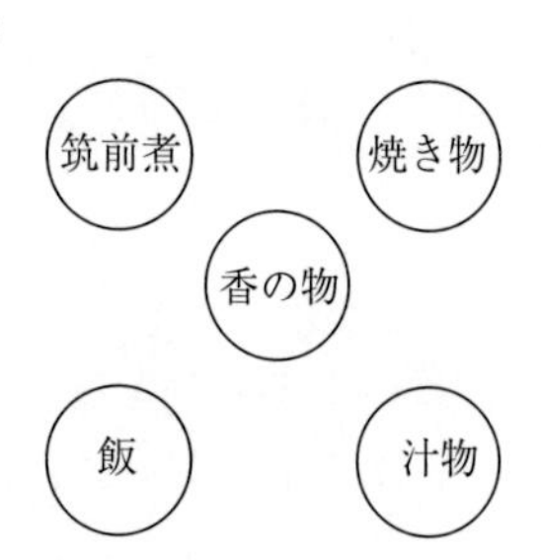


(4)　一汁三菜

【2】

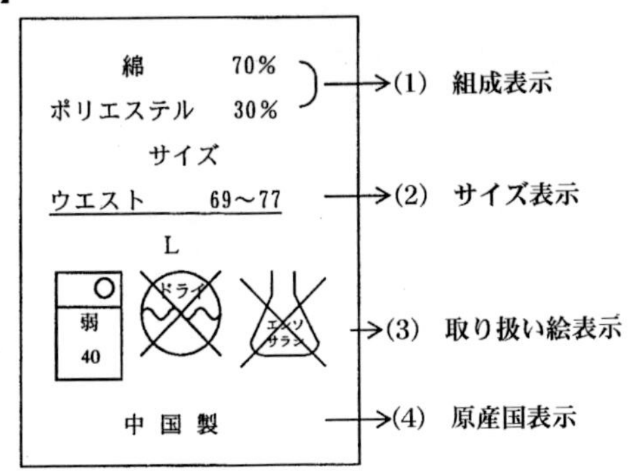


【3】① b ② c ③ f ④ a ⑤ d ⑥ e

【4】(1) 身体的虐待 心理的虐待 性的虐待 保護の怠慢・拒否
(2) 早期発見 立入調査 通告義務 (3) ・食事(食習慣)・睡眠・排泄・着脱・清潔・安全

【5】a c

【6】(1) TV 冷蔵庫 電子レンジ エアコン (2) 省略

【7】(1) アポイントメント商法 (2) プリペイドカード
(3) 分割払い方式 (4) 消費者保護基本法 (5) クーリング・オフ制度 (6) キャッチセールス (7) グリーン・コンシューマ
(8) PL法(製造物責任法)

【8】省略

# 第3部

# チェックテスト

過去の全国各県の教員採用試験において出題された問題を分析し作成しています。実力診断のためのチェックテストとしてご使用ください。

# 家庭科

／100点

**【1】次の(1)～(5)の文は，それぞれ繊維の特徴を述べたものである。繊維の名称をそれぞれ答えよ。**

（各2点　計10点）

(1) 紫外線で黄変・劣化し，しなやかで，光沢がある。

(2) 吸湿性が小さく，静電気をおびやすい。紫外線で黄変する。

(3) ゴムのように，伸縮性が大きい。塩素系漂白剤に弱い。

(4) 半合成繊維で，熱で変形を固定することができる。

(5) 吸湿性・吸水性が大きく，水にぬれても弱くならない。肌着やタオルに用いられる。

**【2】洗剤について，文中の各空欄に適する語句を答えよ。**

（各1点　計7点）

・ 家庭用洗剤は，(　①　)の種類と配合割合により，石けん，複合石けん，(　②　)に分けられる。そして，(　②　)には，弱アルカリ性洗剤と(　③　)がある。

・ 洗剤の主要成分である(　①　)は，親水基と(　④　)からなり，2つの物質の境界面に吸着し，表面張力を減少させる。そして，浸透，(　⑤　)・分散，(　⑥　)防止作用により，洗浄効果をもたらす。

・ 洗剤には洗浄効果を高めたり，仕上がりをよくしたりするために，水軟化剤やアルカリ剤，(　⑦　)増白剤，酵素などが配合されている。

**【3】被服に関する次の(1)～(5)の語句の説明文として正しいものはどれか。あとのア～カから1つずつ選び，記号で答えよ。**

（各1点　計5点）

(1) カットソー　　(2) オートクチュール　　(3) ボトム

(4) プルオーバー　(5) プレタポルテ

ア　高級既製服のこと。

イ　高級注文服のこと。

ウ　前後にボタンなどの開きがなく，頭からかぶって着る上衣のこと。

エ　丸えりのセーターやTシャツのこと。

オ　トップに対して，パンツなど下半身に身につけるもののこと。

カ　綿ジャージー生地を型紙に合わせて裁断し，縫製した衣類の総称。

**【4】ミシンについて，次の各問いに答えよ。**

((2) 各2点，他 各1点　計12点)

(1) 次の図の①～⑤の名称を答えよ。

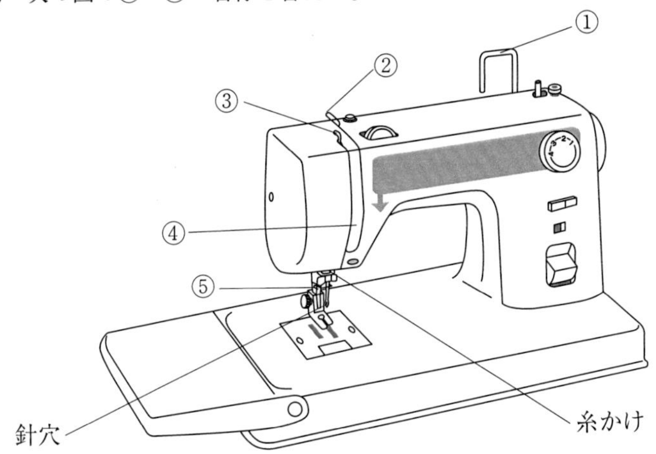


(2) ミシンで縫っていたら，針が折れてしまった。原因として考えられることを，3つ簡潔に答えよ。

(3) サテンなど薄い布地を縫うのに，最も適したミシン針と縫い糸の組合せを，次のア～エから1つ選び，記号で答えよ。

ア　ミシン針9番，縫い糸80番　　イ　ミシン針11番，縫い糸60番

ウ　ミシン針14番，縫い糸50番　　エ　ミシン針16番，縫い糸30番

**【5】料理に関する次の(1)～(5)の用語の説明として適切なものを，下のア～ケから1つずつ選び，記号で答えよ。**

（各1点　計5点）

(1)　吸い口　　(2)　天じめ　　(3)　テリーヌ　　(4)　呼び塩
(5)　登り串

ア　吸い物や味噌汁などの汁物に添える香りのもの。
イ　吸い物や椀盛りの主体となる材料のこと。
ウ　寒天で寄せた料理，あるいは，材料を寒天でまとめたり固めたりすること。
エ　本来はふたつきの焼き物用の器のことだが，これに詰め物を入れて焼いたもの。
オ　鯛・鮎などの魚を姿のまま塩焼きにする際，焼き上がりを美しく見せるためにふる塩のこと。
カ　緑色の野菜をゆでる際，美しく鮮やかな色にゆであがるように入れる少量の塩のこと。
キ　塩分の多い塩魚をうすい塩水につけて塩ぬきすること。
ク　鮎などの川魚を生きた姿のように美しく焼き上げる場合に使われる串の打ち方。
ケ　エビをまっすぐな形に仕上げたいときに用いる串の打ち方。

**【6】ビタミンと無機質に関する次の文を読んで，あとの各問いに答えよ。**

（各1点　計13点）

ビタミンは，現在約25種知られているが，人が必要とするのは(　①　)種である。ビタミン$B_1$は，豚肉に多く含まれており，欠乏すると(　②　)になる。貝やえび・かに・山菜などには，$_A$<u>ビタミン$B_1$を分解する酵素</u>が含まれているが，(　③　)して食べれば分解する酵素ははたらかなくなる。

(　④　)は体内で合成されないので，食べ物から摂取しなければならない。日本人が不足しやすい(　④　)はカルシウムと鉄である。$_B$<u>りんやマグネシウムの過剰摂取はカルシウムの吸収を妨げる</u>ので，食品添加物としてりんを多く使用している加工食品の多用は注意しなければならない。鉄の機能としては，赤血球中に含まれる(　⑤　)として，体内の各組織へ(　⑥　)を運搬する大切なはたらきがある。鉄が欠乏すると，からだへの(　⑥　)の供給量が減り，動悸や息切れがする，全身がだるくなる，皮膚や粘膜が白っぽくなるなどの，(　⑦　)になる。動物性食品に含まれている(　⑧　)鉄は，吸収がよい。

(1)　文中の(　①　)~(　⑧　)に最も適する数字または語句を答えよ。

(2)　下記のビタミンの化学物質名を答えよ。

①　ビタミンA　　②　ビタミンD

(3)　下線部Aの酵素名を答えよ。

(4)　下線部Bについて，カルシウムの吸収を妨げる物質をりん，マグネシウム以外に2つ答えよ。

**【7】次の文を読んで，下線部の内容が正しいものには○を付け，誤っているものは正しく書き直せ。**

（各2点　計10点）

(1)　あじとかつおの旬は<u>秋</u>である。

(2)　小麦粉に水を加えて練ると<u>グルテン</u>を形成し，粘りと弾力性を生じる。

(3)　砂糖の原料はさとうきびやさとうだいこんなどで，主成分は二糖類の<u>ショ糖</u>である。

(4)　「トクホ」と呼ばれている特定保健用食品には，<u>消費者庁</u>が認可した食品であることを示すマークが付けられている。

(5)　食品の中で，アレルギーを起こしやすいため表示が義務付けられている7品目は，<u>らっかせい，大豆，卵，乳，うどん，さば，かに</u>である。

**【8】食生活の管理と健康について，次の各問いに答えよ。**

（各1点　計11点）

(1)　食の安全への取組として行われている生産歴の追跡ができる仕組みを何というか，答えよ。

(2)　次の10項目について，下のア・イの各問いに答えよ。

・食事を楽しみましょう
・1日の食事のリズムから，健やかな生活リズムを。
・適度な運動とバランスのよい食事で，(　①　)の維持を。
・主食，主菜，(　②　)を基本に，食事のバランスを。
・ごはんなどの(　③　)をしっかりと。
・野菜・果物，牛乳・乳製品，豆類，(　④　)なども組み合わせて。
・食塩は控えめに，(　⑤　)は質と量を考えて。
・日本の食文化や(　⑥　)を活かし，郷土の味の継承を。
・食料資源を大切に，無駄や(　⑦　)の少ない食生活を。
・「食」に関する理解を深め，食生活を見直してみましょう。

ア　この10項目は何といわれるものか答えよ。

イ　上の空欄①～⑦に入る適切な語句を答えよ。

(3)　近年の食生活について，次のア・イの各問いに答えよ。

ア　生活習慣病に影響を及ぼし，摂取量が不足しがちな難消化成分を総称して何というか答えよ。

イ　摂取した効果等について，科学的根拠が認められるものにのみ，消費者庁から表示を許可されている食品を何というか答えよ。

**【9】消費生活について，次の各問いに答えよ。**

（各1点　計7点）

(1)　個人の信用を担保にお金を借りる消費者信用のシステムのうち，現金・所持金がなくても商品を受け取り，代金を後払いする取引は何と呼ばれるか。その名称を答えよ。

(2)　図書カードのように代金前払いの形でカードを購入しておき，商品購入時に現金の代わりに使うカードは何と呼ばれるか。その名称を答えよ。

(3) 消費者を守るためにさまざまな法律や制度が整備されてきた。その中の一つの法律が，2004年，それまでの事業者規制による消費者保護から，消費者が権利の主体として自立できることを支援する内容に改正された。その法律は何と呼ばれるか。その名称を答えよ。

(4) 1960年に設立された世界の消費者運動団体の連合体で，世界消費者大会の開催など多岐にわたる活動を行い，国際連合の諮問機関にもなっている，現在，「CI」とも呼ばれる組織は何か，正式名称を漢字で答えよ。

(5) 問題のある販売方法によって商品を購入してしまい，クーリングオフ制度を利用して解約しようと考えている。解約可能となる条件を3つ答えよ。

**【10】次の各文中の空欄に適するものを，それぞれ下のア～オから1つずつ選び，記号で答えよ。**

(各1点　計5点)

(1) 1分間の呼吸数は，新生児では約(　　　)である。

ア　10～20　　イ　40～50　　ウ　60～70　　エ　80～90

オ　100～110

(2) 1分間の脈拍数は，乳児期では約(　　　)回である。

ア　20　　イ　60　　ウ　80　　エ　100　　オ　120

(3) 新生児の身長に対する頭長の割合は，約(　　　)である。

ア　2分の1　　イ　3分の1　　ウ　4分の1　　エ　5分の1

オ　6分の1

(4) 離乳開始時期は生後(　　　)頃が適当である。

ア　3～4カ月　　イ　4～5カ月　　ウ　5～6カ月

エ　6～7カ月　　オ　8～9カ月

(5) パーテンが示した乳幼児の遊びの分類には，①合同(連合)遊び，②ひとり遊び，③傍観遊び，④並行遊び，⑤協同遊びがある。これらを発達段階で出現する順に並べると(　　　)となる。

ア　③→②→④→⑤→①　　イ　②→③→④→⑤→①
ウ　②→③→④→①→⑤　　エ　③→④→②→①→⑤
オ　②→①→⑤→④→③

**【11】次の文の各空欄に最も適する語句または数字を答えよ。**

(各1点　計8点)

日本は，平均寿命が延び，出生率の低下により急激に高齢化が進んでいる。一般的に，全人口に対し65歳以上の人口が占める割合が(　①　)%を超えた社会を高齢化社会，(　②　)%を超えると高齢社会と呼ぶ。また寿命が延びたため65～74歳までを(　③　)と呼び，75歳以上を(　④　)と呼んで区分している。高齢者人口の増加に伴い介護や支援を必要とする家族や高齢者も増え，介護サービスを充実させるために2000年から(　⑤　)が導入され(　⑥　)歳以上の国民は保険料を支払うようになった。保険給付による介護サービスを利用したい場合には(　⑦　)に申請を行い要介護認定を受けなければならない。判定の結果，その人に適したサービスを効率的に利用できる事や家族の希望などを考慮し，介護サービス計画(ケアプラン)を作成する。ケアプランは自分で作成してもよいが(　⑧　)に作成してもらうこともできる。

**【12】次の文の各空欄に当てはまる語句または数字を答えよ。**

(各1点　計7点)

日照には，様々な作用があり生活に欠かすことができない。適度な(　①　)は，人体の新陳代謝やビタミンDの生成を促進し，強い殺菌作用は，細菌やバクテリアなどの(　②　)を死滅させる保健衛生上の効果がある。

1950年に制定された建築基準法では，日照や通風を確保するための(　③　)や容積率が定められていて，部屋の採光のために有効な開口部の面積は，その居室の床面積の(　④　)分の1以上となっている。

最近は，東日本大震災に端を発した原発の事故により，電力の供給が見直されており，住宅の屋根に集熱パネルを並べて自家発電を行う

( ⑤ )エネルギーが注目されている。このように，地球温暖化防止のために，資源・エネルギーの有効利用をはかり，廃棄物に対して配慮し，( ⑥ )の排出量を減らすなど，周辺の自然環境と調和し，健康で快適に生活できるよう工夫された住宅及びその地域環境のことを，( ⑦ )住宅という。

# 解答・解説

**【1】(1) 絹　(2) ナイロン　(3) ポリウレタン　(4) アセテート**
**(5) 綿**

解説 紫外線で黄変することで知られているのは，絹，ナイロン。吸湿性が少ない繊維は，アクリル，ナイロン，ポリウレタン，ポリエステルが該当する。静電気を帯びやすい繊維として ナイロンやウールなどプラスに帯電する繊維，ポリエステルやアクリルなどマイナスに帯電する繊維が該当する。以上のことから総合判断し(1)＝絹，(2)＝ナイロン。 (3) ポリウレタン ・ゴムのように伸縮性，弾力性がある ・時間経過で劣化する(約3年) ・塩素系漂白剤に弱い (4) 半合成繊維に該当するのはアセテート・プロミックス。説明の後半の「熱で変形を固定」は熱可塑性を意味し，プリーツ加工に適する繊維である。この特徴に合致するのはアセテート。アセテートには「撥水性が高く水を弾く」性質もあり，安価であるため子供用のレインコートに使用されることも多い。の特徴である。 (5) 綿 ・汗や水を吸いやすく，濡れても丈夫 ・洗濯や漂白が容易にできる ・乾きにくく，シワになりやすい

**【2】① 界面活性剤　② 合成洗剤　③ 中性洗剤　④ 親油基　⑤ 乳化　⑥ 再汚染　⑦ 蛍光**

解説 洗剤の主成分は界面活性剤で，水だけでは落とせない衣類や食器の油汚れなどを界面活性剤の“油になじみやすい性質(親油基)”が包

み込み，それを一方の“水になじみやすい性質(親水基)”の作用によって洗い落とす。洗剤のその他の成分を助剤と言い，次のようなものがある。炭酸塩は水軟化剤とアルカリ剤の働きがある。アルミ珪酸塩は水軟化剤，酵素は汚れなどを分解する働きがある。蛍光増白剤とは，染料の一種で，紫外線を吸収し白さが増したようにみせかけて黄ばみや黒ずみを目立たなくする働きがある。

**【3】(1) カ　(2) イ　(3) オ　(4) ウ　(5) ア**

解説 (1) カットソー：ニット素材(編物)を裁断(cut)し，縫製(sew)するが語源である。Tシャツ，ポロシャツがある。これに対し，布地(織物)を縫製したものは，シャツと呼ばれる。 (2) オートクチュール：オート(仏語で高級な)，クチュール(仏語で仕立て，縫製)が語源である。パリのクチュール組合加盟店により縫製される一点物の高級注文服をさす。 (4) プルオーバー：セーターの代表的な形状として，プルオーバーとカーディガンがある。 (5) プレタポルテ：プレ(仏語で用意されている)，ポルテ(仏語で着る)の意味から，プレタポルテとは，そのまま着られるという意味である。1970年以降，プレタポルテが台頭してきたことにより，オートクチュールの割合が減ってきた。

**【4】(1) ①　糸立て棒　②　上糸糸案内　③　天びん　④　糸案内板　⑤　針棒糸かけ　(2) ・針止めねじがゆるんでいる。 ・押さえがゆるんでいる。 ・針のつけ方が浅い。 (3) ア**

解説 (1) ミシンの各部の名称は頻出，基本なのでしっかり頭に入れておくこと。 (2) 他に，・針の太さが布の厚さに合っていない。・針が曲がっている。 など。 (3) 薄地を縫う場合は，針は9番，糸は80番がよい。ミシン針は番号が大きいほど太い。糸は番号が大きいほど細い。ブロードのような普通の厚さの生地の場合，ミシン針が11番，ミシン糸は60番の組合せがよい。フラノのような厚地の場合は，針が14番，ミシン糸は50番が適している。

**【5】(1) ア　(2) ウ　(3) エ　(4) キ　(5) ク**

解説 (1) 吸い口は吸い物や煮物に添えるもので，香気と風味を加える役割があり，ゆずや葉山椒がよく使用される。 (2) 天じめは，寒天で寄せたり，固める手法。寄せ固めることから「寒天寄せ」，小豆を寄せ固めた羊羹(ようかん)のように「○○羹」と呼ぶこともある。
(3) テリーヌはフランス料理。焼いたあと冷やすことが多い。
(4) 呼び塩はかずのこや塩鮭，むきえびなどの塩抜きで行われる。
(5) 登り串は口から中骨に沿って串を入れ，尾を曲げて串先を出す。

**【6】(1) ① 13　② 脚気　③ 加熱　④ 無機質　⑤ ヘモグロビン　⑥ 酸素　⑦ (鉄欠乏性)貧血　⑧ ヘム**
**(2) ① レチノール　② カルシフェロール　(3) アノイリナーゼ　(4) フィチン酸・しゅう酸**

解説 (1) 現在確認されているビタミンは，約25種類(ビタミン用作用物質を含む)あり，ヒトの食物の成分として必要なビタミンであると確認されているのは，13種類となっている。ビタミン$B_1$は，玄米，豆腐，納豆，たまご，豚肉，豚・牛のレバー，にんにくなどに多く含まれている。欠乏症としては脚気がある。生体においての鉄の役割として，赤血球の中に含まれるヘモグロビンは，鉄のイオンを利用して酸素を運搬している。そのため，体内の鉄分が不足すると，酸素の運搬量が十分でなくなり鉄欠乏性貧血を起こすことがあるため，鉄分を十分に補充する必要がある。一般に動物性食品の「ヘム鉄」のほうが吸収は良い。 (2) ② コレカルシフェロール，エルゴカルシフェロールでも可。 (3) 貝，鯉，鮒，山菜類にはアノイリナーゼというビタミン$B_1$を分解する酵素が入っている。 (4) カルシウムとリンの比が1：1～1：2の場合吸収が促進される(牛乳がこの範囲である)が，食品加工によりリンを含んだ食品を摂取していることから，結果としてリン・マグネシウムの過剰摂取となる。吸収を阻害するものには，他に，塩分，アルコール，たばこ，過剰の食物繊維がある。

**【7】(1) 夏　(2) ○　(3) ○　(4) ○　(5) らっかせい，小麦，卵，乳，そば，えび，かに**

解説 (1) 鯵の旬は6～8月。かつおの旬は2回あり5・6月と9～10月である。鯵とかつおの旬で共通する月は6月で「初夏」。 (5) 2023年3月9日，消費者庁より，食品表示基準の一部を改正する内閣府令が公表され，食物アレルギーの義務表示対象品目に「くるみ」が追加された。従って，現時点では8品目。

**【8】(1) 食品トレーサビリティ　(2) ① 適性体重　② 副菜　③ 穀類　④ 魚　⑤ 脂肪　⑥ 地域の産物　⑦ 廃棄　(3) ア 食物繊維　イ 特定保健用食品**

解説 (1) 食品トレーサビリティとは，食品の生産，加工，流通について各段階で記録をとり管理することによって，食品がたどってきた過程を追跡可能にすることである。 (2) ア 食生活指針とは，食料生産・流通から食卓，健康へと幅広く食生活全体を視野に入れた指針である。2000(平成12)年3月に，文部省(現文部科学省)，農林水産省，厚生省(現厚生労働省)の3省が連携して策定した。策定から16年が経過し，その間に食育基本法の制定，「健康日本21(第二次)」の開始，食育基本法に基づく第3次食育推進基本計画などが作成されるなど，幅広い分野での動きを踏まえて，平成28年6月に食生活指針を改定した。 (3) ア 日本人の食生活の変化が，生活習慣病の増加の原因になっているといわれ，特に，脂肪の増加や食塩の過剰摂取に加えて食物繊維の減少も大きな原因として指摘されている。 イ 特定保健用食品とは，食物繊維入り飲料など従来の機能性食品のうち，「食生活において特定の保健の目的で摂取するものに対し，その摂取により当該保健の目的が期待できる旨の表示をする」食品とされている。

**【9】(1) 販売信用(クレジット)　(2) プリペイドカード　(3) 消費者基本法　(4) 国際消費者機構　(5) ①業者の営業所以外であること，②購入価格が3000円以上であること，③契約書面の受理日から**

**8日以内であること**

解説 (1) 販売信用は，信販会社などが信用を供与した会員等の買い物代金を，立て替えて支払うことである。 (2) あらかじめお金をチャージ・入金して，その額面内の商品やサービスを購入することができるカード。先払いなので，買いすぎが少ない。 (3) 消費者基本法は，消費者の権利の尊重と自立支援を目的とした法律で，平成16(2004)年6月，消費者保護基本法の改正に伴い，現在の法律名に変更された。 (4) 世界中の消費者団体が加盟する団体。本部はロンドン。 (5) 他に，政令で指定された商品またはサービスの契約であること，消費者であること等がある。クーリングオフの出題は頻出なので，しっかり頭に入れておくこと。

**【10】(1) イ　(2) オ　(3) ウ　(4) ウ　(5) ウ**

解説 (1)(2) 新生児，乳児，2歳児，成人の［呼吸数…脈拍数］は，それぞれ順に［40～50…120～160］，［30～45…120～140］，［20～30…100～120］，［16～18…70～80］である。 (3) 身長と頭長の割合は，おおむね新生児では4：1，2～4歳児では5：1，15歳以上では7～8：1である。 (4) 離乳食は，生後5～6カ月頃からつぶしたおかゆを1日1サジから始め，慣れてきたらすりつぶしたカボチャなどの野菜や豆腐・白身魚などを与えていく。 (5) 遊びの分類には，ビューラーによる「感覚遊び(機能遊び)・運動遊び・模倣遊び(想像遊び・ごっこ遊び)・構成遊び(想像遊び)・受容遊び」も知られている。本問のパーテンによる遊びの分類は，子ども同士の関わり方に主眼を置いた分類である。「ビューラー」「パーテン」の名前も覚えておこう。並行遊び…何人かで同じ遊びをしているけれど，協力しあうことはない。連合遊び…コミュニケーションをとりながら同じ遊びをする。協同遊び…役割分担，ルール，テーマを共有し，組織的な遊びである。

**【11】① 7　② 14　③ 前期高齢者　④ 後期高齢者　⑤ 介護保険法　⑥ 40　⑦ 市町村　⑧ ケアマネージャー(介護支**

**援専門員)**

**解説** 日本の高齢化の特徴は，①寿命の伸びと少子化が同時に進行し，生産年齢人口の割合が増加しない，②高齢化の進行が，他に例をみないほど急速である，③高齢者の中でも後期高齢者が増加している，の3つである。これらの特徴は，日本の高齢者福祉の方向性に大きく影響する。2016年には高齢者人口の割合が27.3%に達し，国民の2.7人に1人が高齢者になる社会の到来が予測されている。

**【12】** ① **紫外線**　② **病原体**　③ **建ぺい率**　④ **7**
⑤ **太陽光**　⑥ **二酸化炭素**　⑦ **環境共生**

**解説** 「建ぺい率(%)＝(建築面積($m^2$)÷敷地面積($m^2$))×100」「容積率(%)＝(延べ床面積($m^2$)÷敷地面積($m^2$))×100」。

# 第4部

# 家庭科マスター

家庭科マスター

# 衣生活

被服材料では繊維の種類・織り方・性質など，被服整理・管理ではサイズ表示，取扱い表示，洗剤・漂白剤・防虫剤などが出題される。また，透湿防水加工，ウオッシュ・アンド・ウェア加工などの布の加工や，異形断面繊維や多孔質繊維，極細繊維など繊維の改質の出題も頻出である。被服製作では，教科書にもよく掲載されている，ハーフパンツ，Tシャツ，はんてん，和服などの事例をあげて，布地の性質，型紙，裁断，ミシン各部の名称，布と針・糸の関連，縫い代の始末，縫い方などについて問われる。実習の経験がないと解答することが難しいことから，自分で体験する時間を確保し，実際の体験を通して理解を深める必要がある。近年，持続可能な社会の形成を見据えて，環境問題と衣生活とを関連させた出題が増えている。また，消費者問題と関連させて，輸入衣料品の増加に伴い，購入および管理に必要な国際的な表示であるISO表示記号に変更された。伝統的な衣生活の重要性から，和服や手芸民族服などの出題も増えている。

## 問題演習

**【1】次の文は，被服の素材について述べたものである。文中の各空欄に適する語句を答えよ。**

織物は，たて糸とよこ糸が，ほぼ(　①　)に交錯されてつくられている。織り糸が1本ずつ交錯する(　②　)や織物面に斜めの方向にうねが浮き出て見える(　③　)などがある。このような交錯のしかたのちがいは，(　④　)や柔らかさ，じょうぶさ，(　⑤　)などに影響を及ぼす。

**【2】次の表は繊維の性能を比較したものである。表のア～オに適する繊維名として最も適当な組合せを，下の①～⑤から1つ選べ。**

| 性能＼繊維名 | ア | イ | ウ | エ | オ |
|---|---|---|---|---|---|
| 水分率(%) | 16 | 0.4～0.5 | 7.0 | 3.5～5.0 | 12～14 |
| 比重 | 1.32 | 1.38 | 1.54 | 1.14 | 1.5～1.52 |
| 伸長弾性率(%) | 99 | 90～100 | 74 | 95～100 | 55～80 |
| 乾湿強力比(%) | 76～96 | 100 | 102～110 | 83～92 | 45～65 |

(日本化学繊維協会による)

① ア　毛　イ　ポリエステル　ウ　綿
　エ　ナイロン　オ　レーヨン
② ア　レーヨン　イ　ポリエステル　ウ　綿
　エ　ナイロン　オ　毛
③ ア　綿　イ　ナイロン　ウ　毛
　エ　ポリエステル　オ　レーヨン
④ ア　毛　イ　ポリエステル　ウ　レーヨン
　エ　ナイロン　オ　綿
⑤ ア　レーヨン　イ　ナイロン　ウ　毛
　エ　ポリエステル　オ　綿

**【3】次の文は，糸について説明したものである。文中の各空欄に適する語句を答えよ。**

繊維をひきそろえてよりをかけたものが糸である。短い繊維を集めて平行に伸ばしながらよりをかけて糸にしたものを紡績糸といい，絹や化学繊維など長い繊維に適当なよりをかけたものを(　①　)糸という。長い繊維は，短い繊維に切断して紡績糸としても利用される。糸を構成するために必要なよりには，方向によって右よりと左よりがあり，右よりのことを(　②　)ともいう。

糸は変形しやすく断面の形も一様でないので，その太さを直径で表すことは難しい。そこで糸の太さの表示には重さを基準にした(　③　)と，長さを基準にした(　④　)が使用されている。(　③　)は紡績糸に用いられ，数が大きいほど糸の太さは(　⑤　)なる。

**【4】衣生活に関する(1)～(9)の各文の空欄に当てはまる最も適当な語句を，それぞれア～オから1つ選び，記号で答えよ。**

(1)　「9BR」は，婦人服のJIS規格に基づくサイズ表示の例である。Bは(　　)を意味している。

ア　普通の体型よりヒップが8cm大きい体型

イ　普通の体型よりヒップが4cm大きい体型

ウ　普通の体型

エ　普通の体型よりヒップが4cm小さい体型

オ　普通の体型よりヒップが8cm小さい体型

(2)　(　　)は，斜文織りで織られた布である。

ア　ビロード　　イ　デニム　　ウ　ブロード　　エ　ドスキン

オ　シーチング

(3)　合成繊維でないものは，(　　)である。

ア　アクリル　　イ　ポリウレタン　　ウ　ポリノジック

エ　ビニロン　　オ　ポリエステル

(4)　フリースは，(　　)を起毛してつくった素材である。

ア　アクリル　　イ　ポリウレタン　　ウ　ポリノジック

エ　ビニロン　　オ　ポリエステル

(5)　ゴムに似た伸縮性をもつ繊維は，(　　)である。

ア　アクリル　　イ　ポリウレタン　　ウ　ポリノジック

エ　ビニロン　　オ　ポリエステル

(6)　白色の毛100%のセーターを漂白するときには，(　　)を用いる。

ア　ハイドロサルファイト　　イ　次亜塩素酸ナトリウム

ウ　過炭酸ナトリウム　　エ　CMC

オ　ピレスロイド

(7)　SR加工とは，布に加工をして(　　)ものである。

ア　静電気の発生を防ぐ

イ　細菌の繁殖と悪臭を防ぐ

ウ　洗った後，アイロン仕上げの必要がないようにする

エ　洗濯後の収縮・型くずれを防ぐ

オ　汚れにくく，ついた汚れを洗い落としやすくする

(8) 糸と針の太さについて説明した次の文の空欄(　ア　)，(　イ　)に当てはまる語句の組合せとして正しいものは，(　　)である。

| カタン糸は，番手数が大きくなるほど(　ア　)なる。ミシン針は，番号が小さくなるほど(　イ　)なる。 |
| --- |

ア　ア―太く　イ―太く
イ　ア―太く　イ―細く
ウ　ア―細く　イ―太く
エ　ア―細く　イ―細く
オ　ア―太く　イ―短く

(9) 日常着に用いられる服飾のひとつである「パイピング」は，(　　)ことである。

ア　布を細くつまんでひだをつくる
イ　平面的な布に丸みをつけて立体的にする
ウ　布の端をバイヤステープや他の布でくるみ，始末をする
エ　布をたたんで折り山をはっきりつける
オ　何段かにミシンをかけ，下糸を引き締めて縮ませる

**【5】次の文は，刺しゅうの技法の特徴について述べたものである。それぞれの刺しゅうの名称を答えよ。**

(1) 布地に図案を描き，図案の周囲にブランケットステッチを刺し，切り取って穴をあけ模様を作り出したもの。

(2) 布地の幅を一定に縫い縮めてひだを作り，ひだ山を刺しゅう糸ですくいながら模様を作り出したもの。

(3) 布地にいろいろなひも(ジャバラ，ブレードなど)を置き，糸でとめ，模様を作り出したもの。

**【6】ブラウスの製作について，次の各問いに答えよ。**

(1) 次のブラウスのえりの名称を答えよ

(2) 仮縫いをして試着したところ，図のようなしわが出てしまいました。型紙の補正のしかたを図示せよ。

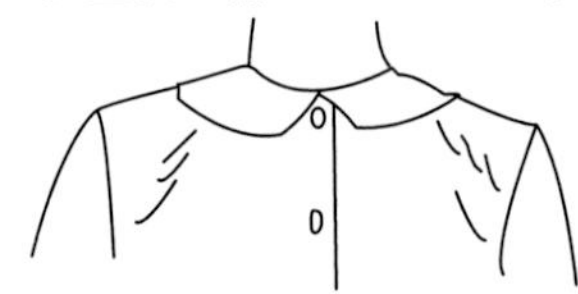

(3) えりの始末をするため，バイアステープを1枚ずつはぐ方法でつくる。裁ち方とはぎ方を図示し説明せよ。

(4) 次のボタンホールのa，bの長さを答えよ。ただし，ボタンの直径は1.5cm，厚みは0.2cm，前中心2cmとする。

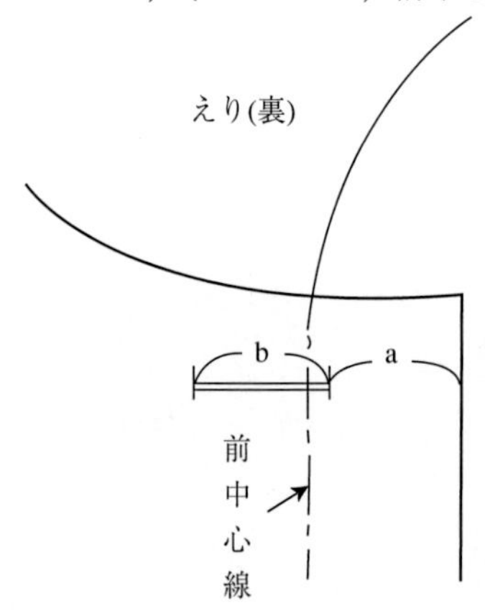


(5) 実習でスチームアイロンを使用する際に，安全に使用させるための留意点を2つ答えよ。

**【7】スカートの製作について，次の各問いに答えよ。**

(1) 次の原型に基づいてフレアースカートの型紙をつくり図示せよ。

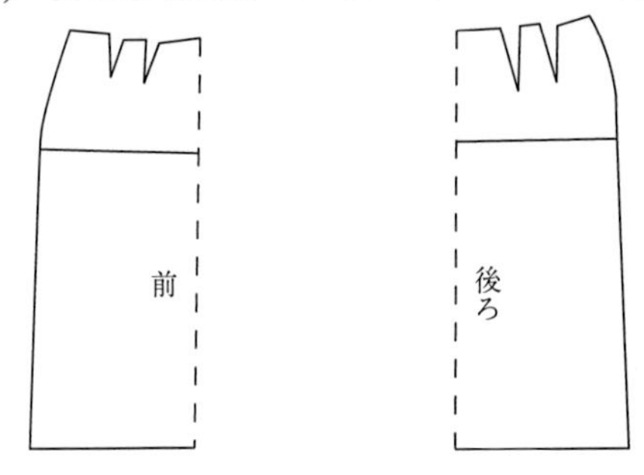


(2) 表スカートと裏スカートを手縫いで縫い合わせ，裏スカートが浮かないようにすることを何というか答えよ。

(3) 次にあげるミシンの故障の原因を答えよ。

① 針が折れる　② 上糸が切れる　③ 前に進まない

(4) 生徒が布地を「裁断」する際に留意させる点を2つ答えよ。

**【8】被服製作に関して，次の各問いに答えよ。**

(1) 図Aのようなポケットをつける場合，①～⑤の内容を最も製作しやすい手順に並べたとき，3番目にくるものは何か，1つ選べ。

図A

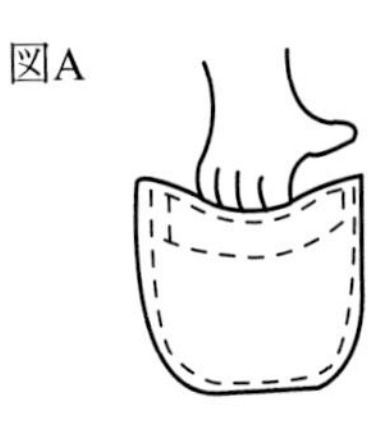

① ポケット口を三つ折りにして，しつけをかける。

② 力布を当てながら，周囲をミシンで縫いつける。

③ ポケット口にミシンをかける。

④ ポケット口の縫い代に接着芯を貼る。

⑤ 周囲をできあがり線で折って，しつけをかける。

(2)　図Bは袖山の高さと袖幅の関係を示したものである。図の①～③のうちから，運動量の多い衣服として最も適当な袖を1つ選べ。

図B

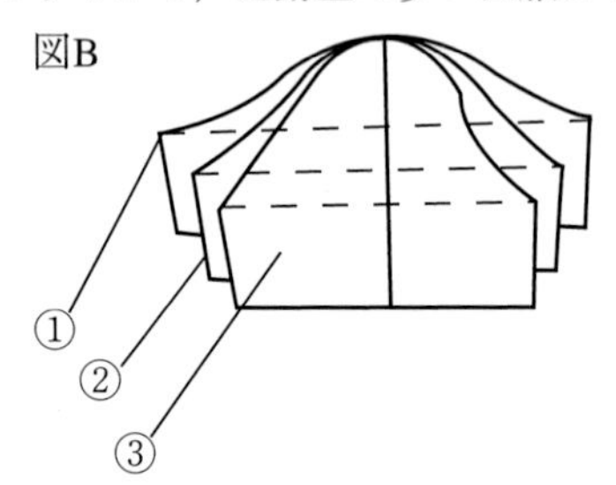


(3)　型紙や縫製技術について述べた次の文で<u>適当でないもの</u>はどれか，次の①～⑦から2つ選べ。

①　身ごろの原型の幅は胸囲を基準にして構成される。

②　袖の原型は身ごろの原型の袖ぐりの長さを基準にして作られるため，胸囲寸法が影響する。

③　スカートの原型は胴囲を基準にして構成される。

④　本来，型紙には縫い代はついていないので，適切な縫い代をつけて裁断しなければならない。

⑤　布地を細かく縫い縮め，平面的な布を曲面化する技法を「いせこみ」という。後ろ肩や袖のひじ部分などに用いられる。

⑥　布を，人体のくぼみやくびれた部分をアイロンで伸ばして，立体感をつける手法を「地直し」という。

⑦　平面的な布を立体化するために布地の一部分をつまんで縫い消す技法を「ダーツ」という。

**【9】次の文は，衣服の洗濯と環境について述べたものである。あとの(1)，(2)の問いに答えよ。**

Ⅰ　洗剤の主成分は(　ア　)で，その分子は水と結びつきやすい(　イ　)と，油分と結びつきやすい(　ウ　)をもつ。

Ⅱ　漂白剤には，酸化型と(　エ　)型とがある。酸化型の漂白剤のうち塩素系漂白剤については，液性が(　オ　)の洗剤といっしょに使うと，有害なガスが発生し，呼吸困難による死亡などの事故につながるおそれがあるので，表示を確かめて使う。

Ⅲ　洗濯による排水は，A<u>生活排水</u>のひとつである。環境に与える影響も考え，必要以上に洗剤を使わないことなどが大切である。洗剤の容器には，(　カ　)法に基づいて使用量の目安が記載されている。

(1)　文中の(　ア　)～(　カ　)にあてはまる語句を答えよ。

(2)　下線部Aのデータの中に，「BOD：43g/人・日」という値があった。次の文はBODの意味を述べたものである。文中の(　キ　)，(　ク　)にあてはまる語句を答えよ。

水の(　キ　)の度合いを表す指標のひとつで，微生物が水の(　キ　)を分解するときに使う(　ク　)の量をあらわしている。

**【10】衣服の素材についての文を読み，以下の各問いに答えなさい。**

繊維にはその繊維特有の断面があり，合成繊維の断面は通常(　①　)であるが，これを種々の形に変えたものを［　A　］という。絹のような美しい光沢を持たせるために，絹の断面を真似た(　②　)断面の繊維や，汗を吸う合成繊維としてより吸水性を向上させた(　③　)断面の繊維などがつくられている。繊維の中に空洞を持たせ，さらに繊維を薬剤で処理して表面や内部に微細な加工をした［　B　］はスポーツ衣料素材として利用されている。通常使用されている合成繊維の直径は約20μmであるが，1本の繊維をさらに分割して細くした極細繊維を使用した布は柔らかくしなやかな風合いとなる。

(1)　空欄の①～③に適する語句を語群から選び答えなさい。

【語群】

三角　　L字　　円形　　四角

(2)　A，Bの改質された繊維の名称を答えなさい。

**【11】次の(1)～(4)は日本工業規格で規定されているかぎ針編みの編み目記号である。編み目記号の名称を下の①～⑦から1つずつ選べ。**

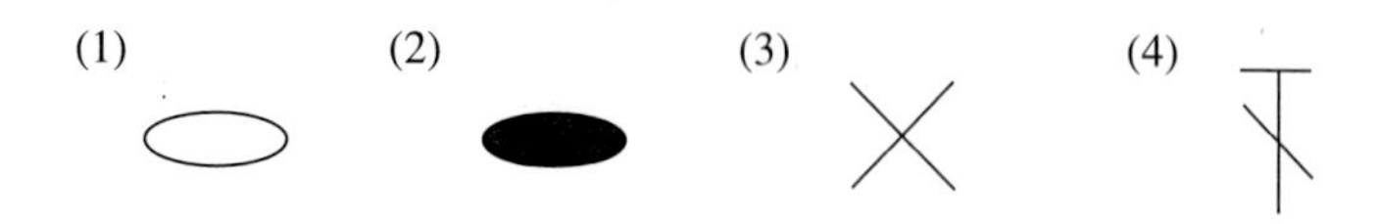


① 長々編み目　② 引き抜き編み目　③ 中長編み目
④ 鎖編み目　⑤ 長編み目　⑥ 三つ巻き長編み目
⑦ 細編み目

**【12】次の図のミシンについて，下の各問いに答えよ。**

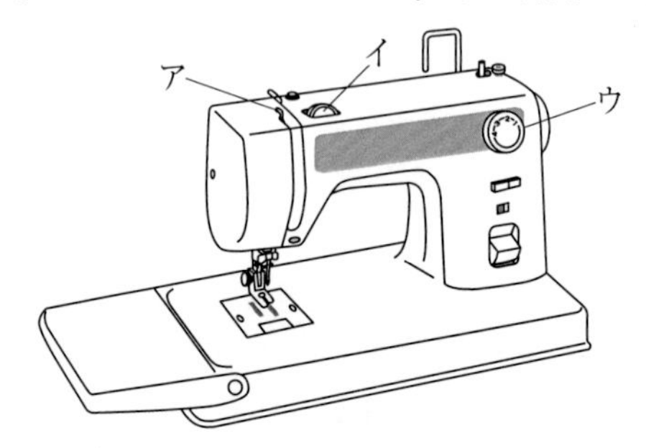


(1) 図中のア～ウの名称を書け。また，それぞれの働きを次のA～Eから1つずつ選び，記号で答えよ。

A　できた縫い目を引き締める。　B　布への圧力を調節する。
C　送り歯の高さを調節する。　D　縫い目の大きさを決める。
E　上糸の張力を決める。

(2) ミシン縫いをしようとしたところ，針棒が動かなかった。この原因として考えられるものを次のA～Fから2つ選び，記号で答えよ。

A　針の平らな部分が針棒の溝に当たっていない。
B　針止め止めねじが緩んでいる。
C　かまの中にほこりや糸くずが詰まっている。
D　送り歯が針板より低くなっている。
E　はずみ車のつまみが引き出されている。
F　針の太さが布の厚さに合っていない。

(3) 次は，ミシンで調子よく縫えない場合の主な原因として考えられることの説明である。説明内容として<u>適当でないもの</u>を，次の①～⑤から1つ選べ。

① 上糸の調子が強いのは，上糸調節ダイヤルの数字が小さい数字になっている。

② 上糸が切れるのは，上糸のかけ方が間違っている。

③ 布が進まないのは，送り調節ダイヤルの目盛りが0になっている。

④ 縫い目がとぶのは，針のつけ方が正しくない。

⑤ 針棒が動かないのは，かまの中にほこりや糸がつまっている。

**【13】次の各文は，衣生活と環境について述べたものである。( ア )～( エ )に当てはまる語句の正しい組合せを選びなさい。**

○ 日本の衣類はほとんどが輸入品である。繊維製品・主要国別輸入の推移をみると，2006年，2018年ともに第1位は中国であったが，2006年輸入国第2位は( ア )であり，2018年輸入国第2位は( イ )である。

○ ( ウ )とは，最新の流行商品を短期間に大量生産し，低価格で販売するブランドや業態のことである。

○ ( エ )は，とうもろこしのでんぷんを原料とする新しい合成繊維である。土に埋めると，微生物の働きで分解される性質をもつ。

| | ア | イ | ウ | エ |
|---|---|---|---|---|
| ① | 米国 | 韓国 | フェアトレード | ポリ乳酸繊維 |
| ② | 米国 | ベトナム | ファストファッション | 複合新合繊 |
| ③ | イタリア | 韓国 | ファストファッション | 複合新合繊 |
| ④ | イタリア | ベトナム | フェアトレード | 複合新合繊 |
| ⑤ | イタリア | ベトナム | ファストファッション | ポリ乳酸繊維 |

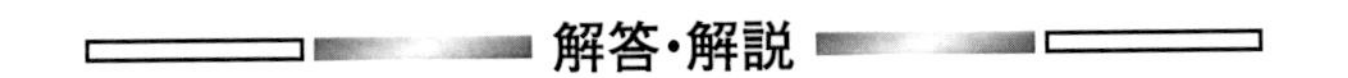

## 解答・解説

**【1】① 直角 ② 平織り ③ 斜文織り ④ 光沢 ⑤ 通気性**

**解説** 平織り，斜文織り，朱子織りを三原組織という。織物に対して，編み物は，1本の糸を曲げて，ループを作り，ループをからみ合わせて平面状にしたものである。編み物の基本的組織はよこ編み(よこメリヤス)とたて編み(たてメリヤス)である。

**【2】** ①

**解説** まず，毛は水分率が高いのでアとなる。さらに，ポリエステルは水分率が低いのでイとなる。綿は比重が大きく，乾湿強力比が高い。また，ナイロンは比重が小さく，レーヨンは伸長弾性率が比較的低い。

**【3】** ① **フィラメント**　② **Sより**　③ **番手**　④ **デニール**　⑤ **細く**

**解説** 化学繊維は連続的に作られ，長い繊維ができる。これをフィラメントといい，数センチから10数センチに切断した繊維をステープルという。天然繊維では，絹以外は短繊維である。絹は1000メートル程度の長さにもなる。

**【4】** **(1) ア　(2) イ　(3) ウ　(4) オ　(5) イ　(6) ア　(7) オ　(8) エ　(9) ウ**

**解説** (1) 成人女性のサイズ表示では数字がバスト，真ん中の英字が体型，右の英字は身長を表している。 (2) 斜文織りには他に，ツイル，サージ，ギャバジンなどがある。また平織りにはタフタ，ポンジー，ポプリン，デシン，パレス，ジョーゼット，金巾などがあり，朱子織りにはサテン，ドスキンなどがある。 (3) ポリノジックは，再生繊維の一種で高級レーヨン(再生セルロース繊維)である。 (4) フリース(fleece)の英語での原義は，羊一頭から刈り取られた一つながりの羊毛のことである。そこから転じて，現在では毛布のように厚く起毛した布地をフリースと呼ぶようになっている。 (5) ポリウレタンは伸縮性がきわめて大きく，繊維自体がゴムのように5～8倍も伸びる。繊維の特徴は頻出なので表などにして，他の繊維と合わせて覚えておくとよい。　(6)　ハイドロサルファイトは，家庭用の漂白剤にも使われている物質である。　(7)　SRとはSoil Releaseの略で「Soil(汚れ)をrelease(離す・放つ)する」，つまり，家庭での洗濯時に汚れを落ちやすくする加工のことをいう。　(9)　パイピングは，バイアステープで布端がほつれないようにくるみ始末すること，または二つ折りにした皮や布を，切り替えの縫い目に挟んでとめ，装飾とすることである。

**【5】(1)　カットワーク　　(2)　スモッキング　　(3)　コード刺しゅう**

解説 (1)　カットワークは，布を模様の形に切り抜きその部分をレース糸などを使い結び目を作りながら埋めていくなどの西洋刺繍の技法。カットワークの中には美術館で保管されているものもある。　(2)　スモッキングは，スモックとも呼ばれ，平らな布にギャザー(ひだ)を寄せ，そのひだを揃いながら刺繍を施していく技法である。　(3)　コード刺しゅうは，コードのような細い紐をいろいろな形に縫い付けて模様を作り，装飾する技法である。

**【6】(1)　①　ウイングカラー　　②　スタンドカラー　　③　オープンカラー　　④　台えり付きボタンダウンカラー　　(2)　＊図略　・前・後ろ身頃の肩と脇で同寸法を下げる。　(3)　＊図略　裁ち方→布地の角からたてと横の同寸法の位置で，45度の角度で裁つ。はぎ方→たて地同士布目をあわせ，伸ばさないようにはぎあわせる。縫いしろは割り，余分な縫いしろは裁ち落とす。　(4)　a　1.8cm　　b　1.7cm　(5)　(例)　蒸気にふれない。　(例)　冷めてから中の水を捨てる。**

解説 (1)　ブラウスのえりの各名称は頭に入れておくこと。　(2)　肩と脇で下げることがポイントである。　(3)　45度の角度で裁つことと，たて地同士布目をあわせることがポイントである。　(4)　a　前中心－ボタンの厚み　　b　ボタンの直径＋ボタンの厚み　　(5)　他に，蒸気の吹き出しに注意する。など。

**【7】(1)　解答略　　(2)　中とじ　　(3)　①　針が正しくセットされていない。針が曲がっている。　②　上糸のかけ方がまちがっている。上糸調子がきつい。　③　送り歯が下がっている。縫い目の長さが0になっている。　(4)　・机上を整理させ，布地を平らな場所に置かせる。・裁ちばさみを机上に接しながら布地を裁断させる。**

解説 (1)　2本のダーツどまりから，すそを3等分した点とそれぞれ結び，切り込みを入れる。ダーツをたたみすそを開く。　(2)　中とじは，表布と裏布の縫い代を手縫いで縫い合わせることで，裏布が浮かないようにする作業である。　(3)　ミシンの故障に関する出題例は限られているので，故障の状態，原因，対応策を表などにしてまとめて憶えておこう。

**【8】(1)　③　　(2)　①　　(3)　③　⑥**

解説 (1)　最も製作しやすい順序は④→①→③→⑤→②である。
(2)　袖幅が狭く，袖山が高いほど人体への圧力(被服圧)は高くなる。
(3)　スカートの原型は腰囲を基準に構成される。地直しは布のたてよこの布目のゆがみを裁断前に直しておくことである。

**【9】(1)　ア　界面活性剤　　イ　親水基　　ウ　親油基(疎水基)　エ　還元　　オ　酸性　　カ　家庭用品品質表示(法)**
**(2)　キ　汚れ(汚染，汚濁)　　ク　酸素**

解説 BODとはBiochemical Oxygen Demandの略称で，河川水や工場および生活排水中の汚染物質(有機物)が微生物によって，無機化あるいはガス化されるときに必要とされる酸素量のことである。

**【10】(1)　①　円形　　②　三角　　③　L字　　(2)　A 異形断面繊維　B 多孔質中空繊維**

解説 異形断面繊維について，化学繊維の断面は通常円形だが，紡出口金の孔の形状を三角形やY字形，星形に変えるなどして非円形の断面の形状を作る。これによって吸湿速乾，軽量，保温，高通気，透け防止，静電気防止などの多彩な機能を持ち，用途によって使い分けることができる。多孔質中空繊維は，繊維の中を空洞にしたもので，軽くて水に浮き，保温性が高く感触がよくなる。繊維内部への吸水性能が高まり，吸汗性・速乾性に優れた繊維になるので，スポーツ衣料素材として利用される。

**【11】(1) ④　(2) ②　(3) ⑦　(4) ⑤**

**解説** 基本的なかぎ針編みの編み目記号である。出題は稀であるが基礎知識として頭に入れておくこと。

**【12】(1) (名称，働きの順) ア　てんびん，A　イ　上糸調節ダイヤル，E　ウ　送り調節ダイヤル，D　(2) C，E　(3) ①**

**解説** ミシンについては，特に(2)のような不具合の現象と原因が頻出問題なので注意したい。針棒が動かない原因として，かまの中にほこりや糸がつまっている，ストップモーション大ネジがゆるんでいる，クラッチつまみが引き出されたままになっている等も考えられる。(3) 上糸が切れるときの②以外の原因としては，針のつけ方が正しくない，上糸調節装置のダイヤルを締めすぎている場合がある。また，縫い目がとぶ場合は，④以外に，針が曲っていないか確認するなどが考えられる。

**【13】⑤**

**解説** 日本の衣料の国内生産比率は，2017年でわずか2.4％台である。輸入先の第1位は中国で，2位以降は年度によって変化している。2018年の輸入先は2位ベトナム，3位インドネシア，4位バングラデシュで，イタリアはわずか2.9％になっており，近年はほとんどが東アジア及び東南アジアからの輸入である。ファストファッションの問題点についての出題は頻出なので学習しておくこと。衣生活のなかで環境について問われることも多い。リサイクルや，環境に優しい繊維について学習しておきたい。

家庭科マスター

# 食生活①〈栄養・献立〉

▼栄養

五大栄養素の種類と基本的性質，体内での働きは特に大切なので理解しておきたい。炭水化物では単糖類・二糖類・多糖類の種類，食物繊維の働き，たんぱく質では，必須アミノ酸，第一制限アミノ酸，アミノ酸価，脂肪では脂肪酸の分類，必須脂肪酸(リノール酸，リノレン酸)，コレステロールの働き，脂肪の酸化，無機質ではカルシウム・リン・ナトリウム・カリウム・鉄・ヨウ素の働き，ビタミンでは，脂溶性ビタミン(A，D，E)，水溶性ビタミン($B_1$・$B_2$・ナイアシン・C)の性質と生理作用が重要である。

○PFCバランス：たんぱく質，脂肪，炭水化物のバランスは，P：F：C＝1：2：5が理想とされ，日本型食生活はこれに近く国際的にも注目されている。

○食事摂取基準，6群分類・4群分類による食品別摂取量，食事バランスガイドは頻出項目である。

▼献立

○献立の条件：栄養・嗜好・食物費・季節・調理の能率などがある。

○献立の手順：主食，主菜，副菜の順に考える。

献立を示して，不足している品目の補充，材料の分量の記入，問題点の指摘などが出題されている。日本型食生活の一汁三菜の配膳図は頻出である。

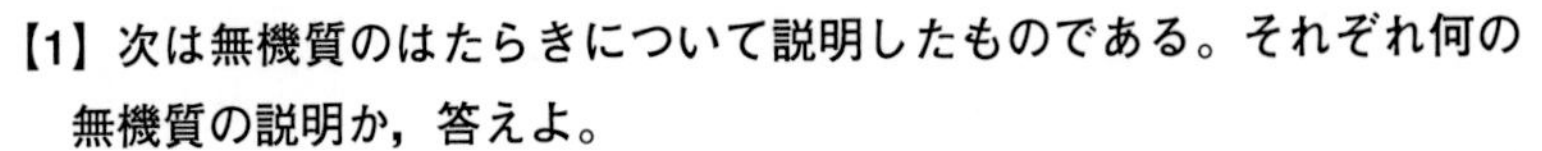

## 問題演習

**【1】次は無機質のはたらきについて説明したものである。それぞれ何の無機質の説明か，答えよ。**

(1) 体のなかでは，たんぱく質の合成にかかわり，欠乏すると味覚の低下をまねく。

(2) 骨や歯の成分。体液のpH調整をしたり，エネルギー代謝で重要なはたらきをしている。

(3) 細胞内液に多く含まれ細胞外液の成分とのバランスを保ち，体液の浸透圧の調整をしている。また筋肉の機能維持にもはたらく。

(4) 細胞外液に多く含まれ体液の浸透圧やpH調整をしている。とりすぎると高血圧の原因となる。

(5) 鉄から血液中の赤血球が作られるのを助ける。不足すると貧血の原因になる。

**【2】**次の文章を読み，各問いに答えよ。

> たんぱく質は約(　①　)種類のアミノ酸が多数結合したものである。消化酵素で分解されてアミノ酸として(　②　)から吸収され，筋肉などの体組織，体内反応に必要な酵素，生体防御に必要な抗体などの合成に利用される。体内で合成できない9種類のアミノ酸を必須アミノ酸といい，食事で摂取する必要がある。
>
> たんぱく質の栄養的な価値は，必須アミノ酸の含量をもとにした<u>アミノ酸価</u>で表される。アミノ酸価は次の式で求めることができる。
>
> $$\frac{\text{食品たんぱく質中の第一制限アミノ酸含量}}{\text{アミノ酸評点パターンの当該アミノ酸含量}} \times 100$$

1　文章中の(　①　)，(　②　)に当てはまる最も適切な数字や語句を(ア)～(カ)からそれぞれ一つ選び，記号で答えよ。

(ア) 10　(イ) 20　(ウ) 30　(エ) 胃　(オ) 小腸
(カ) 大腸

2 下線部に関する各問いに答えよ。

(1) 次の表中の食パンにおける第一制限アミノ酸は何か，答えよ。

| アミノ酸評点パターン (mg/gたんぱく質) | | アミノ酸含量 (mg/gたんぱく質) | |
|---|---|---|---|
| アミノ酸 | | 食パン | 卵黄 |
| ヒスチジン | 15 | 27 | 31 |
| イソロイシン | 30 | 42 | 58 |
| ロイシン | 59 | 80 | 100 |
| リシン | 45 | 23 | 91 |
| 含硫アミノ酸 | 22 | 43 | 51 |
| 芳香族アミノ酸 | 38 | 96 | 100 |
| トレオニン | 23 | 32 | 59 |
| トリプトファン | 6 | 13 | 16 |
| バリン | 39 | 48 | 67 |

(「日本食品標準成分表2015年版(七訂)」文部科学省)

(2) 表中の食パンにおけるアミノ酸価を小数第1位を四捨五入し，整数で答えよ。

(3) 表中の食パンと卵黄のうちでアミノ酸価が高いのはどちらか答えよ。

**【3】次の(1)～(4)に関係ある無機質名を答えよ。**

(1) インスリンの合成に関係がある無機質

(2) 甲状腺ホルモンの成分になる無機質

(3) 体液のアルカリ性を保持し，血液を凝固させる無機質

(4) 歯・骨に微量含まれ，ほうろう質を硬くして，歯を保護する無機質

**【4】次の文は現代の食生活について述べたものである。下の各問いに答えよ。**

1970年代の日本の食生活は，ご飯を中心とした魚・野菜・大豆をとる伝統的な食生活に，獣鳥肉や乳製品などを取り入れたバランスがよいものであった。このような日本人独特の食生活パターンを(　　　)

といい，日本人の平均寿命の延びに大きく貢献したといわれる。

しかし，最近の若者は，ファストフード等の調理済み食品をよく食べたり，aパンや麺類だけの食事で済ませたりする傾向があり，これらのことは肥満や高血圧などの生活習慣病の原因となっている。また，栄養的観点から見ると，日本人には慢性的に骨や血液などの成分として重要な役割を果たすb無機質も不足している。

さらに，現代では家族の食事時間がばらばらである家庭や，c家族で食卓を囲んでも一人一人違うものを食べる家庭も増えてきた。

(1) 文中の(　　　)内にあてはまる語句を書け。

(2) 下線aのような食事を続けると，昔の病気と思われている「かっけ」を患うことがある。これは，エネルギー代謝が順調に行われないためだが，このエネルギー代謝に必要なビタミン名を書け。

(3) 下線bの日本人に不足しがちな無機質でカルシウム以外を1つ書け。

(4) 下線cを何というか，漢字で書け。

(5) 現代の日本では輸入食品や加工食品の利用が増えている。これらに関する次の各問いに答えよ。

① 食料の輸送が環境に与える負荷を示す指標で，[食料の輸送量×輸送距離]で表されるものを何というか書け。

② 害虫や農薬への耐性強化などを目的に，別の生物の遺伝子を細胞に組み込んで品種改良した作物やその加工食品を何というか。

**【5】栄養素の働きについて，次の各問いに答えよ。**

(1) 次の①～③の栄養素にはエネルギー源としての働きがあります。それ以外の働きについて書け。

① 炭水化物

② 脂質

③ たんぱく質

(2) 次の文の(　①　)，(　②　)にはてはまる語句を答えよ。

技術・家庭科の授業で，栄養素の種類と働きについて取扱う際は，

( ① )の働きや( ② )について触れること。

(3) 小学校家庭科と中学校技術・家庭科の五大栄養素の取扱い方の違いについて書け。

**【6】栄養について，次の各問いに答えよ。**

(1) 次の化学反応式は，糖質の代謝を示したものである。( ア )～( ウ )に当てはまる化学式を書け。

$C_6H_{12}O_6$+( ア ) → ( イ ) + ( ウ )

(2) 体内で合成できないため，食品から摂らなければならない必須脂肪酸を，次のA～Fからすべて選び，記号で答えよ。

A リノール酸　B リジン　C アルギン酸
D リノレン酸　E ステアリン酸　F トリプトファン

(3) 食物中の脂質が体内で発生するエネルギー量は，1g当たり約何kcalか，書け。

(4) 食事摂取基準について，次の①，②の問いに答えよ。

① 次の文は，「日本人の食事摂取基準(2015年版)」に示されている策定の目的である。文中の□に当てはまる言葉は何か，書け。

これは，健康な個人または集団を対象として，国民の健康の保持・増進，□の予防のために参照するエネルギー及び栄養素の摂取量の基準を示すものである。

② 次に示す男性の推定エネルギー必要量は何kcal/日か，書け。ただし，性・年齢階級別基礎代謝基準値は下の表を参照のこと。

年齢：20歳　身長：170cm　体重：60kg
身体活動レベル：Ⅱ(1.75)

性･年齢階級別基礎代謝基準値(kcal/kg体重/日)

| 年齢 | 男 | 女 | 年齢 | 男 | 女 |
|---|---|---|---|---|---|
| 1～2歳 | 61.0 | 59.7 | 15～17歳 | 27.0 | 25.3 |
| 3～5歳 | 54.8 | 52.2 | 18～29歳 | 24.0 | 22.1 |
| 6～7歳 | 44.3 | 41.9 | 30～49歳 | 22.3 | 217 |
| 8～9歳 | 40.8 | 38.3 | 50～69歳 | 21.5 | 20.7 |
| 10～11歳 | 37.4 | 34.8 | 70歳以上 | 21.5 | 20.7 |
| 12～14歳 | 31.0 | 29.6 | | | |

厚生労働省「日本人の食事摂取基準(2015年版)」

**【7】栄養について，次の各問いに答えよ。**

(1) 次のア～エの語句について説明せよ。

ア　硬化油　　イ　肉の熟成　　ウ　緑黄色野菜

エ　プロビタミン

(2) もち米とうるち米の違いについて説明せよ。

**【8】次の文は正月料理について説明したものである。①～③の問いに答えなさい。**

> おせち料理は新年を祝うための伝統食で，それぞれの料理には意味が込められている。祝い肴の中でも( A )( B )( C )を三つ肴といい，( A )は元気に働けるように，( B )は子孫繁栄，( C )は豊作を願っている。

① A～Cにあてはまる料理名を答えなさい。

② 祝いの席などで出される会席料理の献立の一つで，数種の料理の盛り合わせを何というか，ア～オから1つ選び，記号で答えなさい。

ア　猪口　　イ　口取り　　ウ　向付　　エ　鉢肴　　オ　平

③ 正月料理の②は，甘いものが多い。これらは，砂糖が貴重だった時代に長崎で発祥した料理の形式の中に取り入れられた。この料理の形式を何というか。

**【9】日本型食生活についての学習において，指導したい点を3つ，箇条書きせよ。**

**【10】幼児期の栄養について，次の文の( ア )～( ウ )に当てはまる最も適当な数字を，あとのA～Hの中からそれぞれ1つずつ選び，記号で答えよ。**

○　幼児期は，運動機能の発達に伴い運動量が大幅に増加し，エネルギーの消費量も大きくなるが，消化機能は未熟で，胃の容量も小さいため，1日3回の食事で必要な栄養素を確保することは難しい。そこで，間食を与え，栄養を補給する。間食の配分は，総エネルギーに対して，(　ア　)%を目安にするとよい。

○　たんぱく質を摂取する際は，必須アミノ酸を豊富に含む動物性たんぱく質を全摂取たんぱく質の(　イ　)%前後摂取することが望ましい。

○　野菜や果物は，各種ビタミン，無機質の供給源として重要であり，野菜の全摂取量の(　ウ　)分の1以上は緑黄色野菜を食べることが望ましい。

A　10～20　　B　7　　C　70　　D　30　　E　45

F　25～30　　G　4　　H　3

**【11】「日本人の食事摂取基準」について，次のア～オのうち<u>適当でないもの</u>を1つ選び，記号で答えよ。**

ア　「推定平均必要量」は，栄養不足にならないための指標として用いる。該当の性・年齢に属する人々の50%が必要量を満たすと推定される1日の摂取量である。

イ　「推奨量」は，該当の性・年齢に属するほとんどの人(97～98%)が必要量を満たすと推定される1日の摂取量である。

ウ　「目標量」は，生活習慣病の予防のために当面の目標とすべき摂取量である。

エ　成人の推定エネルギー必要量(kcal/日)は，基礎代謝量に身体活動レベルを乗じた数値であらわされる。

オ　17歳男子(身体活動レベルⅡ)の脂質摂取基準は，30g以下である。

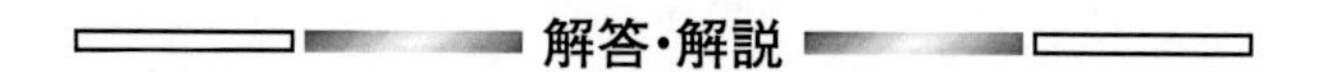

## 解答・解説

**【1】(1)　亜鉛　　(2)　りん　　(3)　カリウム　　(4)　ナトリウム　(5)　銅**

解説 (3)　問題文の「細胞内液に多く含まれる」がヒントで，該当するのはカリウム。　(4)　細胞外液に含まれる物質はいろんな物質があるが，浸透圧やPH調節をしている，高血圧の原因であることから該当するのはナトリウム。　(5)　ヘモグロビンは鉄を成分としてヘモグロビンがつくられるが，この過程で銅が必要となる。貧血の原因には $VB_{12}$・葉酸のビタミンも関係する。

**【2】1 ①　(イ)　②　(オ)　2 (1)　リシン　(2)　51　(3)　卵黄**

**解説** 1　必須アミノ酸と非必須アミノ酸について確認しておくこと。
2　(1)　アミノ酸評点パターンに対して不足しているのはリシンである。　(2)　評点パターン45に対して食パンは23である。アミノ酸価は23÷45×100＝0.5111×100≒51。　(3)　卵黄のアミノ酸含量は評点パターンと比べて不足しているアミノ酸はないので，アミノ酸価は100。

**【3】(1)　亜鉛　(2)　ヨウ素　(3)　カルシウム　(4)　フッ素**

**解説** (1)　亜鉛はインスリンの構成成分。クロム，セリンと共に，糖尿病(Ⅱ型糖尿病)に対する効果が期待されている。　(2)　ヨウ素は，甲状腺ホルモンの成分としてや，発育を促進・エネルギー生産を高めるなどの働きをしている。　(3)　血液中には一定のカルシウム量が必要で，心臓や脳の働き，筋肉の収縮，ホルモンの分泌，血液凝固など，生命維持にかかせない働きをしている。　(4)　フッ素の塗布はほうろう質強化に効果があるとされており，虫歯の予防になる。

**【4】(1)　日本型食生活　(2)　ビタミン$B_1$　(3)　鉄　(4)　個食(個食化)　(5)　①　フードマイレージ(フードマイル)　②　遺伝子組換食品**

**解説** (2)　かっけは，ビタミンB1欠乏症の1つで，ビタミンB1(チアミン)の欠乏によって心不全と末梢神経障害をきたす疾患である。心不全によって下肢のむくみが，神経障害によって下肢のしびれが起きることからかっけの名で呼ばれる。　(3)　貧血の原因は，いくつかあるが，鉄不足によるものが最も多い。息切れや疲れやすいなどの症状が出る。
(5)　①　先進国の中で，日本は非常に高い。地産地消への取り組みは，フードマイレージを抑えることにつながる。　②　遺伝子組み換え食品は，大豆・じゃがいも・なたね・とうもろこし・てんさいなど8作物。

**【5】(1) ① 食物繊維は，腸の働きを良くし，便秘解消に役立つ。糖質は，脳のエネルギー源として重要な働きをもつ。など ② 細胞膜の成分となるなど，体の組織をつくる。皮下脂肪に蓄えられて体温を保つ働きをする。など ③ 筋肉，血液，内臓，皮膚，毛髪など，体の組織を作るもとになる。 動物性たんぱく質には，人体に必要な必須アミノ酸がバランスよく含まれる。など (2) ① 水 ② 食物繊維 (3) 小学校では栄養素の働きを3色分類で学習。赤(主に体を作る基になる食品：たんぱく質，無機質(カルシウム)) 緑(主に体の調子を整えるもとになる食品：ビタミンや無機質を多く含む食品) 黄(主にエネルギーのもとになる食品：炭水化物，脂質)。中学校では小学校の3色分類の働きから含有食品群を考え，6つの食品群に分ける。5大栄養素の働きについては(体の組織を作る・身体の調子を整える・エネルギー源になる)の機能について，小学校の学習内容をさらに深める。**

解説 (1) 五大栄養素は，他に無機質，ビタミンがある。無機質は体構成成分と生理機能を調節する働きもある。栄養素の働きは「体をつくる」「エネルギー源になる」「他の栄養素が働く助けになる」の大きく3つに分けて考えられる。

**【6】(1) ア $6O_2$ イ $6CO_2$ ウ $6H_2O$ (イ，ウは順不同) (2) A，D (3) 約9kcal (4) ① 生活習慣病 ② 2,520kcal/日**

解説 (1) グルコース($C_6H_{12}O_6$)が酸素を消費して二酸化炭素と水を生成したことを示している。この時にエネルギーを発生する。 (2) 必須脂肪酸とは，体にとって必要だが体内では合成されないため，食物から摂取しなければならない脂肪酸のことをいう。リノール酸・リノレン酸・アラキドン酸のことで植物油に多量に含まれ，血中コレステロール濃度を低下させる。 (4) ① 食事摂取基準は，健康な個人または集団を対象として，国民の健康の維持・増進，エネルギー・栄養素欠乏症の予防，生活習慣病の予防，過剰摂取による健康障害の予防を目的とし，エネルギー及び各栄養素の摂取量の基準を示すものである。保健所，保健センター，民間健康増進施設等において，生活習慣病予防のために実施される栄養指導，学校や事業所等の給食提供にあたって，最も基礎となる科学的データである。生活習慣病予防に重点をおき，栄養素について新たな指標「目標量」を設定した。増やすべき栄養素として，食物繊維，カルシウムなど，減らすべき栄養素として，コレステロール，ナトリウム(食塩)とした。 ② 24.0kcal×60kg×1.75(身体活動レベルⅡ)＝2520(kcal/日)

**【7】(1) ア 加工脂のことで，植物油や魚油など常温で液体の油に水素を添加すると，不飽和脂肪酸が飽和脂肪酸に変化し固化する。マーガリンやショートニングはこの性質を利用して作った食品。 イ 肉は屠殺後に一度，組織が硬直する。その後，組織内の酵素の働きで，たんぱく質が分解され，徐々に柔らかくなり，風味が増しておいしくなる，これを肉の熟成という。 ウ 生の状態で可食部100g当たりカロテン含量が600μg以上含む野菜。しかしカロテンが600μgに満たなくても摂取量や使用頻度の高いピーマンやトマトなども緑黄色野菜として扱われる。 エ 身体の中に入ってから，ビタミンとして作用する物質に変わるもの。 (2) もち米はアミロペクチン100%からなり，うるち米はアミロペクチン80%，アミロース20%からできている。**

解説 (1) ア 水素添加の処理により，トランス脂肪酸が生成されることが知られている。 イ 肉の熟成は，肉の自己消化作用によって，タンパク質がアミノ酸に分解する作用である。牛肉の熟成期間は1～2週間，豚肉は3～5日，鶏肉が半日～1日ぐらいである。 ウ アスパラガス，さやいんげん，さやえんどう，しし唐なども600μg以下だが，緑黄色野菜とみなす。 (2) アミロペクチンとアミロースの違いはでんぷんの構造上の違いによるもの。アミロペクチンはぶどう糖の結合が枝分かれして絡み合っているため粘りを生じる。アミロースはぶどう糖が直線状に結合している。インディカ米はアミロペクチン量が69〜70%のため，粘りが少なく食感がパラパラである。

**【8】① A 黒豆 B 数の子 C 田作り ② イ ③ 卓袱(しっぽく)料理**

解説 ① 日本の和食文化である，おせち料理には，それぞれの料理に願いが込められている。 ② 懐石料理，会席料理，精進料理について確認しておきたい。 ③ 中国や西欧の料理が日本化した長崎発祥の宴会料理である。円卓を囲んで，大皿に盛られたコース料理を，膳ではなく，円卓に乗せて食事することに大きな特徴がある。吸い物の「お鰭」，刺身といった冷たい前菜にあたる「小菜」，天ぷらなどの温かい「中鉢」，和の料理盛り合わせ「大鉢」，果物などの「水菓子」，しめの甘味「梅椀」が豪勢に盛られ並べられる。シュガーロードの起点だった長崎では，当時貴重だった砂糖をふんだんに使うことが，最上級のおもてなしだったといわれている。「梅椀」で，紅白の丸餅入りのお汁粉をふるまう。

**【9】米飯と一汁三菜を組み合わせてととのえる日本の食習慣であること。(ごはん，みそ汁，三種類のおかず) 使われる食品の数も多く，栄養のバランスがとりやすいこと。 健康的な食生活を営むために日本の食習慣のよさを伝えること。など。**

解説 私たちの食生活は，日本の伝統的食生活パターンである「ごはん」を中心として，大豆，野菜，魚など国内で生産，捕獲される素材を用い，しょうゆ，みそ，だしなどにより調理，味付けされた副食を組み合わせるものが典型的であった。しかし，このようなパターンに加えて畜産物や油脂類の消費も増えてきた。その結果，昭和50年頃には，主食である米を中心として畜産物や果実などがバランスよく加わった，健康的で豊かな食生活「日本型食生活」が実現した。

【10】ア A　イ E　ウ H

解説 幼児期の栄養摂取については，本問で述べられているとおり，3度の食事に加え1日に1～2度の間食が重要な位置を占めることを認識する必要がある。それぞれの数値については，本問の文章を学習すればよいだろう。

【11】(1) オ

解説 食事摂取基準とは，健康な個人または集団を対象として，国民の健康の維持増進，ダイエットなどによるエネルギー・栄養素の欠乏症予防，糖尿病や高血圧などの生活習慣病予防，サプリメントなどで特定の栄養素を摂りすぎることによる健康障害の予防などを目的として，エネルギーおよび栄養素の摂取量の基準を示したものである。5年に一度発表される。

家庭科マスター

# 食生活②〈食品・調理〉

▼食品

○日常的に使用する食品として，米，肉，魚，卵，大豆，小麦粉，油脂などについてまとめておく。
それぞれ，種類，栄養的特徴，調理性，加工食品について理解する。

○食品の保存，食品表示法，食品添加物，食中毒(細菌性食中毒，化学性食中毒)についても学んでおく。

○食料自給率，地産地消，フードマイレージ，バーチャルウォーター，食品ロス等環境に関しても理解しておく。

▼調理

○代表的な料理について，材料，調味料，時間，温度などについて，分量や標準的なデータを把握しておく。

○調理の手法別に，汁物，寄せ物，たきこみ飯，あく抜き，煮物，揚げ物，調味料など詳細に体験し，理解する必要がある。

○でんぷん，卵，牛乳について，調理上の性質および効果について学ぶこと。

○なお，食品の安全と衛生，アレルギー，宇宙食など，近年，話題になっている事項について，幅広く関心をもって調べておくこと。
この他に，安全性との関連で，トレーサビリティ，HACCP，ポストハーベストについての出題が多い。

○食料品の災害備蓄：ローリングストックや災害時の調理「パッククッキング」についても理解しておく。

# 問題演習

**【1】次のア～エの食品の色に多く含まれる色素の組合せとして最も適するものを，下の①～⑤から1つ選べ。**

ア　肉の赤色　　　　　イ　なすの紫色
ウ　にんじんの赤・黄色　エ　ほうれん草の緑色

① ア　ミオグロビン　　イ　フラボノイド
　 ウ　フィコシアニン　エ　アスタシン
② ア　アスタシン　　　イ　フィコシアニン
　 ウ　カロテノイド　　エ　クロロフィル
③ ア　ミオグロビン　　イ　アントシアン
　 ウ　カロテノイド　　エ　クロロフィル
④ ア　ミオグロビン　　イ　フィコシアニン
　 ウ　フラボノイド　　エ　アスタシン
⑤ ア　アスタシン　　　イ　アントシアン
　 ウ　カロテノイド　　エ　クロロフィル

**【2】次の文章を読んで，下の各問いに答えよ。**

食品添加物は，食品を製造・加工する時に，$_{A}$品質の改良，保存性の向上，着色や調味などを目的として加えられる物質である。

食品添加物は，製造方法により(　ア　)と天然添加物に分けられる。また，(　イ　)法では，有効性と安全性が確認され厚生労働大臣の指定を受けた(　ウ　)と，長年の実績から使用が認められた天然添加物である(　エ　)や天然香料などに分類される。

今後，開発される食品添加物は，すべて(　ウ　)となるが，$_{B}$一度許可されても安全性に疑いが生じた場合は，使用禁止となる。

食品添加物を使用した食品には，物質名を表示することが義務付けられている。

(1)　空欄ア～エに当てはまる語句を答えよ。

(2)　下線部Aにかかわって，①～④の目的で使われる食品添加物を下のA～Fから1つずつ選び，記号で答えよ。

①　食品の腐敗を防止する。

②　肉類や魚卵などの色を鮮やかにする。

③　食品に着色する。

④　食品になめらかさや粘りを与える。

A　ジフェニル　　B　亜硝酸ナトリウム

C　グリセリン脂肪酸エステル　　D　コチニール

E　ソルビン酸カリウム　　F　アルギン酸ナトリウム

(3)　下線部Bにかかわって，平成16年に使用禁止となった食品添加物と，その理由を書け。

**【3】郷土料理と都道府県名の組み合わせとして，正しいものを，次の1～5から1つ選べ。**

1　ふなずし(滋賀県)　柿の葉寿司(大阪府)　ますずし(富山県)

2　きりたんぽ鍋(秋田県)　おやき(長野県)　ひっつみ(岩手県)

3　讃岐うどん(長崎県)　石狩鍋(北海道)　しもつかれ(栃木県)

4　さばのへしこ(福井県)　いただき(鹿児島県)　冷や汁(宮崎県)

5　じゃっぱ汁(青森県)　からしれんこん(群馬県)　ほうとう(山梨県)

**【4】次表を参考に，食品群に関連する下の各問いに答えよ。**

〈6つの基礎食品群〉

| 1　群 | 2　群 | 3　群 |
|---|---|---|
| 血や肉をつくる | 骨・歯をつくる<br>体の各機能を調整 | 皮膚や粘膜の保護<br>体の各機能を調整 |
| 4　群 | 5　群 | 6　群 |
| 体の各機能を調整 | エネルギー源 | 効率的なエネルギー源 |

〈4つの基礎食品群〉

| 1　群 | 2　群 | 3　群 | 4　群 |
|---|---|---|---|
| 栄養を完全にする | 血や肉をつくる | 体の調子をよくする | 力や体温となる |

(1)　食品群に関する①～⑨の記述のうち，適当でないものを2つ選べ。

①〈6つの基礎食品群〉の2群に分類される食品は，牛乳・乳製品，小魚，海藻である。

②〈6つの基礎食品群〉の5群に分類される食品は，〈4つの食品群〉ではすべて4群に分類される。

③〈4つの食品群〉の1群に分類される食品は，〈3色食品群〉では赤群に分類される。

④〈4つの食品群〉の3群にはきのこ類，海藻類を含む野菜が分類され，$\frac{1}{3}$以上は緑黄色野菜でとることが望ましい。

⑤〈4つの食品群〉の1群に分類される二つの食品は，〈6つの基礎食品群〉では1群と2群に分かれる。

⑥　大豆製品は〈6つの基礎食品群〉では1群，〈4つの食品群〉では2群に分類される。

⑦〈6つの基礎食品群〉の1群は，1人1日当たり卵1コ(50g)をとり，残りを肉：魚＝1：1に分ける。

⑧〈6つの基礎食品群〉の穀類については，飯は米の重量で，パン，麺はそのまま(生重量)で計算する。

⑨　中学生・高校生の〈4つの食品群〉による野菜の摂取量のめやすは，男女とも350gである。

(2)〈6つの基礎食品群〉で3群に分類されない食品を含む組み合わせを次の①～⑤から1つ選べ。

①　人参，かぼちゃ，トマト，赤ピーマン

②　京菜，サラダ菜，サニーレタス，貝割れ大根

③　ほうれん草，小松菜，なばな，三つ葉

④　チンゲンサイ，オクラ，さやいんげん，せり

⑤　ピーマン，ズッキーニ，ブロッコリー，さやえんどう

**【5】食品について，次の各問いに答えよ。**

(1) 食品衛生法施行規則において，アレルギー物質の表示が義務付けられている食品を次のA～Eからすべて選び，記号で答えよ。

A 乳　B 大豆　C 落花生　D 桃　E かに

(2) 次の文中の( ア )～( ウ )に当てはまる言葉を下のA～Iから1つずつ選び，記号で答えよ。

○ りんごを切った後，切り口が褐変するのは，りんごに含まれる( ア )が空気に触れると酸化酵素のはたらきにより酸化されるからである。

○ モロヘイヤ，やまいも，おくらなどのぬめりの成分は( イ )である。

○ ヨーロッパ原産のキク科の植物アンディーブは，別名( ウ )といわれ，独特の香りと苦さがある。

A ポリフェノール　B ペクチン　C レンニン
D チコリー　E アリシン　F レチノール
G ルバーブ　H ムチン　I コールラビ

**【6】食物について，次の各問いに答えよ。**

(1) 牛，豚，鶏の肉について，次の各問いに答えよ。

① ( ア )～( キ )にあてはまる語句を答えよ。

いずれもたんぱく質の( ア )組成が優れており，ビタミン( イ )，$B_1$，$B_2$，さらに無機質，特に( ウ )の含有量が高い。

動物の種類により，含まれる栄養素の量は異なる。ビタミン( イ )は( エ )肉に，ビタミン$B_1$および$B_2$は( オ )肉に，( ウ )は( カ )肉に多く含まれる。

肉は，加熱するとたんぱく質が変性して硬くなるが，( キ )の部分は長時間の水煮でやわらかくなる。

② 次の図のア，イの斜線の部位の名称を答えよ。

ア　牛肉

イ　豚肉

(2)　食中毒について，次の各問いに答えよ。

①　食中毒の原因となる微生物を2つ答えよ。

②　食中毒の予防のポイントとして次のア～ウがあげられるが，具体的にどのようなことを行えばよいか，簡潔に答えよ。

ア　菌をつけない。

イ　菌を増やさない。

ウ　菌を殺す。

**【7】次の①～④の手順でムニエルを作るとき，下の各問いに答えよ。**

| ①　魚に塩・こしょうを振って7～8分間置く。<br>②　小麦粉をまぶして，余分な粉を落とす。<br>③　フライパンを熱し，油とバターを入れ，盛り付けたときに，上になる側から強火で焼く。<br>④　表面に焼き色が付いたら弱火にして約10分間焼く。裏返して弱火で約5分間焼き，中まで火を通す。 |
|---|

(1)　魚に塩・こしょうを振って7～8分間置くと，見た目にはどのような現象が起き，それによって魚の肉はどうなるか書け。

(2)　始めに魚を強火で焼くのはなぜか，その理由を書け。

(3)　魚にまぶした小麦粉が，加熱によって薄い膜に変わる。この現象を何というか，書け。

(4)　赤身の魚は，筋肉に色素たんぱく質を多く含んでいる。この色素たんぱく質を何というか，書け。

(5) 旬の魚は一般的に，味がよく，価格が安いと言われている。他にはどのような長所があるか，1つ書け。

(6) 魚の脂質に含まれるDHAは，脳卒中や心臓病などの病気を予防すると言われている。DHAの正式名称を何というか，書け。

**【8】日常食の調理について，次の各問いに答えよ。**

(1) 「ゆでる」と「煮る」の調理の違いを書け。

(2) にんじん・ほうれん草などの野菜は炒めて食すると体によいといわれる理由を書け。

(3) 直火焼きと間接焼きの違いと，それぞれの調理例を書け。

(4) けんちん汁に里いもを入れる場合，里いもと同時に入れる調味料は何かを書け。

**【9】調理について，次の各問いに答えよ。**

(1) 「茶碗蒸し」を作りたい。次の①，②の問いに答えよ。

① 卵50gに対して使用するだし汁の量は，どのくらいが適当か。最も適するものをa～dから1つ選び，記号で答えよ。

a 50mL　b 150mL　c 300mL　d 400mL

② 蒸し終わった「茶碗蒸し」を見たところ，細かい穴が複数あいていた。このような状態を何というか。書け。

(2) 次の①，②の料理に使われる特徴的な材料をa～fから1つずつ選び，記号で答えよ。

① 吉野煮

② ピカタ

a 山椒　b 卵　c 豆腐　d でんぷん　e 白みそ
f ヨーグルト

**【10】「筑前煮」の調理について，次の各問いに答えよ。**

(1) 次の①，②の材料をどのような切り方をするか書け。また，そのような切り方をする理由も書け。

① にんじんやごぼう
② こんにゃく
(2) 次の①，②の材料を水につける理由をそれぞれ書け。
① 切ったごぼうやれんこん
② 干ししいたけ
(3) 煮る前に材料を炒める理由を書け。
(4) 筑前煮のように汁気がなくなるまで煮る場合の水加減(調味料を含める)を表す言葉を次の①～③から選び，番号とその意味を書け。
① ひたひた　② かぶるくらい　③ たっぷり

## 解答・解説

**【1】③**

**解説** 野菜の色には4つの代表的な色素がある。・カロテノイドは赤や黄の色素で，にんじん，トマト，すいかに含まれる。・アントシアンは紫色の色素で，なす，赤かぶ，赤じそ，いちごに含まれ，酸性で赤，中性で紫，アルカリ性で青色となる。クロロフィルは緑色の色素で，こまつな，ピーマン，いんげん，パセリにふくまれる。フラボノイドは無色で，アルカリ性で淡黄色になり，たまねぎ，大豆，キャベツに含まれる。

**【2】(1) ア　合成添加物　イ　食品衛生　ウ　指定添加物　エ　既存添加物　(2) ① E　② B　③ D　④ F**
**(3) アカネ色素　理由…発がん性が認められたため**

**解説** (1) 食品添加物については，食品衛生法第4条第2項に，「添加物とは，食品の製造の過程において又は食品の加工若しくは保存の目的で，食品に添加，混和，浸潤その他の方法によって使用する物をいう」と定義されている。　(2) 着色料コチニールはエンジムシ(中南米原産の昆虫)から得られた赤色の着色料。飲料，菓子，かまぼこなど幅広く使用されている。　(3) あかね色素は西洋あかねの根から抽出した赤色の色素。腎臓に対し，発がん性が認められ，使用禁止となる。布の染料としては使用されている。

**【3】2**

**解説** 柿の葉寿司は奈良県，讃岐うどんは香川県，いただきは鳥取県，からしれんこんは熊本県の郷土料理である。

**【4】(1) ②，⑦　(2) ⑤**

**解説** (1) ②…6つの基礎食品群の5群とは穀類・いも類・砂糖である。4つの食品群ではいも類が3群になっている。⑦…6つの基礎食品群の第1群は豆・豆製品もある。このことからも⑦の内容は間違い。

(2) 6つの基礎食品群の3群とは緑黄色野菜である。緑黄色野菜とは可食部100g中，カロテンを600μg以上含むもの，または600μg以下でも，食生活の上でよく利用されるもので1回の使用量が比較的多いものをいう。⑤のうち，ズッキーニはそれに当たらない。

**【5】(1) A，C，E　(2) ア A　イ H　ウ D**

**解説** (1) 表示が義務付けられているアレルギー物質は，卵，乳，小麦，そば，落花生，えび，かにである。2023年3月9日，消費者庁より，食品表示基準の一部を改正する内閣府令が公表され，食物アレルギーの義務表示対象品目に「くるみ」が追加された。従って，現時点では8品目になる。 (2) ア 野菜や果物に含まれる色素に関する出題は頻出である。ポリフェノールの他，カロテノイド，フラボノイド等の特徴もおさえておくこと。 イ ムチンはたんぱく質と多糖類が結合した粘性物質で納豆，オクラ，やまいもなどに含まれる。 ウ アンディーブ(チコリー)はフランスでは17世紀からサラダ用として栽培され，日本には江戸時代に伝来した。

**【6】(1) ① ア アミノ酸　イ A　ウ 鉄　エ 鶏　オ 豚　カ 牛　キ 筋　② ア サーロイン　イ かた**

**(2) ① 大腸菌，サルモネラ菌　② ア 調理の前に指の間や手首**

**を洗う。　イ　鮮度のよい食品を購入し，適切に保存する。できた料理はすぐ食べる。　ウ　十分な加熱殺菌を行う。**

**解説** (1)　①　鶏肉に多く含まれるのはビタミンAで，豚肉にはビタミン$B_1$及び$B_2$，牛肉には鉄が多く含まれている。　②　肉の部位は基本なのでしっかり頭に入れておくこと。　(2)　①　他に，黄色ブドウ球菌，ノロウイルス，カンピロバクターなど。　②　ア　他に，調理器具の殺菌を行う。なども可。

**【7】(1)　水分が出て，肉がしまる。　(2)　魚の表面のたんぱく質を固め，うま味を逃がさないようにするため。　(3)　糊化　　(4)　ミオグロビン　　(5)　栄養価が高い　　(6)　ドコサヘキサエン酸**

**解説** (4)　ミオグロビンは，ヘモグロビンに似ている色素たんぱく質の一種である。筋肉に存在して酸素分子を代謝に必要な時まで貯蔵する。一般に動物の筋肉が赤いのはこのたんぱく質のためである。　(6)　ドコサヘキサエン酸は略称DHAと呼ばれ，不飽和脂肪酸のひとつでマグロ，ハマチ，サバ，イワシなど魚の脂肪に多く含まれる。DHAは体内で生成することができない必須脂肪酸で，食品から摂取しなければならない栄養素である。コレステロールを抑制するといわれている。

**【8】(1)　ゆでるは，食品を加熱し食品のみ食するが，煮るは，調理後に汁も一緒に食する。みそ汁などの汁物や，煮魚・煮付けなどが該当する。　(2)　にんじんやほうれん草などの緑黄色野菜には脂溶性ビタミンであるビタミンAが多く，炒めることによって油にビタミンが流出するため。　(3)　直火焼き…放射熱が食品に伝えられるもの　調理例：くし焼き，網焼きなど　　間接焼き…温めてから食品を加熱するもの　調理例：ムニエル，オーブン焼きなど　　(4)　塩**

**解説** (1)　ゆでる場合は主に材料の下処理，煮る場合は料理の仕上げとして用いられ，また，ゆでるときは単に水だけ，もしくは塩，酢をわずかに加える程度で処理するのに対して，煮るときは必ず調味料が使われる。　(2)　にんじんやほうれん草に多く含まれるビタミンAは脂溶性なので油で炒めると吸収率がアップする。 (3) 直火焼きは金串を打って鉄弓で焼くか，石綿付きの網，あるいは金網で焼く。間接焼きは，家庭料理ならフライパンに入れて焼いたり，熱したオーブンで加熱したりもする。 (4) 里いものぬめりを取るために塩を使う。

**【9】(1) ① b ② すがたつ(すが入る)，など (2) ① d ② b**

解説 (2) ① 吉野煮はくず粉を用いて煮た煮物のこと，くず煮とも言う。煮物の最後にくず粉や片栗粉を加えてドロリとさせたもの。また，材料にくず粉をまぶして煮たものも吉野煮という。どろりとさせることで味が全体にからみ，味のしみ込みにくいものに味をからめることができる。また，滑らかな舌触りも料理の味にプラスされる。
② ピカタとは，薄く切った肉や魚に小麦粉をまぶし，粉チーズを混ぜた溶き卵を絡ませてソテーしたもの。(参考：日本では卵に粉チーズを絡ませた方法が主流。高校教科書にもこの方法が掲載されている)

**【10】(1) ① 乱切り ② 手や茶碗・スプーンでちぎる。理由…味をしみこみやすくするため。 (2) ① 変色を防ぐため。② 乾物をもどすため。 だしをとるため。など (3) うまみを閉じ込めるため。煮くずれを防ぐため。風味を出すため。など (4) 番号：① 意味：材料が少し出るくらいの水加減**

解説 筑前煮とは，筑前(福岡県)の郷土料理で，鶏肉のぶつ切り，にんじん，れんこん，大根，こんにゃくなどをよく炒めてから水を加え，砂糖，しょうゆで炒り煮にしたもの。福岡ではがめ煮と呼び，骨付きの鶏肉を用いて正月料理とされている。

家庭科マスター

# 子どもと家族

少子高齢化の時代を迎え，「子どもと家族」については，子どもをめぐる社会的背景に関する出題が増えている。よって，少子化の現状，少子化の対策について時事問題や法律について関心を持つ必要がある。新エンゼルプラン，子ども・子育て応援プラン，育児介護休業法，また，幼保一元化，認定こども園，ファミリーフレンドリー企業などのような動きにも注目すること。子どもの貧困率，ヤングケアラーにも目を向けたい。

乳幼児の心身の発達としては新生児の反応，頭部の特徴と発達，遊びの種類，社会性・感情・言語の発達などについて理解しておきたい。児童も大人と同等の人権をもつ者という児童観に変化した。児童憲章，子どもの権利条約(国連)，児童福祉法，児童虐待防止法はこの理念に基づいている。

## 問題演習

**【1】生後約1カ月までの子どもについて，次の文を読んで，下の各問いに答えよ。**

生まれたばかりの子どもは，平均体重約3000g，身長約50cmである。生後1～2週間は，母体内から外の世界へと大きな環境の変化に適応するため，(　ア　)の排出，生理的黄疸，(　イ　)などの特有な現象が現れる。

また，生後約1カ月までの(　ウ　)期には，決まった刺激に決まった反応が現れる反射行動や，はっきりとした刺激がないのに現れる(　エ　)行動が頻繁に見られる。

(1)　空欄ア～エに当てはまる語句を書け。

(2) 下線部について，体を持ち上げて急に下げると，両腕を大きく広げ，その後何かにしがみつくようにする反射行動がある。この反射行動の名称を書け。

**【2】子どもの健康と安全について次の文を読み，以下の(1)〜(4)の各問いに答えなさい。**

> 乳幼児は病気や環境の変化に対する抵抗力が弱いので，健康状態には特別な配慮が必要である。食事や睡眠を十分に取らせ，薄着に慣れさせ，外気浴や戸外での遊びなどによって，丈夫な体をつくるように心がける。また，a受動喫煙など，周囲の環境が子どもの健康に悪影響を与える可能性にも留意しなければならない。市町村の保健センター，保健所や医療施設では定期的なb健康診査や育児相談，c予防接種などを行っている。心身両面の発達を見るので，病気や異常の発見にも役立ち，その後の治療や保育についての助言や指導を受けることができる。乳児が成長して行動範囲が広がってくると，d子どもの事故が増加する。子どもの安心安全とすこやかな発達につながる生活環境を目指す観点からキッズデザインの開発も行われている。

(1) 下線部aについて，受動喫煙やうつぶせ寝などが発生に関与していると考えられる，元気だった赤ちゃんが睡眠中に突然死亡してしまうことを何というか答えよ。

(2) 下線部bについて，母子保健法では，次に掲げるものに対し，健康診査を行わなければならないと定められている。次の空欄( ① )，( ② )にあてはまる数字をそれぞれ答えよ。

・満1歳6か月を超え満2歳に達しない幼児

・満( ① )歳を超え満( ② )歳に達しない幼児

(3) 下線部cについて，次のア〜ウのうちから，正しいものを1つ選び，記号で答えよ。

ア　予防接種には2種類あり，希望者が受ける任意予防接種と，法律によって受けることが定められている定期予防接種がある。どちらも公費で受けられる。

イ　定期予防接種には，4種混合，麻疹，ヒブ(Hib)，水痘，日本脳炎などがある。

ウ　任意予防接種には，おたふくかぜ，BCG，風疹，2種混合などがある。

(4)　下線部dについて，子どもの不慮の事故による死因内訳A，Bにあてはまる語句を答えよ。

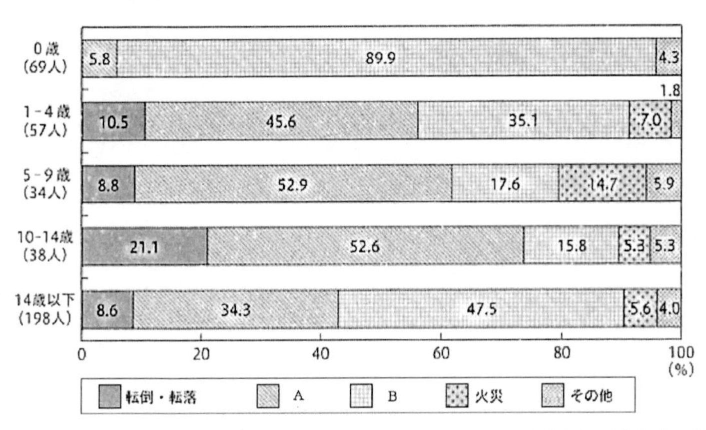


子どもの「不慮の事故（交通事故、自然災害を除く）」による年齢層別の死因内訳（2016年）
出典　消費者庁ホームページ

**【3】子どもの発達と保育・福祉に関する次の各問いに答えよ。**

(1)　乳児期に体を支える力がつくにしたがってわん曲していく骨格の一部を何というか答えよ。

(2)　保育所への入所手続きをしたが，定員を超えているため入所できず，入所を待っている子どもを何というか。

(3)　子どもと，父母などの養育者との間に形成される愛情や信頼感のきずなのことを何というか。

(4)　乳幼児の骨は軟骨が多く弾力性があるが，成長するにしたがって骨にカルシウムが沈着して硬い骨になる。これを何というか答えよ。

**【4】次の文は，乳幼児期の食事について述べたものである。文中の各空欄に適する語句を答えよ。**

乳児は，授乳によって栄養を摂取する。母乳は，(　①　)物質を含み，消化しやすいなど，優れた栄養源である。

生後(　②　)ごろになると乳汁以外の食べ物，離乳食を与え始める。離乳食は，乳汁だけでは足りなくなってくる(　③　)やたんぱく質などの栄養分を補い，味，におい・触感・色，形などに富んだ食べ物を与えることによって各種感覚器官を刺激し，消化器官や(　④　)の発達を促す。離乳食は，野菜スープや果汁の薄いものから少しずつ与え始め，(　⑤　)ごろを目標に幼児食へと移行する。

**【5】次の(1)〜(5)の各文は，育児・子どもの福祉・教育について述べたものである。正しいものには○印を，正しくないものには×印を書け。**

(1) 「児童は，人として尊ばれる」は，子ども憲章の有名な前文である。

(2) 「すべて児童は，ひとしくその生活を保障され，愛護されなければならない。」は，児童福祉法の条文の一部である。

(3) 育児と仕事の両立支援のための「育児休業法」は，1995年に「育児・介護休業法」に改正された。

(4) 幼稚園は，1840年，幼児期における教育の重要性を提唱したオーベンランによって創設された。

(5) 児童養護施設は，保護者がいない場合や虐待されている場合の乳幼児・児童を入所させ，養護し，自立を支援する施設である。

**【6】次の文は子どもの成長と子育て支援について述べたものである。あとの各問いに答えよ。**

a<u>乳幼児期は心身の発達が著しく</u>，身長，体重だけではなく，乳歯が生えそろい，体の基礎となる骨格や内臓器官，呼吸や循環機能も発達する。それらのことを考えると，乳幼児期の食生活はきわめて大切であることが分かる。中でも，b<u>幼児のおやつは，大人が食べるおやつ</u>

とは違い，重要な意味をもつ。

また，「遊び方」を見てみると，最初一人でしか遊ばなかった幼児が，c互いに関わりあうことはないが同じ場所で遊ぶようになり，やがて，d同じ場所でやりとりをしながら一緒に遊ぶようになる。e遊びは自由で自発的な行動であり，その中で幼児は全能力を発揮していく。また，子ども同士の中で自己主張したり，時にはけんかをしたりしながら，協力や思いやりなどの人間関係を学び，f社会性を育んでいく。

最近，幼い子どもと接する経験がないままに親になる夫婦が増えている。そのような中でg育児のストレスや不安から，子どもに暴力をふるう事件が多発している。そこで，子どもを社会的な存在として考え，制度的・心理的に支援する法律や制度がつくられている。なかでも，主に親たちを対象とする子育て支援活動として，住民主体の子育てサークルやネットワークづくり，地方自治体によるh育児相談や子育てに関するさまざまな情報を提供する機関の設置，保育サービスの充実などさまざまな取り組みが行われている。

(1)　下線aについて，次のグラフはスキャモンの発育曲線である。それぞれの曲線のうちアとイは，それぞれどの部の発育を示すものか，〔語群〕の中から選び，答えよ。また，グラフから分かる乳幼児期の発育の特徴を説明せよ。

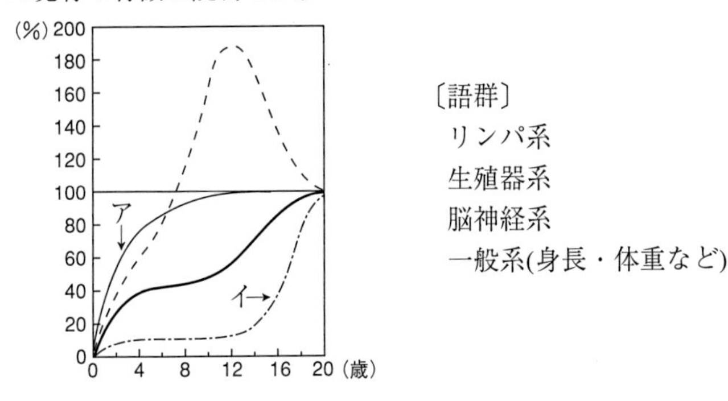


注) 20歳までの発育量を100として，各年齢までの値をその100分比で示してある。

(2)　下線cと下線dについて，それぞれの遊びの形態名を書け。

(3)　下線eについて，幼児にとっての遊びの意義を説明せよ。

(4) 下線fについて，社会性を育む機関として保育所や幼稚園が考えられる。保育所の対象年齢と管轄官庁を書け。

(5) 下線gを何というか。

**【7】次の(1)～(3)は，子育て支援についての施設や組織を説明したものである。最も適切なものを下のA～Fから1つずつ選び，記号で答えよ。**

(1) 育児不安などについての相談指導や子育てサークル等への支援，ベビーシッターなどの地域の保育資源の情報提供などを行っている。新エンゼルプラン等に基づき設置数を増やしてきている。

(2) 予期できない災害や事故，親の離婚や病気，不適切な養育を受けているなど，さまざまな事情により家族による養育が困難な1歳からおおむね18歳の子どもたちが生活している児童福祉法に定められた児童福祉施設である。

(3) 地域からの育児などの援助を受けることを希望する会員と，そのような人を支援することを希望する会員との相互援助活動に関する連絡，調整を行っている。

A 学童保育所　　B 児童家庭支援センター
C 児童養護施設　　D ファミリー・サポート・センター
E 児童館　　F 地域子育て支援センター

**【8】生活習慣について，次の各問いに答えよ。**

(1) 幼児期に身に付けさせるべき基本的な生活習慣を5つ書け。

(2) 社会的な生活習慣を3つ書け。

(3) 次の文中の各空欄に適する語句を答えよ。

幼児は，生活習慣を身に付けることによって，あらゆる面を周囲の大人によって保護されていたそれまでの受け身の生活から，自分の( ① )による積極的な生活に変化していく。これは，幼児に自信と( ② )を身につけ，( ③ )を伸ばすことにつながり，人格形成にも影響を与える意味をもつものである。

**【9】保育について，次の各問いに答えよ。**

(1) 保育学習のために保育所へ生徒が訪問する際の注意事項を4つ答えよ。

(2) 次の文章は子どもの権利と福祉に関する法律についてまとめたものである。( ① )～( ⑦ )にあてはまる語句を答えよ。

我が国では1947年にすべての子どもの健やかな成長を保障するために( ① )が制定された。続いて，1951年に( ② )によって( ③ )が制定され，「児童は，( ④ )として尊ばれる。児童は，( ⑤ )として重んぜられる。児童はよい( ⑥ )の中で育てられる。」という理念が確認された。1989年，国連総会は( ⑦ )を採択し，1994年に日本もこれを批准した。

**【10】保育に関する次の各問いに答えよ。**

(1) 次の語句について簡潔に説明せよ。

① アニミズム　② アタッチメント　③ 生理的早産

(2) 次の文中の各空欄に適する語句を答えよ。

生後1歳未満を( ① )期，6歳までを( ② )期と呼ぶ。生後1カ月は( ③ )期と呼ばれ，母体内から外の世界へと大きな環境の変化に適応するため( ④ )の排出，生理的( ⑤ )，生理的( ⑥ )減少などの特有な現象が現れる。また，( ① )期の前半を( ⑦ )期，後半を( ⑧ )期という。( ① )期から( ② )期は身長や体重の発育が著しい時で，生後数カ月は( ⑨ )があるが，それ以降は病気にかかりやすくなるため，( ⑩ )により感染を防ぎ，症状を軽くすることができる。

(3) 母乳の利点を3つ答えよ。

(4) 子どもの遊び環境について，次の①～②の各問いに答えなさい。

① 近年，子どもの「遊びの3つの間」が乏しくなったと言われている。「時間」のほかの2つの「間」を答えなさい。

② ①の「遊びの3つの間」が乏しくなったことによる子どもの発達への影響を答えなさい。

**【11】幼児の遊び道具の製作の学習について，次の各問いに答えよ。**

(1) 新聞紙1枚で幼児の遊び道具を作らせることにしました。遊び道具を1つ考え，その遊ばせ方を書け。

(2) 布を用いた遊び道具を作らせることにしました。次の①，②の2観点について，教師による評価項目の内容を書け。

① 生活を工夫し創造する能力

② 生活の技能

## 解答・解説

**【1】(1) ア 胎便 イ 生理的体重減少 ウ 新生児 エ 原始反射 (2) モロー反射**

解説 (1) 新生児期の特徴としては，胎便の排出，生理的黄疸，生理的体重減少などがある。また，新生児期には原始反射といわれる反射行動が頻繁に見られる。 (2) 赤ちゃんの顔を正面に向けて状態を少し起こした後，頭を急に落とすように動かすと，両腕をばんざいするように大きく伸ばして広げ，ゆっくり何かに抱きつくような動作をする。この一連の動作を「モロー反射」といい，出生直後から6カ月くらいまでみられる反射である。

**【2】(1) 乳幼児突然死症候群(SIDS) (2) ① 3 ② 4 (3) イ (4) A 溺水 B 窒息**

解説 (1) SIDSは窒息死の事故などとは異なり，原因のわからない突然死である。2019年には年間約80名弱の乳幼児が亡くなっており，乳幼児の死亡原因の第4位となっている。 (2) 母子保健法では，健診だけでなく，保健指導，必要と認められる場合の新生児の訪問指導，妊娠の届出，母子手帳の交付等，母子保健の向上に関する措置が示されているので確認しておくこと。 (3) 正答以外の選択肢のアについて，任意予防接種は自己負担である。ウについて，BCG，風疹，2種混合(ジフテリア，破傷風)は定期予防接種である。 (4) 0歳は約90%

近くが窒息である。1～4歳では歩けるようになり，行動範囲も広がるため，転倒・転落と溺水の割合が増える。子どもの不慮の事故の死因についての出題は頻出なので，統計を確認しておくこと。

**【3】(1)　脊柱　(2)　待機児童　(3)　アタッチメント(愛着)**
**(4)　化骨**

解説 (1)　生まれたばかりの新生児の脊柱は一次わん曲といい，全体的に丸くうしろにわん曲している。首がすわる頃に首に前わんができ，二次わん曲という。二足歩行ができるころに腰の前わんができてS字カーブになる。　(4)　化骨は生後3か月～12歳ですべて出現する。

**【4】①　免疫　②　5～6カ月　③　鉄　④　そしゃく力**
**⑤　1歳**

解説 5～6カ月の離乳初期においては，スプーンで口の中に入れても，舌で押しもどしたり，だらっとこぼすこともあるが，口を閉じてごっくんと飲み込む。7～8カ月になると，舌を動かしてもぐもぐして食べるようになる。

**【5】(1)　×　(2)　×　(3)　○　(4)　×　(5)　○**

解説 (1)　子ども憲章ではなく児童憲章である。　(2)　本問の条文は改正前の条文。現在は児童の権利を前面に表現した条文に変更されている。　(4)　ドイツの教育家フレーベル(1782～1852)によって，1840年世界最初の幼稚園が創設された。　(5)　児童福祉法の改正により，自立を支援するようになった。児童福祉法第41条に明記されている。

**【6】(1)　ア　脳神経系　イ　生殖器系　乳幼児の発育の特徴…「幼児の発育は心身全体が，同じ速さで発育することはない」「脳神経系は乳幼児期に成人に近い状態まで発達する」「身長・体重は乳幼児において著しく成長する」　など　(2)　下線c…並行遊び(平行遊び)　下線d…集団遊び，合同遊び，連合遊び，協同遊び，模倣遊び**

**(3)　「人間としての基礎を作る」「生活そのものであり，遊びから様々な能力を引き出していく」など　(4)　対象年齢…0歳～6歳　管轄官庁…厚生労働省　(5)　幼児虐待(児童虐待)**

解説 (1)　脳・神経系の発達は乳幼児～小学校低学年にかけて，急激な発達を遂げるため，この年代は様々な運動や体験をさせることが将来の成長・発達につながるといわれている。　(2)　パーテンによる遊びの分類である。「一人遊び→傍観遊び→平行(並行)遊び→合同(連合)遊び→協働遊び」と変化する。遊びの分類には，ビューラーによる「感覚遊び(機能遊び)・運動遊び・模倣遊び(想像遊び・ごっこ遊び)・構成遊び(想像遊び)・受容遊び」もある。

**【7】(1)　F　(2)　C　(3)　D**

解説 (1)　地域子育て支援センター事業とは，地域全体で子育てを支援する基盤の形成を図るため，子育て家庭の支援活動の企画，調整，実施を担当する職員を配置し，子育て家庭等に対する育児不安等についての指導，子育てサークル等への支援などを通して，地域の子育て家庭に対する育児支援を行うことを目的としている。選択肢の「児童家庭支援センター」は児童福祉センターなどに設置されている。「地域子育て支援センター」は自治体が主体である。　(2)　児童養護施設とは，児童福祉法第41条に次のように記されている。「児童養護施設は，保護者のない児童(乳児を除く。(中略))，虐待されている児童その他環境上養護を要する児童を入所させて，これを養護し，あわせて…(中略)自立のための援助を行うことを目的とする施設とする。」近年は虐待を理由に入所する児童が増えている。　(3)　ファミリー・サポート・センターは，育児や介護について助け合う会員組織で，地域の子育てと，仕事と介護の両立を応援している。この設立運営は市区町村が行う。

**【8】(1)　食事，排泄，睡眠，着脱衣，清潔　(2)　安全の習慣，社会生活の決まりを守る習慣，対人関係の習慣　(3)　①　意志　②　責**

**任感　③　自立心**

解説 生活習慣の形成にあたって心がけることとしては，意欲を育てる(発達段階を正しく理解し，無理強いしない　など)，習熟させる(うまくできなくても，叱ったり，必要以上に手出しせずに，十分に取り組ませ，見守る　など)，日常生活に組み入れる(毎日の生活の中に位置づける　など)ことが重要である。

**【9】(1)　施設の人の指示や注意に従う。　幼児の様子をよく見て，気持ちを考えながら行動する。　安全とマナーに気をつける。　動きやすい服装を心がける。　(2)　①　児童福祉法　②　中央児童福祉審議会　③　児童憲章　④　人　⑤　社会の一員　⑥　環境　⑦　児童の権利に関する条約**

解説 (1)　他に，身だしなみに気をつける。言葉遣いに気をつける。など　(2)　1947年の児童福祉法，1951年の児童憲章，1994年の児童の権利に関する条約批准は，いずれも頻出なので内容も含めて学習しておくとよい。

**【10】(1)　①　生物と無生物の区別がつかず，ものを人と同じようにとらえ話しかけたりすること。　②　母親や父親など身近な人々への愛着。　③　発達した脳を持ちながら，歩行も食事も自力でできない未熟な状態で生まれること。　(2)　①　乳児　②　幼児　③　新生児　④　胎便　⑤　黄疸　⑥　体重　⑦　授乳　⑧　離乳　⑨　免疫　⑩　予防接種　(3)　・乳児に必要な栄養が含まれている　・免疫体や酵素を含んでいるため病気にかかりにくい　・スキンシップをはかることができる　・授乳が簡単　・経済的である　・消化吸収がよくアレルギーが起こらない　(4)　①　空間，仲間　②　運動能力の低下や感情表現の減少，友達と一緒に遊ぶのが苦手などの影響。**

解説 (1)　①　石ころなどの無生物にも自分と同じように心や生命があると考える。自己と外界の未分化な状態から生ずる子どもならではの世界観である。 (3) 母乳の注意点：母乳は人工乳に比べてビタミンK含有量が少ないため，ビタミンKが不足すると出血を起こしやすくなる。予防として現在は出生後にビタミンKの投与が行われている。(4) 社会的背景として都市部を中心に自然環境は少なくなっていること，公園からの遊具の撤去やゲームをする時間の増加，塾通いが多くなり，時間的余裕がない。子どもをめぐる事件などで外遊びが少なくなっていること等がある。

**【11】(1) 製作するもの…(例) 丸めたボール 遊ばせ方…(例)・キャッチボールのように投げて，受け取る。 ・まとあてをする。 ・どこまで遠くに転がるか競争する。 (2) ① (例) 幼児の心身の発達に配慮し，遊び道具や遊び方を考え工夫している。 ② (例) 遊んでもこわれないようじょうぶに縫っている。**

解説 子どもに与える遊具は，次の条件を満たすものが望ましい。(1) 心身の発達に合ったもの (2) 子どもが遊びを工夫する余地があるもの (3) 安全であるもの (4) じょうぶで，こわれにくいもの。

## ●書籍内容の訂正等について

弊社では教員採用試験対策シリーズ（参考書，過去問，全国まるごと過去問題集），公務員試験対策シリーズ，公立幼稚園・保育士試験対策シリーズ，会社別就職試験対策シリーズについて，正誤表をホームページ（https://www.kyodo-s.jp）に掲載いたします。内容に訂正等，疑問点がございましたら，まずホームページをご確認ください。もし，正誤表に掲載されていない訂正等，疑問点がございましたら，下記項目をご記入の上，以下の送付先までお送りいただくようお願いいたします。

① **書籍名，都道府県（学校）名，年度**
（例：教員採用試験過去問シリーズ　小学校教諭 過去問　2025年度版）
② **ページ数**（書籍に記載されているページ数をご記入ください。）
③ **訂正等，疑問点**（内容は具体的にご記入ください。）
（例：問題文では“ア～オの中から選べ”とあるが，選択肢はエまでしかない）

〔ご注意〕
○ 電話での質問や相談等につきましては，受付けておりません。ご注意ください。
○ 正誤表の更新は適宜行います。
○ いただいた疑問点につきましては，当社編集制作部で検討の上，正誤表への反映を決定させていただきます（個別回答は，原則行いませんのであしからずご了承ください）。

## ●情報提供のお願い

協同教育研究会では，これから教員採用試験を受験される方々に，より正確な問題を，より多くご提供できるよう情報の収集を行っております。つきましては，教員採用試験に関する次の項目の情報を，以下の送付先までお送りいただけますと幸いでございます。お送りいただきました方には謝礼を差し上げます。
（情報量があまりに少ない場合は，謝礼をご用意できかねる場合があります）。
◆あなたの受験された面接試験，論作文試験の実施方法や質問内容
◆教員採用試験の受験体験記

---

送付先
○電子メール：edit@kyodo-s.jp
○FAX：03-3233-1233（協同出版株式会社　編集制作部 行）
○郵送：〒101-0054　東京都千代田区神田錦町2-5
協同出版株式会社　編集制作部 行
○HP：https://kyodo-s.jp/provision（右記のQRコードからもアクセスできます）

※謝礼をお送りする関係から，いずれの方法でお送りいただく際にも，「お名前」「ご住所」は，必ず明記いただきますよう，よろしくお願い申し上げます。

教員採用試験「過去問」シリーズ

**徳島県の**
**家庭科 過去問**

編　集　　© 協同教育研究会
発　行　　令和6年2月25日
発行者　　小貫　輝雄
発行所　　協同出版株式会社
〒101-0054　東京都千代田区神田錦町2－5
電話　03－3295－1341
振替　東京00190－4－94061
印刷所　　協同出版・POD工場

落丁・乱丁はお取り替えいたします。